U0362120

"知中国·服务中国"南开智库系列报告

2023

China Corporate Governance
Evaluation Report

中国上市公司治理评价研究报告

李维安 ◎ 等著

南开大学出版社

天 津

图书在版编目(CIP)数据

2023 中国上市公司治理评价研究报告 / 李维安等著.
天津：南开大学出版社，2024.10. —ISBN 978-7-310-06635-3

Ⅰ. F279.246

中国国家版本馆 CIP 数据核字第 2024AS4206 号

版权所有　侵权必究

2023 中国上市公司治理评价研究报告
2023 ZHONGGUO SHANGSHI GONGSI ZHILI PINGJIA YANJIU BAOGAO

南开大学出版社出版发行
出版人：刘文华
地址：天津市南开区卫津路 94 号　　邮政编码：300071
营销部电话：(022)23508339　营销部传真：(022)23508542
https://nkup.nankai.edu.cn

天津泰宇印务有限公司印刷　全国各地新华书店经销
2024 年 10 月第 1 版　　2024 年 10 月第 1 次印刷
260×185 毫米　16 开本　19.75 印张　3 插页　400 千字
定价：108.00 元

如遇图书印装质量问题,请与本社营销部联系调换,电话:(022)23508339

　　本项研究获得国家自然科学基金面上项目（72174096）、国家社会科学基金项目（20FGLB037）、教育部人文社会科学重点研究基地重大研究课题（63242331）、中央高校基本科研业务费专项资金项目（63222307，63232209）、南开大学"双一流"建设项目等项目的资助，在此表示衷心的感谢。

中国公司治理研究院公司治理评价课题组负责人：李维安

课题组协调人：程新生　郝　臣

课题组主要成员：张国萍　张耀伟　吴德胜　郑敏娜　牛建波

　　　　　　　　刘振杰　李浩波　崔光耀　王鹏程　曹甜甜

　　　　　　　　刘昱沛　张可欣　李侠男　陈兴晔　孟乾坤

　　　　　　　　冯瑞瑞　侯文涤　唐梦兰　李元祯　王励翔

　　　　　　　　马贵军　王泽瑶　殷　越等

内容简介

本报告以中国上市公司的公开数据为依据，运用被誉为中国上市公司治理状况"晴雨表"的中国上市公司治理指数（亦称南开治理指数，缩写为CCGI^{NK}），从股东治理、董事会治理、监事会治理、经理层治理、信息披露、利益相关者治理六个治理维度对我国 2022 年上市公司治理状况进行了总体、分维度、分行业、分地区、分板块的分析与研究。本报告为国内外从事经济学、管理学教学与研究的广大学者及研究生了解我国上市公司治理状况提供了参考，也为监管机构、机构投资者、证券交易所、上市公司等掌握我国上市公司治理的质量提供了依据。本报告的出版为促进我国上市公司治理体系和治理能力的现代化、实现我国上市公司的高质量发展提供了智力支持。

作者简介

李维安教授现任南开大学讲席教授，中国公司治理研究院院长，教育部高等学校工商管理类教学指导委员会副主任委员，《中国大百科全书·工商管理卷》主编。兼任中国管理现代化研究会联职理事长、中国企业管理研究会常务副会长、教育部工商管理教学指导委员会副主任委员、中国上市公司协会专家顾问委员会副主任委员等。曾任国务院学位委员会第六届学科评议组（工商管理）召集人、东北财经大学校长、天津财经大学校长、中国管理科学与工程学会副会长、南开大学商学院院长、《南开管理评论》主编等。李维安教授是中国公司治理领域的开拓者，在国内较早并长期从事公司治理、绿色治理等研究，于2001年带领团队率先组织制定《中国公司治理原则》。首次研制出被称为上市公司治理状况"晴雨表"的中国公司治理评价指标体系，并连续20余年发布中国公司治理指数（CCGI^{NK}）及评价报告至今，衍生和支撑了央视50指数、央视治理领先指数、深圳市上市公司治理指数等的开发与研制；带领团队发布了首份《绿色治理准则》，并研制中国上市公司绿色治理评价指标体系，于2018年9月发布中国上市公司绿色治理指数（CGGI^{NK}）。在此基础上，2020年9月又在深交所发布上线了全国首个绿色治理股价指数，被称为ESG的升级版。相关研究成果分获第十届孙冶方经济科学著作奖、第二届蒋一苇企业改革与发展基金优秀著作奖、第六届中国管理科学奖、教育部人文社会科学优秀成果一等奖、国家级优秀教学成果奖等，并获得全国教学名师、全国五一劳动奖章等荣誉称号，入选复旦管理学杰出贡献奖。

目　录

第一章 公司治理评价与治理指数

第一节 公司治理评价的研究意义

一、公司治理改革与治理评价问题提出

公司治理改革已经成为全球性的焦点问题，作为在全球市场上的一种竞争优势以及可持续发展的重要组成部分，完善的公司治理机制对于保证市场秩序具有十分重要的作用。近二十年来，全球公司治理研究的关注主体由以美国为主逐步扩展到英、美、日、德等主要发达国家，近年来已扩展到转轨国家和新兴市场国家。研究内容也随之从治理结构与机制的理论研究，扩展到治理模式与原则的实务研究。目前治理质量与治理环境备受关注，研究重心转移到公司治理评价和治理指数。中国的公司治理也大致经历了这些阶段，制度建设与企业改革经过了独特的由破到立的过程。从《中国公司治理原则》（2001 年）、《独立董事制度指导意见》（2001 年 8 月）与《中国上市公司治理准则》（2002 年 1 月）、《上市公司治理准则》（2018 年 9 月）的颁布，到新《公司法》《证券法》（2005 年 10 月）和新《证券法》（2020 年 3 月 1 日起施行）的出台，以及国务院批准证监会《关于提高上市公司质量的意见》（2005 年 10 月）、《关于进一步提高上市公司质量的意见》（2020 年 10 月）的发布，在股权分置全流通、高级管理人员持股等大背景下，中国的公司治理改革进入了一个新的阶段。

公司治理研究的重要任务之一就是探讨如何建立一套科学完善的公司治理评价系统。通过系统的运行，一方面为投资者提供投资信息，另一方面可以掌握公司治理的现状，观察与分析公司在利益相关者权益保护、公司治理结构与治理机制建设等方面的现状与问题，促进提高公司治理质量及公司价值。公司治理理论界以及实务界迫切需要了解以下问题：中国公司治理的质量如何？如何规范股东大会以及怎样才能确保公司的独立性？董事会如何运作才能形成完善的决策与监督机制？采用何种激励与约束机制才能有效降低代理成本并促使代理人为公司长期发展而努力？决定公司治理质量的主要因素有哪些？公司治理存在哪些风险，其程度如何，对投资者及其他利益相关者的利益有何影响？公司治理机制的建立与完善会如何影响公司绩效？

解决上述问题的核心是建立一套适应中国公司治理环境的公司治理评价系统和

评价指数，用以掌握我国公司的治理结构与治理机制完善状况，以及公司治理风险的来源、程度与控制，并观察与分析中国公司在控股股东行为、董事会运作、经营层激励约束、监事会监督以及信息披露等方面的现状、存在的风险、治理绩效等。通过该系统可以探索中国公司治理的模式，以规范公司治理结构及董事会的治理行为，建立良好的高管层激励约束机制，完善公司的信息披露制度，保护股东及其他利益相关者的权益，最终实现良好的经营业绩。

二、公司治理评价的应用价值

（一）有利于政府监管，促进资本市场的完善与发展

公司治理指数反映了公司治理水平，详细编制并定期公布公司治理指数，能够使监管部门及时掌握监管对象的公司治理结构与治理机制的运行状况，从而在信息反馈方面确保其监管有的放矢；同时，有利于证券监管部门及时掌握中国公司治理状况以及相关的准则、制度等执行情况。利用该系统，证券监管部门可以及时了解其监管对象在控股股东行为、董事会、监事会、高管人员的任选与激励约束机制以及信息披露与内部控制等方面的建立与完善程度以及可能存在的公司治理风险等，有利于有效发挥监管部门对于公司的监管作用。

（二）有利于形成公司强有力的声誉制约并促进证券市场质量的提高

基于融资以及公司持续发展的考虑，公司必须注重其在证券市场以及投资者中的形象。公司治理评价系统的建立，可以对公司治理的状况进行全面、系统、及时地跟踪，定期将评价的结果公布，弥补了我国企业外部环境约束较弱的缺陷。由于公司治理评价状况的及时公布而产生的信誉约束，将促使公司不断改善公司治理状况，最大限度地降低公司治理风险，因而有利于证券市场质量的提高，强化信用。公司的信用是建立在良好的公司治理结构与治理机制的基础之上的，一个治理状况良好的公司必然具有良好的企业信用。公司治理指数的编制与定期公布，能够对公司治理的状况实施全面、系统、及时的跟踪，从而形成强有力的声誉制约并促进证券市场质量的提高。不同时期公司治理指数的动态比较，反映了公司治理质量的变动状况，因而有利于形成动态声誉制约。

（三）有利于公司科学决策与监控机制的完善和诊断控制

公司治理指数使公司（被评价对象）能够及时掌握本公司治理的总体运行状况以及公司在控股股东行为、董事会、监事会、经理层等方面的治理状况以及信息披露、内部控制状况，及时对可能出现的问题进行诊断，有针对性地采取措施，从而确保公司治理结构与治理机制处于良好的状态中，进而提高公司决策水平和公司竞争力。定期的公司治理评价信息，将使管理当局及时地掌握公司治理潜在的风险，并采取积极的措施降低与规避监控风险；投资者利用公司治理评价所提供的公司治

理质量、公司治理风险的全面信息，可以了解其投资对象，为科学决策提供信息资源。例如，公司治理计分卡的应用有助于指导公司科学决策。

（四）为投资者提供鉴别工具并指导投资

及时量化的公司治理指数，能够使投资者对不同公司的治理水平与风险进行比较，掌握拟投资对象在公司治理方面的现状与可能存在的风险。同时，根据公司治理指数、风险预警与公司治理成本以及公司治理绩效的动态数据，可以判断投资对象公司治理状况与风险的走势及其潜在投资价值，从而提高决策水平。传统上，投资者主要分析投资对象的财务指标，但财务指标具有局限性。建立并定期公布公司治理指数，将促进信息的公开，降低信息不对称性，提高决策科学性。例如，成立于 1992 年的 LENS（蓝思）投资管理公司的投资选择原则是从财务评价和公司治理评价两个角度找出价值被低估以及可以通过公司治理提高价值的公司。美国机构投资者服务公司与英国富时还建立起了公司治理股价指数，为其会员提供公司治理咨询服务。韩国也建立了公司治理股价指数。

（五）有利于建立公司治理实证研究平台，提高公司治理研究水平

中国公司治理指数报告使公司治理的研究由理论层面的研究具体到量化研究和实务研究，有利于解决公司治理质量、公司治理风险、公司治理成本与公司治理绩效度量这些科学问题。公司治理评价过程中的一系列调查研究的成果是顺利开展公司治理实证研究的重要数据资源。这一平台的建立，将使公司治理理论研究与公司治理实践得以有机结合，进一步提高公司治理理论研究对公司治理实践的指导作用。

第二节 公司治理评价的国内外研究

一、国内外主要的公司治理评价系统

国内外对公司治理评价与指数的研究经历了公司治理的基础理论研究、公司治理原则与应用研究、公司治理评价系统与治理指数研究的过程，并由商业机构的公司治理评价发展到非商业性机构的公司治理评价。中外学者对公司治理评价的关注是基于满足公司治理实务发展的需要，尤其是机构投资者的需要。

公司治理评价萌芽于 1950 年杰克逊·马丁德尔提出的董事会绩效分析，随后一些商业性的组织也推出了公司治理状况的评价系统。最早的、规范的公司治理评价研究是由美国机构投资者协会在 1952 年设计的正式评价董事会的程序，随后出现了公司治理诊断与评价的系列研究成果，如萨尔蒙（1993）提出诊断董事会的 22 个问题。1998 年标准普尔公司（S&P Co.）创立公司治理服务系统，并于 2000 年将公司治理评分拓展为商业化服务项目，对俄罗斯五家上市公司进行评价。该评价系统于

2004 年进行了修订，自此面向全球上市公司，并分别从国家评价和公司评价两方面建立公司治理评分体系。1999 年欧洲戴米诺针对欧洲公司的治理情况推出戴米诺公司治理评价系统，与标准普尔公司的公司治理评价系统相似，戴米诺同时以宏观环境和微观视角评价公司治理情况。2000 年亚洲里昂证券面向新兴市场推出里昂公司治理评价系统，以设置调查问卷的方式评价公司治理的情况。然而，多数指标因商业化导向，选取的公司治理指标有限，仅考察了公司治理的某些维度而未形成体系，缺乏持续性研究。由此，2003 年南开大学中国公司治理研究院（原南开大学公司治理研究中心）院长、南开大学讲席教授李维安率领的公司治理评价课题组等推出"中国上市公司治理评价系统"（中国第一个全面系统的公司治理评价系统），2004 年公布《中国公司治理评价报告》，同时发布中国上市公司治理指数（CCGI^{NK}），第一次对中国上市公司治理情况进行大样本全面量化评价分析并延续至今，标志着中国首个非商业化、大样本、连续性治理评价系统的诞生。此外，美国机构投资者服务公司（Institutional Shareholder Services）还建立了全球性的公司治理状况数据库，为其会员提供公司治理服务；另外还有布朗斯威克（Brunswick Warburg）、ICLCG（Institute of Corporate Law and Corporate Governance）、ICRA（Information and Credit Rating Agency）、世界银行公司评价系统、泰国公司治理评价系统、韩国公司治理评价系统、日本公司治理评价系统（CGS、JCGIndex）以及我国台湾公司治理与评价等系统等。详细情况见表 1.1。

表 1.1 国内外主要公司治理评价系统

公司治理评价机构或个人	评价内容	评价情况
杰克逊·马丁德尔（Jackson Martindell）	社会贡献、对股东的服务、董事会绩效分析、公司财务政策	1950 年提出董事会业绩分析
标准普尔（S&P）	所有权结构、利益相关者的权利和相互关系、财务透明度和信息披露、董事会结构和程序	1998 年设立公司治理评价体系，2004 年起对全球上市公司治理情况进行评价
戴米诺（Deminor）	股东权利与义务、接管防御的范围、信息披露透明度、董事会结构	1999 年起推出公司治理评级系统，用以评价欧洲上市公司治理标准和实践
里昂证券（CLSA）	管理层的约束、透明度、小股东保护、独立性、公平性、问责性、股东现金回报以及公司社会责任	2000 年起以调查问卷的方式面向新兴市场推出里昂公司治理评价系统
美国机构投资者服务组织（ISS）	董事会及其主要委员会的结构、组成、公司章程和制度、公司所属州的法律、管理层和董事会成员的薪酬、相关财务业绩、"超前的"治理实践、高管人员持股比例、董事的受教育状况	2002 年起建立全球性的上市公司治理评价系统

公司治理评价机构或个人	评价内容	评价情况
戴维斯和海德里克（DVFA）	股东权利、治理委员会、透明度、公司管理以及审计	2000 年建立的公司治理评价系统
布朗斯威克（Brunswick Warburg）	透明度、股权分散程度、转移资产/价格、兼并/重组、破产、所有权与投标限制、对外部人员的管理态度、注册性质	2000 年以惩罚性得分评价公司治理情况
公司法与公司治理机构（ICLCG）	信息披露、所有权结构、董事会和管理层结构、股东权利、侵吞（expropriation）风险、公司的治理历史	2004 年建立的公司治理评价系统
信息和信用评级代理机构（ICRA）	所有权结构、管理层结构（含各董事会委员会的结构）、财务报告和其他披露的质量、股东利益的满足程度	2001 年建立的印度公司治理评级系统
宫岛英昭、原村健二、稻垣健一等日本公司治理评价体系（CGS）	股东权利、董事会、信息披露及其透明性三方面，考察内部治理结构改革对企业绩效的影响	2003 年建立的日本本土非商业性公司治理评价系统
日本公司治理研究所公司治理评价指标体系（JCGIndex）	以股东主权为核心，从绩效目标和经营者责任体制、董事会的职能和构成、最高经营者的经营执行体制以及股东间的交流和透明性四方面评价	2002 年起对东京证券交易所主板上市的企业进行问卷调查，并依据结果编成非商业性的评价指数
泰国公司治理评价系统	股东权利、董事品质、公司内部控制的有效性	2001 年依据 OECD 准则建立的泰国公司治理评价标准
韩国公司治理评价系统	股东权利、董事会和委员会结构、董事会和委员会程序、向投资者披露和所有权的平等性	2006 年建立的非商业性公司治理评价体系
香港城市大学公司治理评价系统	董事会结构、独立性或责任；对小股东的公平性，透明度及披露，利益相关者角色、权利及关系，股东权利	2000 年针对中国上市公司推出衡量公司治理水平的非商业性指标
台湾辅仁大学公司治理与评价等系统	董（监）事会组成、股权结构、参与管理与次大股东、超额关系人交易、大股东介入股市的程度	2003 年推出的非商业性公司治理评价系统，用以考核台湾地区上市公司治理状况
GMI（Governance Metrics International）治理评价系统	透明度与披露（含内部监控）、董事会问责性、社会责任、股权结构与集中度、股东权利、管理人员薪酬、企业行为	2004 年以 OECD 等发布的全球公司治理规范作为评级标准，确立20家在公司治理上得分最高的公司，以此建立公司治理评价系统

公司治理评价机构或个人	评价内容	评价情况
世界银行治理评价系统	公司治理的承诺、董事会的结果和职能、控制环境和程序、信息披露与透明度、小股东的待遇	针对五大洲不同国家建立的非商业性公司治理评价系统
中国社会科学院世界经济与政治研究所公司治理研究中心	股东权利、对股东的平等待遇、公司治理中利益相关者的作用、信息披露和透明度、董事会职责、监事会职责	2005 年起发布中国上市公司 100 强公司治理评价
南开大学推出的中国上市公司治理指数（CCGI^NK）	控股股东、董事会、监事会、经理层、信息披露、利益相关者	2003 年起建立中国上市公司治理评价系统，并持续推出中国上市公司治理指数

二、已有公司治理评价系统共性与差异

一般而言，公司治理评价系统具有以下四个共同特征：一是评价系统均由一系列详细指标组成，且各个评价系统均包括三个因素：股东权利、董事会结构及信息披露。二是在所有的评价系统中，评分特点是相同的。总体而言，较低的分值意味着较差的治理水平，反之意味着较好的治理状况。但也有两个例外，一个例外是 ICRA 评价系统，它使用相反的评分方法，公司治理评级 CGR1 意味着最好的治理状况，公司治理评级 CGR6 意味着最低的治理水平；另一个例外是布朗斯威克的治理风险分析，它是以惩罚得分的形式来计算，得分越高，公司的治理风险越大。三是绝大多数评价系统都使用了权重评级方法，根据治理各要素重要程度的不同赋予不同的权重，从而计算出公司治理评价值。四是获取评价所需信息的方法是一致的，主要来自公开可获得信息，其他信息通过与公司关键员工的访谈而获得。不同评价系统的主要区别有以下两个方面：

第一，一些评价系统是用来评价某一个别国家公司的治理状况（例如 DVFA、布朗斯威克等），另一些评价系统则涉及多个国家的公司治理评价，如标准普尔、戴米诺和里昂证券评价系统包含了国家层次的分析。这些评价中使用的标准都很相似。标准普尔提供了一个关于法律、管制和信息基础的有效程度的评估；戴米诺评级服务包括一个由法律分析和特定国家范围内的公司治理实务组成的国家分析报告，其服务范围涵盖了欧洲 17 个国家；里昂证券主要利用与管制和制度环境有关的 6 个宏观公司治理因素来对各个市场进行评级，涉及 20－25 个新兴市场；世界银行的研究也基于与公司治理有关的 6 个综合指标进行了国家层次上的比较；戴维斯和海德里克（Davis and Heidrick，2002）比较了公司治理的国别差异，但采用了不同的方法，他们主要考虑了基于公司治理实务和单个公司治理状况的国家层次平均水平。

第二，各评价系统关注的重点、采用的标准以及评价指标体系的构成呈现出较

大差别。如标准普尔以经济合作与发展组织（Organization for Economic Cooperation and Development，OECD）公司治理准则、美国加州基金（CalPERS）等提出的公司治理原则以及国际上公认的对公司治理要求较高的指引、规则等制定评价指标体系，把公司治理评价分为国家评分与公司评分两部分。前者从法律基础、监管、信息披露制度以及市场基础四个方面予以考核；后者包括所有权结构及其影响、利益相关者关系、财务透明与信息披露、董事会的结构与运作四个维度的评价内容。关注的是宏观层面上的外部力量以及公司内部治理结构与运作对于公司治理质量的影响。戴米诺则以 OECD 公司治理准则以及世界银行的公司治理指引为依据制定指标体系，从股东权利与义务、接管防御范围、公司治理披露以及董事会结构与功能三个维度衡量公司治理状况，重视公司治理环境对公司治理质量的影响，特别强调接管防御措施对公司治理的影响。里昂证券评价系统则从公司透明度、管理层约束、董事会的独立性与问责性、小股东保护、核心业务、债务控制、股东的现金回报以及公司的社会责任等八个方面评价公司治理的状况，注重公司透明度、董事会的独立性以及对小股东的保护，强调公司的社会责任。

公司治理评价的研究与应用，对公司治理实践具有指导意义。正如上述由不同评价系统的对比所看到的，不同的评价系统有不同的适用条件，中国公司的治理环境、治理结构和机制与国外有很大的差别，因而直接将国外评价系统移植到国内必将产生水土不服现象。只有借鉴国际经验，结合中国公司所处的法律环境、政治制度、市场条件以及公司本身的发展状况，设置具有中国特色的公司评价指标体系，并采用科学的方法对公司治理状况做出评价，才能正确反映中国公司治理状况。中国上市公司治理指数（CCGI[NK]）充分考虑了中国公司治理环境的特殊性。

第三节　中国上市公司治理指数研发历程与构成

进入 21 世纪以来，由于对公司治理质量和治理环境的格外关注，如何识别公司治理的优劣便成为需要解决的问题，这就迫切需要建立一套适应中国上市公司治理环境的公司治理评价系统。通过该系统的运行，我们能够掌握公司治理的状况，观察与分析中国上市公司在股权结构、董事会运作、经理层激励约束、监事会监督、信息披露以及利益相关者参与治理等方面的现状与问题，从而能够从整体上提高公司治理质量，保证公司运营的质量和良好的经营业绩。

一、中国上市公司治理指数研发历程

中国公司治理的研究从公司治理理论研究深入到公司治理原则与应用研究，之后从公司治理原则研究进一步发展到公司治理评价指数的研究。中国上市公司治理

指数的研究发展呈现为渐进式的动态优化过程。具体来说，CCGI^{NK} 的形成经历了四个阶段。

第一阶段：研究并组织制定《中国公司治理原则》。在中国经济体制改革研究会的支持下，于 2001 年推出的《中国公司治理原则》被中国证监会《中国上市公司治理准则》以及太平洋经济合作理事会（Pacific Economic Cooperation Council，PECC）组织制定的《东亚地区治理原则》所吸收借鉴，为建立公司治理评价指标体系提供了参考性标准。

第二阶段：构建"中国上市公司治理评价指标体系"。历时两年调研，2001 年 11 月第一届公司治理国际研讨会提出《在华三资企业公司治理研究报告》。2003 年 4 月，经反复修正，提出"中国上市公司治理评价指标体系"，围绕公司治理评价指标体系，2003 年 11 月第二届公司治理国际研讨会征求国内外专家意见。根据前期的研究结果和公司治理专家的建议，最终将公司治理指标体系确定为 6 个维度，具体包括股东治理指数、董事会治理指数、监事会治理指数、经理层治理指数、信息披露指数和利益相关者治理指数，合计 80 多个评价指标。

第三阶段：正式推出中国上市公司治理指数和《中国公司治理评价报告》，基于评价指标体系与评价标准，构筑中国上市公司治理指数（CCGI^{NK}），2004 年首次发布《中国公司治理评价报告》，报告应用 CCGI^{NK} 第一次对中国上市公司（2002 年的数据）进行大样本全面量化评价分析，之后逐年发布年度公司治理报告。

第四阶段：中国上市公司治理评价系统应用阶段。在学术上，公司治理评价为课题、著作、文章等系列成果的研究提供了平台，获得国家自然科学基金重点项目和国家社科重大招标项目支持，公司治理报告在商务印书馆、高等教育出版社以及北京大学出版社、南开大学出版社等国内出版社出版，并在国内出版社出版英文版。此外，还为监管部门治理监管工作提供支持，为企业提升治理水平提供指导。CCGI^{NK} 连续应用于"CCTV 中国最具价值上市公司年度评选"；应用于联合国贸发会议对中国企业的公司治理状况抽样评价和世界银行招标项目，2007 年 10 月 30 日至 11 月 1 日，应联合国贸发会议邀请，李维安教授参加了在瑞士日内瓦召开的 ISAR 专家组第 24 届会议，并就《中国公司治理信息披露项目》做大会报告；应用于国务院国资委国有独资央企董事会建设与评价等和国家发改委委托项目推出的"中国中小企业经济发展指数"研究；2007 年接受保监会委托，设计保险公司治理评价标准体系；2008 年接受国务院国资委委托，对央企控股公司治理状况进行评价；开发中国公司治理指数数据库；研发中国公司治理股价指数；设计中国公司治理计分卡。

二、中国上市公司治理指数构成

基于中国上市公司面临的治理环境特点，南开大学中国公司治理研究院公司治理评价课题组总结了公司治理理论研究、公司治理原则、各类公司治理评价系统以及大量实证研究、案例研究成果，于 2003 年设计出中国上市公司治理评价系统，2004 年公布"中国公司治理评价报告"，同时发布 $CCGI^{NK}$。随后，于 2004 年、2005 年加以优化，广泛征求各方面的意见，对 6 个维度评价指标进行适度调整。通过对上市公司治理评价的实证研究，对部分不显著性指标进行调整；通过对公司实施公司治理评价，不断检验系统的有效性并进行优化；引入新的公司治理研究思想，例如利益相关者；听取各方面的意见，广泛研讨；紧密关注治理环境变化，并及时反映到评价系统中，例如法律法规变化。评价指标体系见表 1.2。

表 1.2　中国上市公司治理指数评价指标体系

指数（目标层）	公司治理评价 6 个维度（准则层）	公司治理评价各要素（要素层）
中国上市公司治理指数 $CCGI^{NK}$	股东治理（ $CCGI^{NK}_{SH}$ ）	上市公司独立性
		上市公司关联交易
		中小股东权益保护
	董事会治理（ $CCGI^{NK}_{BOD}$ ）	董事权利与义务
		董事会运作效率
		董事会组织结构
		董事薪酬
		独立董事制度
	监事会治理（ $CCGI^{NK}_{BOS}$ ）	监事会运行状况
		监事会规模结构
		监事会胜任能力
	经理层治理（ $CCGI^{NK}_{TOP}$ ）	经理层任免制度
		经理层执行保障
		经理层激励约束
	信息披露（ $CCGI^{NK}_{ID}$ ）	信息披露可靠性
		信息披露相关性
		信息披露及时性
	利益相关者治理（ $CCGI^{NK}_{STH}$ ）	利益相关者参与程度
		利益相关者协调程度

资料来源：南开大学中国公司治理研究院"中国上市公司治理评价系统"。

指标体系是公司治理指数的根本，不同环境需要不同的公司治理评价指标体系，中国上市公司治理指数反映了中国市场的诸多重要特征。此评价指标体系基于中国上市公司面临的治理环境特点，侧重于公司内部治理机制，强调公司治理的信息披露、中小股东的利益保护、上市公司独立性、董事会的独立性以及监事会参与治理等，从股东治理、董事会治理、监事会治理、经理层治理、信息披露和利益相关者治理 6 个维度，设置 19 个二级指标，具体有 80 多个评价指标，对中国上市公司治理的状况做出全面、系统的评价。

第四节　中国上市公司治理评价指标体系

一、中国上市公司股东治理评价指标体系

中国转轨时期经济的复杂性决定了上市公司控股股东行为的复杂性，控股股东的目标选择不再局限于对上市公司控制收益与成本的比较，而更多的是考虑集团整体利益。对于中国上市公司控股股东行为外部性的分析，控制权的范围要从上市子公司拓展到包括上市子公司、控股股东及其他关联公司甚至整个集团，体现为控股股东对集团资源的控制程度。

（一）股东治理评价相关研究

上市公司与其控股股东之间存在着种种关联，控股股东对上市公司的行为往往超越了上市公司的法人边界。从保护中小股东利益的视角来看，我们可以从四个层次来反映控股股东行为与股东治理状况。

1. 股东的平等待遇

遵循"资本多数"的原则，控股股东往往能够对股东大会加以控制。控股股东通过制定股东大会程序、股东参与条件来提高中小股东参加股东大会的成本，限制了中小股东的参与程度，难以保障所有股东得到足够和及时的信息。通过衡量股东大会投票制度、股东的参与度，可以对控股股东是否存在影响股东大会的行为加以判断。

2. 引发控股股东行为负外部性的体制性诱因

在我国国有企业股份制改造过程中，上市公司与其控股股东之间往往存在着"资产混同"，模糊了上市公司的法人财产边界，为控股股东滥用上市公司资源、损害中小股东等其他利益相关者的利益创造了条件。上市公司相对于控股股东独立与否，可以反映出引发控股股东侵害小股东行为的体制性诱因程度。

3. 控股股东行为负外部性的制约机制

各国对中小股东权益的保护，主要是通过在股东大会上强化中小股东对股东大会召集、提议等的影响力，来限制控股股东的权利。2002 年中国证监会和国家经贸委联合颁布的《中国上市公司治理准则》在保护股东权益、平等对待所有股东方面，做出了一些原则性的规定，成为《公司法》的有益补充。保护中小股东的制度是否健全、是否得到有效地实施，可以衡量在上市公司中是否形成制约控股股东行为、降低负外部性的有效机制。

4. 控股股东行为负外部性的现实表现

上市公司的控股股东通过调动各子公司、关联公司的资源，可以实现集团整体利益的最大化，各公司间的有机协调、资源的互补，也可以发挥整个集团的"联合

经济效应"，增强集团整体的竞争能力。但是，目前中国上市公司的控股股东存在着集团资源滥用的行为，体现在运营层面上时具有较强的负外部性，损害了中小股东的利益。

（二）中国上市公司股东治理评价指标体系设计思路

基于对股东行为特征的分析，我们构建了中国上市公司控股股东行为评价指标体系，主要包括三个方面（参见表1.3）：

1. 独立性

由于法律法规的推出、监管的强化，以及上市公司自主治理水平的提高，上市公司在人员、业务、财务、资产、机构等方面的独立性得到了加强，但这种独立性大都停留在表面层次，上市公司相对股东单位的独立性仍需加强。我们对以下几个方面进行评价：第一，通过上市公司董事是否在控股股东处兼职来反映人员独立性情况。第二，通过主营业务是否重叠交叉来度量同业竞争，判断业务独立性情况。第三，通过计算从最终控制人到上市公司的控制链条层级的长度来判断现金流权与控制权分离程度；控制层级越长，最终控制人就越有可能通过金字塔式持股结构侵害中小股东利益。第四，通过观察控股股东是否将主业资产装入上市公司实现整体上市来判断上市公司在人员、财务、经营上的独立性。

2. 中小股东权益保护

本部分重点判断上市公司对中小股东保护相关法律、法规及原则的实施情况，是否根据法律法规建立了相应的实施细则，并是否通过实际行动有效维护中小股东的权益。通过上市公司是否建立了累积投票权制度，制定了相关实施细则，股东大会是否提供了网络投票渠道，来衡量中小股东能否以较低的成本参与公司重大决策；通过股东大会出席股份比例来衡量股东参与公司治理的积极性；通过募集资金是否变更、变更程序是否经股东大会批准、是否说明变更原因来度量上市公司使用募集资金的规范性；大股东股权质押会造成现金流权和控制权的分离，增加了上市公司控制权变更和被"掏空"的概率，放大了上市公司的违规风险，设置通过大股东股权质押或冻结来衡量上市公司潜在的风险；通过公司章程是否对中小股东提名选举董事施加严格的持股比例和持股时间限制，是否设置董事轮换制（Staggered Board Election）来度量中小股东投票选举董事的权利；通过公司章程中现金分红政策是否清晰，是否制定了差异化的分红政策，实际分红是否与承诺一致，来度量现金分红政策的清晰性和一致性；通过现金股利派发的规模和连续性来度量上市公司是否为股东提供长期稳定的回报。

3. 关联交易

本部分通过控股股东是否无偿占用上市公司资金、上市公司是否为控股股东及其他关联方提供贷款担保、控股股东与上市公司间关联交易的规模等 3 个指标反映控股股东滥用关联交易的情况。

表 1.3 中国上市公司控股股东评价指标体系

主因素层	子因素层	说明
独立性	高管独立性	考察董事在股东单位兼职比例，分析上市公司决策层和管理层相对于控股股东的独立性，其在处理股东利益冲突时能否保持平衡
	同业竞争	考察上市公司与控股股东公司在主营业务上是否存在重叠交叉
	控制层级	考察从最终控制人到上市公司的控制链条层级的长度，控制层级越长，导致现金流权与控制权分离，最终控制人就越有可能通过金字塔式持股结构侵害中小股东利益
	整体上市	考察上市公司控股股东是否实行了整体上市，可以起到避免同业竞争、理顺上市公司上下游产业关系、大量减少关联交易的积极效应
中小股东权益保护	股东大会参与积极性	考察股东参与公司治理的积极性，上市公司是否让尽可能多的股东参加大会，剔除了第一大股东持股比例
	股东大会投票制度	考察上市公司是否建立了累积投票权制度，制定了实施细则；是否提供了网络投票渠道
	中小股东投票选举董事权利	公司章程是否对中小股东提名选举董事施加严格的持股比例和持股时间限制，是否限制一次性更换所有董事
	募集资金使用情况	考察募集资金是否变更，变更程序是否经股东大会批准，是否说明原因
	大股东股权冻结和质押	设置通过大股东股权质押或股权被冻结来衡量上市公司潜在的违规和掏空风险
	现金分红政策的清晰性	考察公司章程中现金分红政策是否清晰，是否制定了差异化的分红政策；实际分红是否与承诺一致
	现金股利分配规模和连续性	考察上市公司通过现金股利对投资者回报的规模及长期连续性
关联交易	关联方资金占用	考察关联方是否通过占用上市公司货币资金、欠付上市公司应收货款等手段损害中小股东利益

主因素层	子因素层	说明
	关联担保	考察上市公司是否为大股东或其附属企业解决债务融资问题，以上市公司的名义为其贷款提供担保
	经营类和资产类关联交易	考察上市公司及控股股东是否通过日常经营类、股权类和资产类关联交易进行利润操作，获取控制权收益

资料来源：南开大学中国公司治理研究院"中国上市公司治理评价系统"。

二、中国上市公司董事会治理评价指标体系

董事会是公司治理的核心。作为股东和经理之间的连接纽带，董事会既是股东的代理人，又是经理人员的委托人和监督者，在公司的战略发展、重大决策方面发挥着至关重要的作用，是完善治理结构，优化治理机制的关键环节。董事会治理水平直接决定着公司潜在的治理风险以及长远发展。国内外相继暴发的安然、世通、德隆、创维等公司治理丑闻也验证了这一点。因此，董事会一方面要积极领导公司为投资者创造更多的财富，在资本市场争取到充足的资本，服务好投资者这个"上帝"，另一方面还要关注消费者的利益和需求，在产品市场上获取消费者的支持和信任，服务好消费者这个"上帝"，从而实现公司的持续发展。通过对上市公司的董事会治理进行评价，无疑会推动中国上市公司董事会治理的改善与优化，从而为董事会建设提供系统性的制度保障。

（一）董事会治理评价相关研究

董事会治理评价研究的开展可以从董事会履职基础层面，延伸至董事会结构完善及机制优化层面，最终体现在董事会在公司行为以及治理风险防范中发挥的重要作用。

1. 董事会职能边界及权利配属研究

在现代公司的双重委托代理问题下，董事会是否能够抑制管理层对股东利益偏离的机会主义行为，是否能够克制控股股东的利益攫取行为而实现全部股东的财富最大化，在一定程度上取决于董事会职能边界及权利配属等基本理论问题的明晰化。在实践层面，董事会的薪酬制定权利、提名权利、针对董事会议案的异议权利等在很多情况下也被"剥夺"，造成董事职能的虚化问题。董事会的履职基础需要进一步夯实。

2. 董事会结构建设向董事会机制优化的转型研究

董事会结构建设是董事会治理提升的基础，但仅具有完善的董事会治理结构还远不能实现董事会的高效运作，结构建设向机制优化的转型是提升现阶段我国上市

公司董事会治理质量的关键环节。从关注董事会规模、董事会会议次数、董事会专业委员会设立情况、董事的专业背景等角度，转向董事会议案决议、独立董事意见内容、董事会会议质量、董事团队氛围、董事会专业委员会履职状况等方面是现有研究面临的较大挑战。

3. 董事会治理与公司行为研究

科学决策是董事会治理的重要目标。董事会在对公司行为的影响中扮演了重要的角色。完善的董事会治理结构、高效的董事会治理机制推动了公司科学的投融资决策和生产经营决策，并保证了公司财务质量的高水平。

4. 嵌入治理风险的董事会治理研究

董事会作为公司治理的核心，其关键职责在于防范各种可能的治理风险。董事会应以治理风险防范为导向，建立适当的风险控制结构和机制，有效识别和控制公司运营中面临的各种治理风险，防止治理风险的累积和爆发。探讨治理风险导向的董事会治理机制和风险防控机制，搭建嵌入治理风险的董事会治理分析框架对于董事会治理研究具有重要的意义。

（二）董事会治理评价指标体系设计思路

在已有评价指标体系和有关评价研究成果的基础上，结合我国上市公司董事会治理现状，以董事诚信、勤勉义务为核心，董事会治理评价指标体系从董事权利与义务、董事会运作效率、董事会组织结构、董事薪酬、独立董事制度五个维度，构建了一套董事会治理评价指标体系，并以此为标准对上市公司董事会治理状况进行评价分析（参见表1.4）。

1. 董事权利与义务

董事在公司的权利结构中具有特定的法律地位，同时还需承担特定的法律责任和义务。董事的来源、履职状况等会对董事权利与义务的履行状况产生重要影响，从而在一定程度上决定了董事会治理水平。对董事权利与义务状况进行的评价有助于提升董事会治理质量。

董事权利与义务主要考察董事来源、履职的诚信勤勉情况等。董事权利与义务的评价指标主要包括：董事权利与义务状态、董事损害赔偿责任制度、股东董事比例、董事年龄构成、董事专业背景、董事在外单位的任职情况等。

2. 董事会运作效率

董事会作为公司的核心决策机构，承担着制定公司战略并对经理层实施有效监督的责任。董事会的运作效率直接决定着董事会职责的履行状况以及公司目标的实现程度。高效率的董事会运作有助于董事会更好地履行职责，制定更科学的公司发展规划，更有效率地监督管理人员，从而提升公司的持续价值创造能力。

董事会运作效率主要考察董事会运作状况，以反映董事会功能与作用的实现状态。董事会运作效率的评价指标主要包括：董事会规模、董事长与总经理的两权分离状态、董事与高管的职位重合情况、董事会成员的性别构成、董事会会议情况等。

3. 董事会组织结构

董事会组织结构界定了董事会内部分工与协作的方式、途径等。董事会专业委员会的设立情况会影响董事会的运作。只有董事会内部权责分明、组织健全，才能保证董事会职责的履行。合理的董事会组织结构是董事会高效运转的前提。

董事会组织结构主要考察董事会专业委员会运行状况。董事会组织结构的评价指标主要包括：战略委员会、审计委员会、薪酬与考核委员会、提名委员会、其他专业委员会的设置情况等。

4. 董事薪酬

公司的董事承担着制定公司战略决策和监督管理人员的责任，并且要履行勤勉义务和诚信义务。在赋予董事责任和义务的同时，给予董事合适的薪酬至关重要。具有激励效果的薪酬组合能够促进董事提高自身的努力程度，提高董事履职的积极性，促使董事与股东利益的趋同，并最终提升公司的核心竞争力。

董事薪酬主要考察董事激励约束状况，包括短期激励和长期激励。董事薪酬的评价指标主要包括：董事在公司的领薪状况、董事的现金薪酬状况、董事持股情况、董事股权激励计划的制定及实施等。

5. 独立董事制度

独立董事制度为上市公司的董事会引入了具有客观立场的独立董事。这些独立董事独立于上市公司，与上市公司之间没有利益关联，在一定程度上能够客观地发表见解，从而保护公司投资者的利益。在中国"一股独大"的股权结构下，需要建立独立董事制度来保证董事会的独立性以及决策的科学性。

独立董事制度主要考察公司董事会的独立性及独立董事的职能发挥状况。独立董事制度的评价指标主要包括：独立董事比例、独立董事的专业背景、独立董事在外单位的任职状况、独立董事参会情况、独立董事津贴等。

表 1.4　中国上市公司董事会治理评价指标体系表

主因素层	子因素层	说明
董事权利与义务	董事权利与义务状态	评价董事权利与义务的清晰界定程度
	董事损害赔偿责任制度	考核董事的责任履行
	股东董事比例	考核具有股东背景的董事比例
	董事年龄构成	考核董事年龄情况，尤其是大龄董事
	董事专业背景	考核董事的专业背景
	董事在外单位的任职情况	考核董事义务履行的时间保障
董事会运作效率	董事会规模	考核董事会人数情况
	董事长与总经理的两权分离状态	考核董事长与总经理的兼任情况
	董事与高管的职位重合情况	考核董事与高管的兼任情况

续表

主因素层	子因素层	说明
	董事会成员的性别构成	考核董事会中女性董事的比例情况
	董事会会议情况	考核董事会会议及工作效率
董事会组织结构	战略委员会的设置	考核战略委员会的设置
	审计委员会的设置	考核审计委员会的设置
	薪酬与考核委员会的设置	评价薪酬与考核委员会的设置
	提名委员会的设置	考核提名委员会的设置
	其他专业委员会的设置	考核其他专业委员会的设置
董事薪酬	董事薪酬水平	衡量董事报酬水平以及报酬结构的激励约束状况
	董事薪酬形式	
	董事绩效评价标准的建立情况	衡量董事的绩效标准设立
独立董事制度	独立董事专业背景	考核独立董事的专业背景
	独立董事兼任情况	考核独立董事在外单位的任职情况
	独立董事比例	考核董事会独立性
	独立董事激励	考核独立董事激励约束状况
	独立董事履职情况	考核独立董事参加会议情况

资料来源：南开大学中国公司治理研究院"中国上市公司治理评价系统"。

三、中国上市公司监事会治理评价指标体系

监事会是上市公司的专设监督机构，完善监事会的监督机制是提高公司治理质量，降低治理风险的关键。从各国公司立法看，尽管对监事会这一履行监督职责的机构称谓不同，有的称为监察人，也有的称为监察役等，但在本质和功能上并无大的差别。我国《公司法》规定，监事会是由股东会选举产生的，履行监督公司业务执行状况以及检查公司财务状况的权力机构。监事会主要职权包括：监督权，监事会有权检查公司业务执行状况以及公司财务状况；弹劾权，监事会有权对违反法律、行政法规、公司章程或者股东大会决议的董事、高级管理人员提出罢免的建议；股东大会的召集权与主持权，监事会有权提议召开临时股东大会会议，在董事会不履行本法规定的召集和主持股东大会会议职责时召集和主持股东大会会议；提案权，监事会有权向股东大会会议提出提案；起诉权，监事会有权对违反诚信义务的董事、高级管理人员提起诉讼。监事会作为公司内部专门行使监督权的常设监督机构，是公司内部治理结构与机制的一个重要组成部分。监事会监督权的合理安排及有效行使，是防止董事和高管独断专行、保护股东投资权益和公司债权人权益的重要措施。但目前我国上市公司现状是监事会功能不彰，效力不显，监事不独立，未能发挥应有的监督作用，致使监事会在现实中成为"花瓶一只"。因此，有必要对上市公司的监事会治理状况进行评价，使我国监事会逐步趋于健全与完善。基于此，本报告从

监事会运行状况、监事会规模结构和监事胜任能力三个方面对我国上市公司监事会参与治理的状况进行了评价，并对监事会治理与公司绩效的关系进行了实证研究。

（一）监事会治理评价相关研究

对于监事会治理评价问题的研究，目前国内外基本上处于空白阶段，造成这种现状的原因是多方面的。

第一，以英美为代表的公司治理模式中没有监事会。在以处于国际主流地位的英美为代表的"一元模式"的公司治理结构中，没有设置监事会，但这并不意味着没有监督机制，其监控主要是通过董事会中下设相关委员会和其中的外部独立董事以及外部市场来实现的。这是与英美国家公众持股公司的股东人数众多、股权高度分散的现状相适应的，由于不可能由各个股东分别或共同监督，大量股东使得代理成本成为一个严重的问题，而且由于"搭便车"问题的存在，单个股东进行监督的动力不足。因此借助"外脑"力量，即引入外部独立董事对于克服内部利益掣肘不失为明智选择。同时，英美两个国家的经理人市场也比较发达，能够对经营者实施较强的外部监督。因此，尽管国际上一些知名公司治理评价公司，如标准普尔、戴米诺、里昂证券等都已推出了自身的公司治理评价体系，但其中均未单独涉及监事会评价问题。

第二，我国上市公司治理模式的现实状况。从公司治理结构的角度看，我国公司治理模式更接近于大陆法系的"二元模式"，即在股东大会之下设立与董事会相独立的监事会。在国际上以"二元模式"为典型代表的德日等国的监事会与两国证券市场不是很发达、管理层在企业中居于支配性地位为基本特征的公司治理状况相适应。德国实行董事会和监事会分设的双层制，其中监事会具有较强的监督职能。德国《股份法》规定，公司必须有双层制的董事会结构，即管理委员会和监事会，前者负责公司的日常事务，由担任公司实际职务的经理人员组成；后者是公司的控制主体，负责任命管理委员会的成员并且审批公司的重大决策，并监督其行为，但不履行具体的管理职能。日本的监事会制度既不同于英美的单层制，也与德国的双层制有些许不同。在日本，董事会与监事会是并列的机构，二者均由股东大会选举产生，后者对前者进行监督。这些与我国监事会在性质和职权上有着诸多差异，使得来自"二元模式"国家的监事会评价的参考价值也极为有限。

第三，监事会治理评价没有受到足够重视。国内一些证券机构（如海通证券、大鹏证券）在进行中国上市公司治理评价体系研究过程中，主要集中在股东大会治理评价研究（反映在股权结构、股权集中度和股东大会召开情况等方面）、董事会治理评价研究（反映在董事会规模、董事会运作和董事的激励约束等方面）以及信息披露状况方面的评价研究（反映在信息披露的完整性、准确性和有效性），对监事会的评价几乎没有涉及。

对于监事会运行状况评价研究的欠缺，使我们难以判断作为上市公司治理架构三会之一的监事会在公司治理中是否发挥了应有的作用，其治理状况的改进与完善对于提高上市公司治理水平是否发挥着重要的作用，是否如有些专家认为的那样，在嫁接了国外的独立董事制度后，监事会已不再重要甚至是多余的。源于此，考虑监事会在我国公司治理结构中的特殊地位，充分借鉴国际上不同公司治理模式中内部监督经验，结合中国上市公司自身环境条件及改革进程，设计出一套能够客观评价上市公司监事会治理状况的指标体系具有重要的理论与现实意义。

（二）中国上市公司监事会治理评价指标体系的设计思路

在我国上市公司中，监事会作为公司内部的专职监督机构，以出资人代表的身份行使监督权，对股东大会负责。公司监事会的性质决定了它不得进行公司业务活动，对外也不代表公司开展业务。例如，德国《股份法》规定监事会成员不得"同时隶属于董事会和监事会"。我国《公司法》规定董事、经理和财务负责人不得兼任监事，也是为了实现公司权责明确、管理科学、激励和约束相结合的内部管理体制。这种规定是为了保证监事会行使监督权的专一目标。监事会的基本职能是以董事会和总经理为主要监督对象，监督公司的一切经营活动以及财务状况，在监督过程中，随时要求董事会和经理人员纠正违反公司章程的越权行为。对监事会治理的评价，本报告以"有效监督"为目标，遵循科学性、可行性和全面性的原则，从监事会运行状况、监事会规模结构和监事胜任能力三个方面，设计了导入独立董事制度补充后的包括 11 个指标的中国上市公司监事会治理评价指标体系（参见表 1.5）。

1. 运行状况

监事会是否真正发挥作用以及发挥作用的程度是本报告关注的焦点，即监事会是否召开过监事会会议，召开过多少次，其次数高于、等于还是低于我国《公司法》所规定的召开次数。据此，本报告设计了监事会会议次数来衡量监事会运行状况。

2. 规模结构

良好的监事会规模与结构是监事会有效运行的前提条件，为了保证监事会行使监督权的有效性，首先监事会在规模上应该是有效的，其次监事会成员的构成也应该是有效的。为此，我们设计了监事会人数和职工监事设置情况来反映监事会规模结构状况。

3. 胜任能力

有了结构与机制后，没有具体的要素，整个监事会系统也无法正常运转。监事胜任能力包括监事会主席胜任能力和其他监事胜任能力两个方面。由于上市公司是一个占有庞大经济资源的复杂利益集团，要求监事应具有法律、财务、会计等方面的专业知识或工作经验，具有与股东、职工和其他利益相关者进行广泛交流的能力。监事的学历和年龄等对其开展相应工作的胜任能力也具有重要的影响。监事持股有利于调动其履职的积极性。依据上述思路，本报告设置了监事会主席职业背景、监事会主席学历、监事会主席年龄、监事会主席持股状况来评价监事会主席胜任能力；

设置了其他监事职业背景、其他监事年龄、其他监事学历以及其他监事持股状况指标来评价其他监事胜任能力。

表 1.5 中国上市公司监事会治理评价指标体系一览表

主因素层	子因素层	说明
运行状况	监事会会议次数	考核监事会履行工作职能的基本状况
规模结构	监事会人数	考核监事会履行监督职能的人员基础
	职工监事设置情况	考核监事会代表职工行使监督权利的情况
胜任能力	监事会主席职业背景	考核监事会主席职业背景对其胜任能力的影响
	监事会主席学历	考核监事会主席学历对其胜任能力的影响
	监事会主席年龄	考核监事会主席年龄对其胜任能力的影响
	监事会主席持股状况	考核监事会主席持股状况对其胜任能力的影响
	其他监事职业背景	考核监事职业背景对其胜任能力的影响
	其他监事学历	考核监事学历对其胜任能力的影响
	其他监事年龄	考核监事年龄对其胜任能力的影响

资料来源：南开大学中国公司治理研究院"中国上市公司治理评价系统"。

四、中国上市公司经理层治理评价指标体系

经理层治理是从客体视角对上市公司治理状况进行的评价。本部分从经理层的任免制度、执行保障以及激励约束机制三个方面，从不同行业、第一大股东的性质等视角对中国上市公司经理层的治理状况进行评价。

（一）经理层治理评价相关研究

国际上大多数公司治理评价系统中将经理层治理方面的评价指标分列于不同的评价结构中。标准普尔公司治理服务系统（2004）把管理层成员的任命、薪酬结构及人员更换状况作为董事会治理状况进行了反映。公司法与公司治理机构、信息和信用评级代理机构、美国机构投资者服务组织（ICLG，ICRA and ISS，2004）在对跨国公司全球评价标度与内部评价标度上分别有专门的高管层结构及管理层薪酬与股权状况的评价，经理层的薪酬也一直作为治理评价系统（GMI）对公司治理考察的核心因素。戴米诺公司治理评价系统（2002）则注重公司期权和董事长与 CEO 两职关系情况的测评。里昂证券公司治理评估系统（CLSA）将管理者的高股份激励及股东现金流分配等列入重要的评价范畴。南开大学中国公司治理研究院在设置上市公司治理评价指标系统的初期，将经理层评价作为一个重要维度，CCGI[NK] 主要从任免制度、执行保障和激励机制三个维度评价中国上市公司高管层治理状况，进行经理层治理指数与绩效指数的回归分析（李维安、张国萍，2005，2005）。随着公司治理评价的深入与优化，公司高管层的监督、约束、变更及效率保障逐渐成为研究

重点。

（二）中国上市公司经理层治理评价指标体系设计思路

经理层治理评价指数由三个维度构成（参见表1.6）：

1. 任免制度

在经理层治理评价系统中，本报告选择总经理的选聘方式、其他高管人员的选聘方式、高管人员的行政度、董事长与总经理的两职设置状况及高管稳定性构建了评价公司经理层任免制度的指标。随着上市公司高管人员选聘制度化程度提高以及高管变更频度的加大，本报告强化了高管稳定性的指标评价。

2. 执行保障

经理层的执行保障评价包括总经理及其他高管人员学历指标对经理层的支持保障、学识胜任能力、经理层对日常经营的控制程序、经理层内部控制程度，以及高层经理人员在股东单位或股东单位的关联单位兼职情况等内容，特别地，高层经理人员的兼职情况受到重视。

3. 激励约束

本报告从经理层薪酬与股权总量、结构、薪酬及股权与公司业绩的关系等多角度设计指标，从强度和动态性两个角度评测激励与约束程度。

表1.6　中国上市公司经理层治理评价指标体系

主因素层	子因素层	说明
任免制度	高管层行政度	考察经理层任免行政程度
	两职设置	考察总经理与董事长的兼职状况
	高管稳定性	考察经理层的变更状况
执行保障	高管构成	考察经理层资格学历状况
	双重任职	考察经理层成员的兼职状况
	CEO设置	考察经理层中CEO设置状况
激励约束	薪酬水平	考察经理层薪酬激励水平
	薪酬结构	考察经理层激励的动态性
	持股比例	考察经理层长期激励状况

资料来源：南开大学中国公司治理研究院"中国上市公司治理评价系统"。

五、中国上市公司信息披露评价指标体系

（一）信息披露相关研究

"阳光是最有效的消毒剂，电灯是最有效的警察"。一个资本市场的信息透明度越高，资本市场的有效性就越强，投资者就越容易做出有效的投资决策。如果信息是透明的，投资者就可以在事前进行合理的判断，事后进行更好的监督，可以选择到合适的投资或者融资项目，而管理人员也可以得到他们所需的资金。但如果投资者和经理人之间的信息不对称，则会使投资者的闲置资金与投资机会之间的配置无法实现，使资本市场的配置功能失效。

由于信息的不完备，投资者往往根据市场的平均水平估计公司投资项目的投资收益，对于优质项目来说，融资成本过高，这将造成公司的融资约束。梅耶斯和梅吉拉夫（Myers and Majluf，1984）认为当投资者低估企业的融资证券价值，而管理者无法将一个好的投资机会正确传递给外部投资者时，投资项目将会被搁置。在更为极端的情况下，债券市场上还会出现"信贷配给"，即借款人愿意以市场平均利率支付利息，但仍然无法筹集到所需要的全部资金（Stiglitz and Weiss，1981；Gale and Hellwig，1985）。通过信息披露缓解了信息不对称，投资者能够更加准确地估计证券价值和项目的风险，对于有良好的投资机会的公司，投资者在购买证券时会要求一个较低的风险溢价，从而降低公司的融资成本；而对于项目风险较高的公司来说，投资者在购买证券时会要求一个较高的风险溢价来弥补其可能遭受的损失，从而提高公司的融资成本。

信息的披露还有利于投资者在投资后对管理层进行监督。投资者所处的信息劣势使得一般投资者难以掌握企业内部充分而真实的信息或者无力支付了解这些信息所需的成本而难以实现对代理问题的有效监督。于是，当投资者不能对自己的投资做到完全的监督，而他们又意识到经理人员会有代理问题时，他们对投资将保持谨慎的态度。这也会导致资本市场的低效运行。

（二）信息披露的评价

南开大学公司治理评价系统中的信息披露评价体系针对信息披露真实性、相关性、及时性进行评价，在借鉴相关研究成果的基础上，以科学性、系统性和信息披露评价的可行性等原则为指导，以国际公认的公司治理原则、准则为基础，借鉴、综合考虑我国《公司法》《证券法》《上市公司治理指引》，比照《公开发行证券的公司信息披露内容与格式准则第 2 号（2015 年修订）》《企业会计准则》《公开发行股票公司信息披露实施细则》《公开发行证券的公司信息披露编报规则》《上市公司信息披露管理办法》等有关上市公司的法律法规设计评价指标体系（参见表 1.7）。

1. 真实性

真实性是指一项计量或叙述与其所要表达的现象或状况的一致性。真实性是信息的生命，要求公司所公开的信息能够准确反映客观事实或经济活动的发展趋势，而且能够按照一定标准予以检验。但信息的真实性具有相对性和动态性，相对真实性体现了历史性，而且相对真实性向绝对真实性接近。一般情况下，作为外部人仅通过公开信息是无法完全判断上市公司资料真实性的，但是可以借助上市公司及其相关人员违规历史记录等评价信息的披露判断真实性。从信息传递角度讲，监管机构和中介组织搜集、分析信息，并验证信息真实性，这种检验结果用于评价信息披露真实性是可行的、合理的。信息披露真实性的评价指标主要包括：年度财务报告是否被出具非标准无保留意见；近三年公司是否有违规行为；公司是否有负面报道；近一年是否有关于当期及前期的财务重述；当年是否因虚假陈述被处罚；内部控制的有效性鉴证情况等。

2. 相关性

信息披露相关性则要求上市公司必须公开所有法定项目的信息，不得忽略、隐瞒重要信息，使信息使用者了解公司治理结构、财务状况、经营成果、现金流量、经营风险及风险程度等，从而了解公司全貌、事项的实质和结果。信息披露的相关性包括形式上的完整和内容上的齐全。信息披露相关性的评价指标主要包括：公司战略是否充分披露；竞争环境是否充分披露；产品和服务市场特征是否充分披露；研发信息是否充分披露；经营风险和财务风险是否充分披露；公司社会责任方面是否充分披露；对外投资项目是否充分披露；取得或处置子公司情况是否充分披露；控股公司及参股公司经营情况是否充分披露；关联交易是否充分披露；内部控制缺陷是否充分披露等。

3. 及时性

信息披露的及时性是指信息失去影响决策的功能之前提供给决策者。信息除了具备真实完整特征之外，还要有时效性。由于投资者、监管机构和社会公众与公司内部管理人员在掌握信息的时间上存在差异，为解决获取信息的时间不对称性可能产生的弊端，信息披露制度要求公司管理当局在规定的时间内依法披露信息，减少有关人员利用内幕信息进行内幕交易的可能性，增强公司透明度，降低监管难度，有利于规范公司管理层经营行为，保护投资者利益。从公众投资者来看，及时披露的信息可以使投资者做出理性的价值判断和投资决策；从上市公司本身来看，及时披露信息使公司股价及时调整，保证交易的连续和有效，减少市场盲动。信息披露及时性评价指标主要通过上市公司年度报告获得，包括年度报告公布的时滞、当年是否有延迟披露处罚等。

表1.7 中国上市公司信息披露评价指标体系一览表

主因素层	子因素层	说明
真实性	年度财务报告是否被出具非标准无保留意见	考察公司财务报告的合法性和公允性
	违规行为	考察公司在近三年是否有违规行为
	有无负面报道	考察是否有媒体对公司进行负面报道
	有无财务重述	考察公司近一年是否有关于当期及前期的财务重述
	虚假陈述被处罚	考察公司当年是否有虚假陈述被处罚
	内控有效性鉴证情况	考察公司内部控制的有效性

续表

主因素层	子因素层	说明
相关性	公司战略	考察公司是否充分披露了有关公司战略的信息
	公司竞争环境分析	考察公司是否充分披露了有关公司竞争环境的信息
	产品和服务市场特征	考察公司是否充分披露了有关产品和服务市场特征的信息
	公司风险	考察公司是否充分披露了有关公司的经营风险和财务风险的信息
	公司社会责任	考察公司是否充分披露了有关公司社会责任的信息
	对外投资项目	考察公司是否充分披露了有关对外投资项目的信息
	子公司取得或处置情况	考察公司是否充分披露了有关取得或处置子公司情况的信息
	控股及参股公司经营情况	考察公司是否充分披露了有关控股及参股公司经营情况的信息
	关联交易	考察公司是否充分披露了有关关联交易的信息
	内部控制缺陷披露	考察公司是否充分披露了有关内部控制缺陷的信息
及时性	年度报告公布的时滞	反映信息披露是否及时
	延迟披露处罚	考察公司是否有延迟披露处罚

资料来源：南开大学中国公司治理研究院"中国上市公司治理评价系统"。

六、中国上市公司利益相关者治理评价指标体系

20世纪80年代之前，企业的经营宗旨是股东利益最大化，公司治理研究的问题主要是围绕如何建立合理的激励和约束机制，将代理人的道德风险问题降至最低限度，最终达到公司价值最大化。80年代以来，随着企业经营环境的变化，股东、债权人、雇员、消费者、供应商、政府、社区居民等利益相关者的权益受到企业经营者的关注，公司治理也转变为利益相关者的"共同治理"（Blair and Kruse，1999）模式。李维安（2005）指出，所谓公司治理是指通过一套包括正式或非正式的、内部或外部的制度或机制来协调公司与所有利益相关者之间的利益关系，以保证公司决策的科学化，从而最终维护公司各方面的利益的一种制度安排。公司治理的主体不仅局限于股东，而是包括股东、债权人、雇员、顾客、供应商、政府、社区居民等在内的广大公司利益相关者。对利益相关者治理的评价有利于我们了解目前中国上市公司利益相关者参与治理的状况以及公司与利益相关者的协调状况。根据利益相关者在公司治理中的地位与作用，并且考虑到评价指标的科学性、可行性，本报告设置了利益相关者评价指标体系，主要考察利益相关者参与公司治理程度和公司与利益相关者之间的协调程度。

（一）利益相关者治理评价相关研究

目前，在公司治理中充分考虑利益相关者的权益，鼓励利益相关者适当参与公司治理已经成为广为接受的观点。1963 年，斯坦福大学一个研究小组（SRI）提出了"利益相关者"（Stakeholders），指那些没有其支持，组织就无法生存的群体（Freeman and Reed，1983）。但在当时管理学界并未引起足够的重视。20 世纪 80 年代以后，随着企业经营环境的变化，股东、债权人、雇员、消费者、供应商、政府、社区居民等利益相关者的权益受到企业经营者的关注，公司在经营管理中对利益相关者的关注日益提高，消费者维权运动、环境保护主义及其他社会活动取得了很大的影响，公司对员工、社区及公共事业关注力度大大提高，公司治理也由传统的股东至上的"单边治理"模式演化为利益相关者"共同治理"模式。布莱尔（Blair，1995）认为，公司应是一个社会责任的组织，公司的存在是为社会创造财富。公司治理改革的要点在于：不应把更多的权利和控制权交给股东，"公司管理层应从股东的压力中分离出来，将更多的权利交给其他的利益相关者"。

英国的《哈姆佩报告》（Hampel Report，1998）、经济合作与发展组织（OECD）于 1999 年 6 月推出的《OECD 公司治理原则》（OECD Principles of Corporate Governance）、美国商业圆桌会议（The Business Roundtable）公司治理声明等重要的公司治理原则都把利益相关者放在相当重要的位置。2006 年 3 月，欧盟委员会在布鲁塞尔发起"欧洲企业社会责任联盟"的倡议，联盟由企业主导，对所有欧洲企业开放，旨在促进和鼓励企业社会责任实践，并为企业的社会责任行为提供相关支持。2006 年 4 月 27 日，联合国全球契约（UN Global Compact）在纽约发布了"责任投资原则"（Principles for Responsible Investment）。来自 16 个国家，代表着世界领先的、拥有超过 2 万亿美元资产的投资机构的领导者在纽约证券交易所正式签署了该项原则。依据该原则，机构投资者承诺，在受托人职责范围内，将把环境、社会和公司治理（ESG）因素引入投资分析和决策过程中，促进本原则在投资领域的认同和应用，共同努力提高本原则的有效性，各自报告履行本原则所采取的行动和有关进展报告。2004 年 6 月，ISO 在瑞典召开会议研究制定 ISO26000，它是适用于包括政府在内的所有社会组织的"社会责任"指导性文件（标准），标准包括社会责任的 7 个方面内容，即组织治理、人权、劳工权益保护、环境保护、公平经营、消费者权益保护以及参与社区发展。

虽然目前利益相关者问题在公司治理研究中居于重要地位，但国内外涉及并强调利益相关者的公司治理评价体系并不多。标准普尔公司治理评价指标体系（Standards and Poor's Company，1998）中涉及了"金融相关者"，但仅仅指股东，并未涉及其他利益相关者。里昂证券（亚洲）公司的评价体系主要关注公司透明度、对管理层的约束、董事会的独立性和问责、对中小股东的保护等方面，涉及债务规模的合理控制以及公司的社会责任，一定程度上注意到了利益相关者问题。而戴米诺公司和我国海通证券的公司治理评价体系则没有具体涉及利益相关者问题。南开大学中国公司治理原则研究课题组于 2001 年《〈中国公司治理原则（草案）〉及其解说》一文中指出，中国公司必须构筑以股东、经营者、职工、债权人、供应商、客户、社区等利益相关者为主体的共同治理机制，保证各利益相关者作为平等的权利主体享受平等待遇，并在构建中国公司治理评价体系中，将利益相关者治理纳入进来。利益相关者治理这一维度包括利益相关者参与公司治理的程度和公司与利益相关者的协调程度，它为我们研究公司治理问题提供了坚实的基础。

（二）中国上市公司利益相关者治理评价指标体系设计思路

根据利益相关者在公司治理中的地位与作用，并且考虑到评价指标的科学性、可行性、完整性，本报告设置包括利益相关者参与程度指标和协调程度指标两大部分的利益相关者评价指标体系。其中利益相关者参与程度指标分为员工参与程度和投资者关系管理。利益相关者协调程度指标分为社会责任履行、违规和处罚、诉讼与仲裁。下面具体介绍一下各指标的含义（参见表 1.8）。

1. 参与程度

利益相关者参与程度指标主要评价利益相关者参与公司治理的程度和能力，较高的利益相关者参与程度和能力意味着公司对利益相关者权益保护程度和决策科学化程度的提高。员工参与程度：员工是公司极其重要的利益相关者，在如今人力资本日益受到关注的情况下，为员工提供参与公司重大决策和日常经营管理的有效途径有利于增强员工的归属感，提高员工忠诚度并激励员工不断实现更高的个人目标和企业目标。本报告用员工持股计划这个指标来考察职工的持股情况，这是公司员工参与公司治理的货币资本和产权基础，也是对员工进行产权激励的重要举措。我国《公司法》明确规定，监事会应当包括股东代表和适当比例的职工代表，其中职工代表的比例不得低于三分之一。职工监事有利于强化对公司董事及高管的权力约束，维护职工权益。本报告通过员工持股计划和职工监事比例来考察公司员工参与公司治理的程度。投资者关系管理：投资者关系管理是指公司通过及时的信息披露，加强与投资者之间的沟通与交流，从而形成公司与投资者之间良好的关系，实现公司价值最大化。在我国，上市公司投资者关系管理体系还处于发展阶段。本报告设置如下指标考察上市公司的投资者关系管理状况：公司网站的建立与更新，考察公司投资者关系管理信息的披露与交流渠道的建立与通畅状况；投资者关系管理制度及其执行，考察公司投资者关系管理制度建设情况以及是否由专人或专门的部门负责投资者关系管理。设有专门的投资者关系管理制度和投资者关系管理部门有利于促进投资者关系管理工作的持续有效开展。

2. 协调程度

利益相关者协调程度指标考察公司与由各利益相关者构成的企业生存和成长环境的关系状况和协调程度，它包括社会责任履行、违规与处罚和诉讼与仲裁事项三个分指标。社会责任履行：重视企业社会责任，关注自然环境的保护和正确处理与上下游合作方的关系，是企业追求长远发展的必备条件。在此，主要通过如下七个指标考察公司社会责任的履行状况：公益性捐赠支出，可以考察上市公司对社会及所处社区的贡献；是否披露社会责任报告，可以考察公司社会责任工作重视程度和履行成效；社会责任报告是否经第三方机构审验，反映社会责任报告披露可靠性；债权人权益保护，考察公司对于债权人权益保护程度；供应商权益保护，考察公司对于供应商权益保护程度；客户及消费者权益保护，考察公司对于客户及消费者权益保护程度；环境保护措施，反映上市公司对所处自然环境的关注与保护状况。违规与处罚：企业从事合法经营，必须履行相应的法律责任，因此协调并正确处理公司和其监管部门的关系至关重要。本报告通过公司受到沪深证券交易所、证监会、财政部等监管部门的违规和处罚情况，考察上市公司和其所处的监督管理环境的和谐程度。诉讼与仲裁：通过考察公司诉讼、仲裁事项的数目及其性质，可以一定程度上考察上市公司与特定利益相关者之间的关系紧张程度。

表 1.8　中国上市公司利益相关者治理评价指标体系一览表

主因素层	子因素层	说明
参与程度	员工参与程度	考察职工持股计划与职工监事配置情况
	投资者关系管理	考察公司网站的建立与更新状况和投资者关系管理制度建设与执行情况
协调程度	社会责任履行	考察公司社会责任的履行与披露情况，考察公司对主要利益相关者的关注与保护情况
	违规与处罚	考察公司与其所处监管环境的和谐程度
	诉讼与仲裁	考察公司与特定利益相关者之间的关系紧张程度

资料来源：南开大学中国公司治理研究院"中国上市公司治理评价系统"。

第二章 基于公司治理指数开展的相关研究

公司治理评价的最终目的在于为公司治理研究和实践提供参考和指导。在理论界，国内外的学者应用不同的方法构建公司治理指数，并在此基础上对公司治理不同维度的指标及其影响进行了富有实际意义的描述和研究。

第一节 国内基于公司治理指数开展的相关研究

一、基于公司治理总体评价指数的相关研究

南开大学中国公司治理研究院公司治理评价课题组（2003）的研究从公司治理实务需求的角度出发，追溯公司治理实务与理论研究发展历程，在此基础上对国际著名公司治理评价系统进行了比较，并提出了适合中国公司治理环境的公司治理评价指标体系——CCGI^{NK}。CCGI^{NK} 以指数的形式，通过对公司治理影响因素的科学量化，全面、系统、连续地反映上市公司治理状况。在借鉴了国外一流公司治理评价指标体系、充分考虑中国公司治理特殊环境的基础上，CCGI^{NK} 从股东权益、董事会、监事会、经理层、信息披露、利益相关者 6 个维度，构建了包括 6 个一级指标、20 个二级指标、80 余个三级指标的评价体系。

在 CCGI^{NK} 的基础上，学者展开了各种富有实际意义的研究。例如，南开大学中国公司治理研究院公司治理评价课题组（2004）在对模型的稳定性与可靠性检验的基础上，对中国上市公司治理状况进行了实证分析。研究结果表明：股权结构是决定公司治理质量的关键因素，国有股一股独大不利于公司治理机制的完善；良好的公司治理将使公司在未来具有较高的财务安全性、有利于公司盈利能力的提高，投资者愿意为治理状况好的公司支付溢价。

基于 2003 年的评价样本，李维安和唐跃军（2006）发现，上市公司治理指数对总资产收益率、每股净资产、加权每股收益、每股经营性现金流量、总资产周转率、总资产年度增长率、财务预警值均有显著的正面影响，这表明拥有良好的公司治理机制有助于提升企业的盈利能力、股本扩张能力、运营效率、成长能力，有助于增强财务弹性和财务安全性。公司治理中所涉及的控股股东治理、董事会治理、经理层治理、信息披露、利益相关者治理、监事会治理机制，在很大程度上决定了上市公司是否能够拥有一套科学的决策制定机制与决策执行机制，而这将对公司业绩和

公司价值产生直接而深远的影响。李维安、张立党和张苏（2012）利用 CCGI^{NK} 的评价结果，通过实证分析发现，高水平的公司治理能够降低投资者的异质信念程度，从而降低股票的投资风险。郝臣等（2016）利用 CCGI^{NK} 的评价结果对我国上市金融机构进行了实证研究，他们发现公司治理质量的提升对上市金融机构财务绩效的提升和风险承担的控制均有显著作用，但仅董事会治理分维度的指标体现出显著影响。

除了南开大学中国公司治理研究院的 CCGI^{NK} 之外，国内的许多其他学者也在公司治理指数构建和相关研究方面做出了有益的尝试。例如，白重恩、刘俏和陆洲等（2005）综合考虑了公司治理内、外部机制，运用主元因素分析法集合 8 个指标构建了公司治理指数（G 指数），并通过实证研究发现，治理水平高的企业其市场价值也高，投资者愿为治理良好的公司付出相当可观的溢价。郝臣（2005，2009）聚焦于公司的股东、董事会、监事会、经理层的治理特征，分别构建了公司治理指标，并分别对民营控股上市公司样本和上市公司总体样本进行了实证分析。结果表明，民营控股上市公司治理指数与公司绩效指标之间存在显著的正相关关系，并且治理指数对公司绩效指标有显著的解释力。对于总体样本来说，当期公司治理具有相对价值相关性和较低的增量价值相关性，而前期公司治理只具有相对价值相关性。ST公司的治理价值相关性原理与一般上市公司存在差异。

上述结论说明我国投资者在投资决策时已经开始考虑公司治理因素。方红星和金玉娜（2013）则从监督和激励两个角度选取公司治理成分指标，发现公司治理对公司非效率投资具有明显的抑制作用，特别是对意愿性非效率投资的抑制效果更为显著。鲁桐等（2014）聚焦于中小板和创业板上市公司，综合股权结构与股东权利、董事会和监事会运作、信息披露与合规性以及激励机制四个方面对上市公司治理水平进行系统评估，他们发现公司治理与公司业绩存在正相关关系，其中激励约束机制特别是高管与核心技术人员的股权激励是影响上市公司绩效的重要因素（鲁桐、吴国鼎，2015）。韩少真、潘颖和张晓明（2015）构建了包括董事会治理、管理层治理、股东治理、会议治理四个维度的公司治理指标体系，并发现公司治理对公司绩效具有正向影响，这一影响在民营企业中更加显著。韩少真和潘颖（2016）的研究进一步表明，较高的治理水平不仅能显著提高公司的债务可得性和长期债务比例，还能显著降低公司的债务成本。傅传锐（2016）构建了包括股权治理、董事会治理和高管激励在内的公司治理综合指数，证明了公司治理机制对公司智力资本价值创造的积极作用。

二、基于公司治理不同维度评价指数的相关研究

除公司治理总体指标外，国内学者对于国内公司的董事会、监事会、经理层、股权结构和利益相关者等有关治理指标进行了专门的研究。

李维安和王世权（2005）在对现有监事会评价理论与实践回顾基础上，结合中

国自身环境条件及改革进程，设计了中国上市公司监事会治理绩效评价指标体系，并且利用调研数据，对上市公司监事会治理水平进行了评价与实证研究。结果显示，监事会治理总体水平较低，不同行业、不同企业性质之间的治理水平存在着很大差别，大股东的持股比例亦对监事会治理的有效性具有显著影响。

李维安和唐跃军（2005）设置了利益相关者治理评价指标考察中国上市公司利益相关者参与公司治理和利益相关者权益的保护状况，并构建了利益相关者治理指数。进一步的实证研究表明，利益相关者治理指数对每股收益（EPS）、净资产收益率（ROE）、股本扩张能力（NAPS）均有显著的正面影响，这表明上市公司良好的利益相关者治理机制和较高的利益相关者治理水平有助于增强公司的盈利能力，进而提升包括股本扩张能力在内的企业成长与发展潜力。同时，利益相关者治理机制所涉及的 5 个方面对企业业绩和企业价值也存在重要影响。因此，他们建议在公司治理中考虑利益相关者的权益，鼓励利益相关者适当而有效地参与公司治理和管理。

沈艺峰、肖珉和林涛（2009）基于 1432 家上市公司 2007 年公布的"自查报告和整改计划"，从大股东、董事会与监事会、经理层以及投资者法律保护四个方面对上市公司治理情况进行归纳和整理，从中提取出有用信息，综合反映目前我国上市公司治理情况和问题。

王福胜和刘仕煜（2009）在对上市公司的股权结构、集中度、资本结构、董事会独立性等公司治理要素与公司成长、盈利能力之间关系的综合考量基础上，通过引入 DEA 模型来描述公司治理效率，进而构建了有关公司治理效率评价的指标体系。

安占强（2009）基于构建上市公司的经理层激励机制、股权结构、股权集中度、董事会及股东大会这四个治理维度，利用因子分析法和旋转矩阵分析的方式，构建了一个包含十个治理变量的综合指数。

魏明海、柳建华和刘峰（2010）从法律与证券市场监管、地区治理环境和公司治理三个层次综合衡量上市公司质量。在法律与证券市场监管方面，分别从证券市场立法、证券市场监管以及法律和监管制度执行三个角度构建 17 项指标衡量；在地区治理环境上，分别从地方政府治理和中介组织发展两个角度构建 6 项指标衡量。

程新生、谭有超和刘建梅（2012）通过构建对公司非财务信息披露质量的评价指标，探究了其与公司外部融资与投资效率的关系。他们发现，外部融资是非财务信息和投资效率之间的中介变量，但同时又受到了外部制度约束的影响。

高明华、苏然和方芳（2014）构建了包含董事会结构、独立董事独立性、董事会行为和董事激励与约束 4 个一级指标和 37 个二级指标的中国上市公司董事会治理评价指标体系，发现董事会治理对公司绩效、公司合规性、代理成本和盈余市场反应具有显著的正向影响，且非国有优于国有。高明华和谭玥宁（2014）利用上述指标进一步讨论了董事会治理与代理成本的关系，他们发现董事激励与约束是降低代理成本的关键因素，但是在国有控股公司中这一效应并不显著，且国有公司董事会结构的完善反而会提高代理成本。

王鹏程和李建标（2014）检验了利益相关者治理与企业融资约束的关系。他们发现企业利益相关者治理能够有效缓解企业融资约束，不同利益相关者治理行为对融资约束的影响存在差异，而且对国有企业和民营企业的影响也不同。

傅传锐和洪运超（2018）检验了公司治理水平与智力资本信息披露间的相关性以及产品市场竞争对这种关系的调节效应。他们发现，无论是整体公司治理水平的提高，还是股权治理、董事会与监事会治理、管理层激励等分维度治理水平的提高，都能够显著提升企业智力资本自愿信息披露水平，但不同维度公司治理机制与产品市场竞争间的关系存在异质性，即产品市场竞争与股权治理、管理层激励存在互补关系，和董事会与监事会治理存在替代关系。

王曙光、冯璐和徐余江（2019）检验了混合所有制改革背景下，企业不同股权占比与公司治理水平的关系。他们发现，国有股权占比与公司治理指数呈 U 形关系，私营化或国有化程度与公司治理水平呈正相关关系，在计算公司治理指数时，只考虑反映内部机制的三个主要方面：股权结构治理水平、董事会治理水平与高管薪酬治理水平，并采用主成分分析法将这三个方面进行拟合。

张宁和才国伟（2021）探究了沪深两地国资委与国有资本投资运营公司及其投资企业三层监管架构之双向治理路径。其结论表明，在自上而下的治理路径中，监管系统和战略系统的构建与层层传导是核心作用机制；而在自下而上的治理路径中，国有资本投资运营公司会在内外部系统的动态平衡中建构自身的监管和战略系统，并将体制机制改革诉求与业务战略调整方向以向上反馈影响的方式参与治理。

祝继高等（2021）利用上市公司董事投票数据对非控股股东董事的监督动机和监督效果进行分析。他们通过检验非控股股东董事投非赞成票的监督效果发现，非控股股东董事投非赞成票能降低上市公司的代理成本，提高上市公司的经营效率和企业价值。同时非控股股东董事的监督对独立董事履行监督职能具有溢出效应，且这一效应在经营风险较高的公司中，以及当独立董事和非控股股东董事的职业背景相似时更显著。

薛有志和西贝天雨（2022）将企业社会责任（CSR）纳入公司治理中，以促进企业的可持续发展。企业社会责任委员会的成立与发展异常重要，是 CSR 与公司治理活动在利益相关者纽带作用下相互融合的实践产物，是由企业高层设立并领导的、触及公司内部治理结构且具有外部治理职能的组织机构。CSR 的提出，揭示了企业与利益相关者的互动活动在公司治理中的制度形式，强化了企业和研究者对企业中相关组织机构的理解与认知。

陈德球和胡晴（2022）拓展传统公司治理的研究概念和研究范式，从大数据赋能资本市场治理、大数据驱动产品竞争市场治理和大数据重构控制权市场治理等维度深入分析新时代下公司治理研究的新机制和新路径，推动新型治理生态模式构建，从内部公司治理结构和外部公司治理机制等方面提供切实可行的视角拓展和思路启发，创造性探索公司治理研究新范式。

陈德球和张雯宇（2023）进一步探究了企业数字化转型和管理层激励的关系，研究发现，企业数字化转型发挥了资源赋能作用，显著增加了管理层股权和薪酬激励，这一效果主要是通过缓解公司面临的融资约束和提高公司的信息透明度来实现的。并且，企业数字化转型通过增加管理层股权激励显著促进了公司创新投入，提高了公司的投资效率，有效缓解了股东与管理层的代理冲突。

第二节　国外基于公司治理指数开展的相关研究

一、基于学者构建的公司治理评价指数的相关研究

国外最早的公司治理评价研究可追溯到 20 世纪 50 年代。1950 年，杰克逊·马丁德尔提出了董事会绩效分析。1952 年，美国机构投资者协会设计出了第一套正式评价董事会的程序。但直到 20 世纪 90 年代末，公司治理评价研究才真正引起学术界和实务界的关注。

冈珀斯、石井和梅特里克（Gompers，Ishii and Metrick，2003）构建的 G 指数被认为在公司治理评价研究领域具有里程碑的意义。他们把美国投资者责任研究中心（Investor Responsibility Research Center，IRRC）提出的 24 项公司治理条款从延缓敌意收购的战术、投票权、董事/管理层保护、其他接管防御措施以及国家法律五个维度加以区分，并根据公司的实际情况对这些条款进行赋值，然后把每项条款的得分加总形成 G 指数。G 指数越高表示股东权利越小。他们依据 G 指数对样本公司分组并进行了对比。实证结果表明，股东权利与公司价值呈现正相关关系。廖和林（Liao and Lin，2016）的研究采用了相同的 G 指数，他们发现在股东权利保护好的公司中，R&D 投资计划的公布会带来更高的财富效应。

别布互克、科恩和费雷尔（Bebchuk，Cohen and Ferrell，2004，2009）在深入分析 G 指数中的 24 项公司治理条款的基础上，选出了能够充分反映股东投票权限制以及敌意收购防御的六项重要条款，并进行 0 或 1 的赋值，构建了壕沟指数（entrenchment index，简称 E 指数）。E 指数主要涵盖交错选举董事条款（staggered board provision）、股东修订公司章程的限制、毒丸计划、金色降落伞计划以及兼并和修订公司章程遵循绝对多数原则的规定等要素。他们利用 IRRC 的数据，证实了 E 指数与股票收益、公司价值（以托宾 Q 值来衡量）正相关。

克雷默斯和费雷尔（Cremers and Ferrell，2009）利用 G 指数和 E 指数，以 IRRC 等提供的数据检验了公司治理对公司价值以及股票收益率的影响，他们在控制公司

固定效应和年度固定效应之后研究发现，G 指数和 E 指数与公司价值之间存在显著的负相关性，也就是说良好的公司治理与股票收益率之间存在显著的正相关性。同时，随着市场对良好公司治理重要性认知的增强，股票收益率有所下降。

别布互克、科恩和王（Bebchuk，Cohen and Wang，2010）的实证研究则显示，1991－1999 年 G 指数和 E 指数与异常股票收益正相关，而 2001－2008 年两者并没有表现出直接的显著关系，最后他们提出"学习假说"（Learning Hypothesis）来解释相关性消失现象。

阿曼、奥施和施密德（Ammann，Oesch and Schmid，2011）利用 GMI 编制的 64 个公司治理特征，采用相加指数法和主成分分析法分别构建了公司治理指数，并在此基础上开展公司治理评价的跨国实证研究。

布莱克、德卡瓦略和桑帕约（Black，De Carvalho and Sampaio，2014）构建了巴西公司治理指数（BCGI），并以之对 2004 年、2006 年和 2009 年巴西上市公司的治理质量进行了评价。他们的指标包括董事会结构、所有权结构、董事会运作、小股东权益保护、关联交易和信息披露 6 个维度的指标。通过实证研究发现，他们的指标中与上市要求相同的部分会提升公司价值，上市要求中没有提及的则不会提升公司价值。

范和于（Fan and Yu，2011）构建了公司治理偏离指数（CGD），他们通过观察一家公司在董事会特征、审计、反并购和高管薪酬与股权等方面与公司所在国其他公司相比所偏离的程度来评价公司治理的质量。他们发现，与传统公司治理评价方法相比，CGD 更加适用于大陆法国家公司治理水平的评价。

达斯（Das，2012）针对印度公司的特点构建了公司治理指标，包括股权结构、董事会、经理层薪酬、监事会公司控制权市场、信息披露等相关指标，并将印度公司的数据与发达国家公司的数据进行了国际比较。

法拉塔和迪金斯（Fallatah and Dickins，2012）综合了董事会结构、高管激励等指标，构建了针对沙特阿拉伯上市公司的公司治理评价指数，发现公司治理水平对公司绩效和公司价值具有显著的提升作用。

马尔卡维、皮莱和巴蒂（Al-Malkawi，Pillai and Bhatti，2014）通过构建公司治理指数（CGI）评价和分析了海湾阿拉伯国家合作委员会（GCC）国家上市公司的公司治理质量。他们的指标包括信息披露、董事会有效性和股东权利 3 个维度 30 个指标的内容。

纳塔拉加、阿里和刘等（Nadarajah，Ali and Liu et al.，2016）构建了包括 17 个指标在内的公司治理指数，并通过实证研究发现，公司治理质量与财务杠杆之间呈现负相关关系，并且只有在股票流动性高的公司中，这一关系才是显著的。

阿拉拉特、布莱克和尤尔托卢（Ararat，Black and Yurtoglu，2016）构建了土耳其公司治理指数。他们的指数包括董事会结构、董事会程序、信息披露、股权结构和股东权利五个维度的指标。他们发现，公司治理指数高的土耳其上市公司具有更高的市场价值和盈利水平，而信息披露指数在其中占主导地位。

李、杨和于（Li，Yang and Yu，2017）构建了包括董事会责任、财务披露与内控、股东权利、高管薪酬和公司行为 5 个维度、43 个指标在内的公司治理指数，并通过研究发现，在中国上市公司中，好的公司治理能够提升竞争性行业公司的价值。

利奥波德、布劳内和希尔科诺瓦（Leopold，Braune and Hikkerova，2018）对 2002—2014 年 355 家总部设在欧洲的公司进行了抽样，评估了公司治理所涉及的各种指数与这些公司所支持的系统性风险之间的关系，探讨公司治理机制对公司财务盈利能力波动的影响。研究结果表明，文章所建立的综合治理指标仅在 10%的阈值上有显著性。该变量对公司系统风险的影响为十分之一。将这一指数分解为五个变量表明，管理层对股东的承诺以及董事会在执行其监督任务方面的有效性很可能会减少（但在一定程度上）公司承担的风险。

科斯玛、马斯特罗莱奥和施魏策尔（Cosma，Mastroleo and Schwizer，2018）提出了一种不同的评价公司治理质量的方法，以克服以往评级体系在概念和方法上的局限性，为监测和决策提供一个简明的索引。该模型强调了行为特征和群体动态在公司治理中的重要性，并综合体现了与其他结构和组织要素的结合。该模型在实际和客观的决策过程中，代表了影响公司治理质量的所有因素（结构和行为）；是支持"董事会审查"和评估与特定决定相关的公司治理质量增加的灵活和有用的管理工具；主管人员可以用董事和经理填写的访谈/问卷取代或综合专家的意见，或通过直接观察，来评估公司治理是否适当。

埃尔维斯、伊尔马兹和克劳迪奥（Elvis，Yilmaz and Claudio，2019）引入了系统可靠性理论，以恰当地模拟企业在公司治理方面的行为。他们对公司治理框架进行评估，通过将其输入作为组件（无论是处于运行状态还是失败状态）与公司特征进行映射，以确定一个近似的结构函数，该函数能够交替地对系统的功能进行建模，量化其可靠性并检测关键组件。以 2002—2014 年 1109 家美国上市公司为样本，将财务和非财务信息作为公司治理体系的组成部分，并将资产收益率作为系统输出，研究结果印证了该映射方法的优势，此文所提议的方法也适用于其他非工程子系统的建模。

纳苏尔和阿尔-拉乔布（Nsour and Al-Rjoub，2021）利用董事会结构、董事会程序、董事会披露、所有权结构以及少数股东权利 5 个要素及 60 个分项指数构建了较为全面的公司治理指数，以约旦上市公司为例，研究发现，企业的董事会程序和董事会披露要素的治理最薄弱，所有权结构要素的治理最强。

侯赛因、济托尼和西亚尼（Houcine、Zitouni and Srairi，2022）通过二分类方法构建了包含董事会成员、股东权利、信息披露和透明度相关的 30 个项目的公司治理指数，利用 2008—2017 年法国上市公司的样本研究发现，更好的公司治理水平有助于缓解信息不对称问题，提高投资决策效率。

纳兹、阿里和雷曼等（Naz，Ali and Rehman et al.，2022）利用董事会会议、董事会独立性等要素构建了相关的公司治理指数，并将其应用到研究中，通过对 2009—2018 年巴基斯坦非金融上市公司的样本研究发现，良好的公司治理水平有助于提升公司的绩效。

二、基于评价机构构建的公司治理评价指数的相关研究

国外的许多评价机构也构建和发布了各自的公司治理指数。例如，美国机构股东服务公司（ISS）依据董事会及其主要委员会的结构和组成、公司章程和制度、公司所属州的法律、管理层和董事薪酬、相关财务业绩、最佳公司治理实践、管理层持股比例、董事受教育水平等指标构建了公司治理指数。国际管理评级机构（GMI）的公司治理指数则更加侧重于信息透明度与披露（含内部监控）、董事会问责制、企业社会责任、股权结构与股权集中度、股东权利、管理层薪酬、公司行为等因素。

乔克哈里亚和莱文（Chhaochharia and Laeven，2009）、阿加沃尔等（Aggarwal et al.，2010）利用 ISS 提供的公司治理评价得分，阿什博-斯凯夫和拉丰（Ashbaugh-Skaife，Lafond，2006）、德瓦尔和弗尔维梅林（Derwall and Verwijmeren，2007）利用 GMI 提供的治理评价得分检验了公司治理与公司价值、股票收益、股权资本成本、财务风险等变量之间的关系，研究结果基本证实了公司治理对公司表现的积极作用。巴拉苏、布拉马尼亚姆、布莱克和康纳（Balasubramaniam，Black and Khanna，2010）利用 2006 年印度公司治理调查，从董事会结构、信息披露、关联方交易、股东权利、董事会程序等方面对公司治理进行评价。埃杜尔和卡拉（Erdur and Kara，2014）利用土耳其伊斯坦布尔交易所（BIST）发布的公司治理指数（XKURY）中的利益相关者分指标进行研究，他们发现企业社会责任对公司价值和财务绩效具有显著的积极影响。库尔特、贝内尔和尤瑟（Kurt，Bener and Yusuf，2016）的研究则发现了 XKURY 指数与公司股票长期回报的正相关关系。另一方面，艾丁和厄兹鲁（Aydin and Ozcan，2015）使用 XKURY 的数据研究发现，财务绩效良好的公司表现出更高的公司治理水平。巴拉戈贝（Balagobei，2020）考察了公司治理对斯里兰卡上市银行不良贷款的影响，发现董事会活动对斯里兰卡上市银行的不良贷款有显著影响，而董事会规模、董事会独立性和首席执行官双重性等其他公司治理变量对不良贷款没有显著影响。莱恩（Lehn，2021）研究了公司治理与公司环境适应能力之间的关系，发现某些经常被视为增加代理成本的治理结构反而能够增强公司对环境的适应能力，进而提高公司的绩效和生存机会。世界银行（World Bank）从信息披露、董事责任、股东权利、所有权和控制权以及公司透明度等角度对公司治理维度进行评价。博格丹和达利纳（Bogdan and Dalina，2021）利用该评价数据从跨国视角考察了 39 个发达国家和发展中国家公司治理的作用及其对经济增长和股市发展的影响。研究发现，在

公司治理方面，罗马尼亚在董事责任、所有权和控制权方面表现不如其他发展中国家，而在公司透明度、信息披露和股东权利方面表现优于其他发展中国家。停滞不前的公司治理水平和缓慢发展的股票市场是罗马尼亚面临的重要商业挑战。

第三节　基于公司治理指数研究小结

一、国内外主要公司治理指数研究小结

如表 2.1 所示，目前国外已经有众多的学者和机构构建了公司治理指数，并开展了基于指数的相关研究。用公司治理指数作为公司治理评价的工具并开展研究已经成为国际理论界和实务界的共同趋势。

表 2.1　国内外的主要公司治理评价指数汇总

评价机构或作者（年份）	主要评价内容	评价方法	评价对象
南开大学中国公司治理研究院（2003 至今）	股东权益、董事会、监事会、经理层、信息披露、利益相关者	专家评分 层次分析 加权分析	中国上市公司
潘福祥（2004）	外部机构的审核评价、股权结构、董事会治理机制和经理人员激励情况	层次分析	中国上市公司
施东晖和司徒大年（2004）	控股股东行为、关键人选聘和激励与约束、董事会结构与运作和信息披露透明度	加权分析	中国上市公司
白重恩、刘俏和陆洲等（2005）	董事会、高管薪酬、股权结构、财务信息披露和透明度、企业控制权市场、法制基础和中小投资者权益保护、产品市场的竞争程度	主元分析	中国上市公司
沈艺峰等（2009）	大股东、董事会与监事会、经理层以及投资者法律保护四个方面对上市公司治理情况进行归纳和整理	综合计分	中国上市公司
魏明海、柳建华和刘峰（2010）	法律与证券市场监管、地区治理环境和公司治理三个层次综合衡量	综合计分	中国上市公司
冈珀斯、石井和梅特里克（Gompers，Ishii and Metrick，2003）	延缓敌意收购的战术、投票权、董事/管理层保护、其他接管防御措施以及国家法律	综合计分	IRRC 数据库

评价机构或作者（年份）	主要评价内容	评价方法	评价对象
别布亙克、科恩和费雷尔（Bebchuk，Cohen and Ferrell，2004，2009）	交错选举董事条款、股东修订公司章程限制、毒丸计划、金色降落伞计划、兼并和修订公司章程遵循绝对多数原则的规定	综合计分	IRRC 数据库
贝纳尔、罗伯茨、施密德和费雷尔（Beiner，Drobetz，Schmid and Zimmermann，2006）	公司治理承诺、股东权利、信息透明度、董事会和管理层、财务报告和审计	综合计分	瑞士上市公司
布朗和卡勒（Brown and Caylor，2006）	审计、董事会章程/制度、董事培训、激励、所有权、累积实践、公司形式	综合计分	美国上市公司
乔克哈里亚和莱文（Chhaochharia and Laeven，2009）	累积投票权、董事会轮选制、临时股东大会召集权、毒丸计划、审计委员会独立性、董事会独立性、提名委员会独立性、连锁董事	综合计分	ISS 数据库中 30 个国家数据
阿曼、奥施和施密德（Ammann，Oesch and Schmid，2011）	董事会责任、财务披露和内部控制、股东权利、薪酬、公司控制权市场、公司行为	综合计分主成分分析	GMI 数据库中 22 个国家数据
布莱克、德卡瓦略和桑帕约（Black，De Carvalho and Sampaio，2014）	董事会结构、所有权结构、董事会运作、小股东权益保护、关联交易和信息披露	综合计分	巴西上市公司
马尔卡维、皮莱和巴蒂（Al-Malkawi，Pillai and Bhatti，2014）	信息披露、董事会有效性和股东权利	综合计分	海湾阿拉伯国家合作委员会（GCC）国家上市公司
鲁桐等（2014）	股权结构与股东权利、董事会和监事会运作、信息披露与合规性以及激励机制	综合计分	中小板和创业板上市公司
韩少真、潘颖和张晓明（2015）	董事会治理、管理层治理、股东治理、会议治理	主成分分析	中国上市公司
傅传锐（2016）	股权治理、董事会治理和高管激励	主成分分析	中国上市公司
方红星和金玉娜（2013）	董事、高管的监督与激励	主成分分析	中国上市公司
韩少真、潘颖和张晓明（2015）	董事会治理、管理层治理、股东治理和会议治理	主成分分析	中国上市公司
范和于（Fan and Yu，2012）	董事会特征、审计、反并购和高管薪酬与股权	主成分分析	大陆法国家公司
法拉塔和迪金斯（Fallatah and Dickins，2012）	董事会结构、高管激励	主成分分析	沙特阿拉伯上市公司

评价机构或作者（年份）	主要评价内容	评价方法	评价对象
李、杨和于（Li，Yang and Yu，2017）	董事会责任、财务披露与内控、股东权利、高管薪酬和公司行为	综合计分	中国上市公司

资料来源：根据已有相关研究文献整理。

二、我国主要公司治理评价研究小结

反观我国的公司治理指数研究，在研究的多样性上与发达国家有较大的差距。目前我国连续多年发布并得到广泛关注和应用的公司治理指数仅有南开大学中国公司治理研究院发布的CCGI[NK]。目前国内大部分基于公司治理指数的研究采用的都是这一指数的数据。

在公司治理指数的应用方面，目前多数研究聚焦于公司治理指数与公司绩效指标之间的关系，多数研究观察到了公司治理指数与公司绩效之间的正相关关系。现有的许多研究已经开始关注公司治理指数的有效性以及公司治理的内生性问题，并采取了联立方程、工具变量等手段对这些问题进行控制。

第三章 中国上市公司治理总体评价

第一节 中国上市公司治理评价样本情况

一、样本来源与选取

本次编制中国上市公司治理指数的样本为截止到 2022 年 12 月 31 日在我国 A 股市场上市的公司，样本及其基础信息数据来源于公司网站、巨潮资讯网、中国证监会官网、沪深证券交易所网站、北京证券交易所网站等披露的公开信息以及万得（Wind）数据库、国泰安（CSMAR）数据库和色诺芬（CCER）数据库下载的公开信息。根据信息齐全和不含异常数据两项样本筛选的基本原则，本报告最终确定 2023 年有效样本为 5055 家，其中主板 3162 家，含金融机构 123 家，非金融机构 3039 家；创业板 1232 家，含金融机构 4 家，非金融机构 1228 家；科创板 499 家，均为非金融机构；北京证券交易所（简称北交所）上市公司 162 家，均为非金融机构。样本公司的行业、控股股东性质及地区构成见表 3.1、表 3.2 与表 3.3。需要说明的是，考虑到创业板、科创板和北交所公司治理的特殊性，本报告对这些板块的公司进行了单独分析；同时还考虑到金融机构治理的特殊性，将各板块中的金融机构抽取出来单独组成一个板块，即除主板、创业板、科创板和北交所四个市场板块外，增加一个金融业板块。最终总体评价样本为 5055 家，主板 3039 家，创业板 1228 家，科创板 499 家，北交所 162 家，金融业板块 127 家，各板块详细分析见后面相关章节。

二、样本行业分布情况

从样本行业分布情况来看，最近几年评价中各行业样本所占比例较为稳定；其中，制造业样本的比例最高，占 66.13%，相较 2022 年的 62.86% 有所上升。样本公司的行业构成情况见表 3.1。

表 3.1 中国上市公司治理评价样本公司的行业构成

行业	数目	比例（%）
农、林、牧、渔业	48	0.95
采矿业	78	1.54
制造业（合计）	3343	66.13
农副食品加工业	62	1.23

行业	数目	比例（%）
食品制造业	75	1.48
酒、饮料和精制茶制造业	49	0.97
纺织业	49	0.97
纺织服装、服饰业	41	0.81
皮革、毛皮、羽毛及其制品和制鞋业	12	0.24
木材加工及木、竹、藤、棕、草制品业	9	0.18
家具制造业	31	0.61
造纸及纸制品业	39	0.77
印刷和记录媒介复制业	15	0.30
文教、工美、体育和娱乐用品制造业	24	0.47
石油加工、炼焦及核燃料加工业	16	0.32
化学原料及化学制品制造业	332	6.57
医药制造业	313	6.19
化学纤维制造业	32	0.63
橡胶和塑料制品业	119	2.35
非金属矿物制品业	114	2.26
黑色金属冶炼及压延加工业	32	0.63
有色金属冶炼及压延加工业	86	1.70
金属制品业	97	1.92
通用设备制造业	192	3.80
专用设备制造业	363	7.18
汽车制造业	168	3.32
铁路、船舶、航空航天和其他运输设备制造业	76	1.50
电气机械及器材制造业	321	6.35
计算机、通信和其他电子设备制造业	563	11.14
仪器仪表制造业	84	1.66
废弃资源综合利用业	13	0.26
其他制造业	16	0.32
电力、热力、燃气及水生产和供应业	131	2.59
建筑业	107	2.12
批发和零售业	189	3.74
交通运输、仓储和邮政业	112	2.22
住宿和餐饮业	8	0.16
信息传输、软件和信息技术服务业	423	8.37
金融业	127	2.51

行业	数目	比例（%）
房地产业	112	2.22
租赁和商务服务业	65	1.29
科学研究和技术服务业	110	2.18
水利、环境和公共设施管理业	97	1.92
居民服务、修理和其他服务业	1	0.02
教育	12	0.24
卫生和社会工作	16	0.32
文化、体育和娱乐业	63	1.25
综合	13	0.26
合　计	5055	100.00

资料来源：南开大学公司治理数据库。

三、样本控股股东分布情况

按控股股东性质对样本进行分组，发现国有控股和民营控股上市公司仍然占据较大的比例，二者合计占比88.19%，相较于2022年的88.27%略有下降；无实际控制人上市公司占6.15%，外资控股上市公司占3.46%，社会团体控股、集体控股和其他类型上市公司所占比例较低。样本公司的控股股东性质构成情况见表3.2。

表 3.2　中国上市公司治理评价样本公司的控股股东性质构成

控股股东性质	数目	比例（%）
国有控股	1330	26.31
集体控股	23	0.45
民营控股	3128	61.88
社会团体控股	7	0.14
外资控股	175	3.46
无实际控制人	311	6.15
其他类型	81	1.60
合　计	5055	100.00

资料来源：南开大学公司治理数据库。

总结历年控股股东性质的分布，就国有控股和民营控股上市公司所占比例的变化趋势来看，国有控股上市公司在2023年评价中有1330家，比例为26.31%，呈现下降趋势；2022年评价中有1296家，比例为27.70%；2021年评价中有1188家，比例为28.74%；2020年评价中有1129家，比例为30.08%；2019年评价中有1112家，比例为31.22%；2018年评价中有1075家，比例为31.03%；2017年评价中有

1044 家，比例为 34.44%；2016 年评价中有 1034 家，比例为 36.84%；2015 年评价中有 1034 家，比例为 39.92%；2014 年评价中有 1027 家，比例为 41.63%；2013 年评价中有 1038 家，比例为 42.02%；2012 年评价中有 1019 家，比例为 43.77%；2011 年评价中有 900 家，比例为 46.15%；2010 年评价中有 950 家，比例为 60.94%；2009 年评价中有 852 家，比例为 67.57%；2008 年评价中有 779 家，比例为 67.50%；2007 年评价中有 787 家，比例为 67.73%；2006 年评价中有 901 家，比例为 72.14%；2005 年评价中有 914 家，比例为 71.29%；2004 年评价中有 850 家，比例为 73.98%。较之前几年的样本数据，2011 年至今国有控股上市公司的比例均不足 50%。我国国有控股上市公司分布情况见图 3.1。

图 3.1　我国国有控股上市公司数目与比例分布图

资料来源：南开大学公司治理数据库。

民营控股上市公司在 2023 年评价中有 3128 家，比例为 61.88%，比例有所上升；2022 年评价中有 2834 家，比例为 60.57%；2021 年评价中有 2480 家，比例为 59.99%；2020 年评价中有 2208 家，比例为 58.83%；2019 年评价中有 2256 家，比例为 63.34%；2018 年评价中有 2243 家，比例为 64.75%；2017 年评价中有 1877 家，比例为 61.93%；2016 年评价中有 1687 家，比例为 60.10%；2015 年评价中有 1471 家，比例为 56.80%；2014 年评价中有 1367 家，比例为 55.41%；2013 年评价中有 1367 家，比例为 55.34%；2012 年评价中有 1246 家，比例为 53.52%；2011 年评价中有 983 家，比例为 50.41%；2010 年评价中有 568 家，比例为 36.43%；2009 年评价中有 368 家，比例为 29.18%；2008 年评价中有 320 家，比例为 27.73%；2007 年

评价中有 337 家，比例为 29.00%；2006 年评价中有 313 家，比例为 25.06%；2005 年评价中为 304 家，比例为 23.71%；2004 年评价中有 238 家，比例为 20.71%。2023 年民营控股上市公司的比例依然超过国有控股上市公司。就其他股东性质来说，2023 年外资控股、集体控股和社会团体控股上市公司样本所占比例仍然较低。我国民营控股上市公司分布情况见图 3.2。

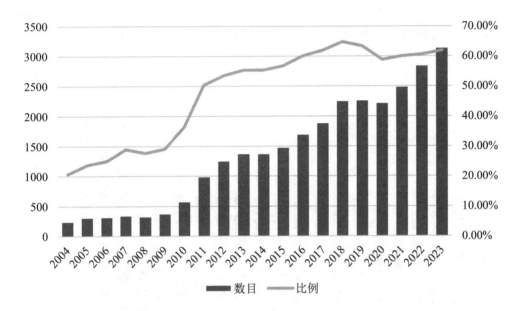

图 3.2　我国民营控股上市公司数目与比例分布图

资料来源：南开大学公司治理数据库。

四、样本地区分布情况

近年来上市公司的地区分布比例没有太大变化，从不同地区数量、占样本比例看，经济发达地区如广东省（829 家，占样本公司的 16.40%）、浙江省（656 家，占样本公司的 12.98%）、江苏省（632 家，占样本公司的 12.50%）、北京市（455 家，占样本公司的 9.00%）、上海市（415 家，占样本公司的 8.21%）和山东省（290 家，占样本公司的 5.74%）的上市公司数量较多；海南、内蒙古、西藏、宁夏、青海等地区上市公司数量较少，其中宁夏和青海最少，分别为 15 家和 11 家，反映出地区经济发展水平与上市公司数量存在一定的关系。

2018 年 3 月 22 日发布的《国务院办公厅转发证监会关于开展创新企业境内发行股票或存托凭证试点若干意见的通知》（国办发〔2018〕21 号）明确规定"允许试点红筹企业按程序在境内资本市场发行存托凭证上市；具备股票发行上市条件的试点红筹企业可申请在境内发行股票上市"。2018 年 6 月，中国证监会出台《试点创新企业境内发行股票或存托凭证并上市监管工作实施办法》(〔2018〕13 号)正式出台，其中规定：允许试点红筹企业按程序在境内资本市场发行存托凭证上市，具备股票发行上市条件的试点红筹企业可申请在境内发行股票上市。根据上述规则，红筹企业回归既可以发行中国存托凭证（CDR），也可以直接发行股票。2021 年 9 月 17 日，中国证监会发布了《关于扩大红筹企业在境内上市试点范围的公告》，明确将新一代信息技术、新能源、新材料、新能源汽车、绿色环保、航空航天、海洋装备等高新技术产业和战略性新兴产业的红筹企业，纳入红筹企业境内上市试点范围。《深圳证券交易所股票上市规则》《深圳证券交易所创业板股票上市规则》《上海证券交易所股票上市规则》《上海证券交易所科创板股票上市规则》等文件也对红筹企业境内上市做出了相应的规定和说明。因此 2023 年评价样本中存在 2 家注册地为我国香港的上市公司和 6 家注册地为开曼群岛的上市公司；但考虑到该地区的治理环境特殊性，上述样本地区构成分析中没有将其列入比较对象。样本地区分布详情见表 3.3。

表 3.3　中国上市公司治理评价样本公司的地区构成

地区	数目	比例（%）	地区	数目	比例（%）
北京市	455	9.00	湖南省	138	2.73
天津市	69	1.36	广东省	829	16.40
河北省	74	1.46	广　西	40	0.79
山西省	40	0.79	海南省	28	0.55
内蒙古	25	0.49	重庆市	69	1.36
辽宁省	85	1.68	四川省	168	3.32
吉林省	49	0.97	贵州省	35	0.69
黑龙江省	39	0.77	云南省	42	0.83
上海市	415	8.21	西　藏	22	0.44
江苏省	632	12.50	陕西省	75	1.48
浙江省	656	12.98	甘肃省	35	0.69
安徽省	161	3.18	青海省	11	0.22
福建省	170	3.36	宁　夏	15	0.30
江西省	78	1.54	新　疆	59	1.17
山东省	290	5.74	香　港	2	0.04
河南省	107	2.12	开曼群岛	6	0.12
湖北省	136	2.69	合计	5055	100.00

资料来源：南开大学公司治理数据库。

五、样本市场板块分布情况

2004 年 6 月我国中小企业板揭幕，中小企业板是深圳证券交易所为了鼓励自主创新而专门设置的中小型公司聚集板块；2021 年 2 月 5 日，经中国证监会批准，深圳证券交易所启动了主板和中小企业板的合并工作，合并后中小企业板将不再作为单独的市场板块存在，本报告从 2022 年起不再进行中小企业板的单独分析；因此，本年度评价中的主板上市公司除了传统的主板上市公司，还包括合并过来的原中小企业板上市公司。2009 年 10 月我国创业板正式启动，创业板是主板之外的专为暂时无法上市的中小企业和新兴公司提供融资途径和成长空间的证券交易市场，是对主板市场的有效补充，在资本市场中占据着重要的位置。2019 年 6 月 13 日，科创板正式开设。2021 年 11 月 15 日，北交所正式揭牌开市，本报告从 2022 年开始导入该板块的评价样本。2023 年的评价对样本公司按照市场板块类型进行详细划分，其中 60.12% 的样本公司来自主板，共 3039 家；创业板 1228 家，占 24.29%；科创板 499 家，占 9.87%；北交所 162 家，占 3.20%；另有 127 家金融业上市公司，其中主板 123 家，创业板 4 家，总计占 2.51%。样本公司的市场板块构成情况见表 3.4。

表 3.4　中国上市公司治理评价样本公司的市场板块构成

市场板块类型	数目	比例（%）
主板	3039	60.12
创业板	1228	24.29
科创板	499	9.87
北交所	162	3.20
金融业	127	2.51
其中：主板	123	2.43
创业板	4	0.08
合　计	5055	100.00

资料来源：南开大学公司治理数据库。

第二节　中国上市公司治理总体分析

一、中国上市公司治理总体描述

在 2023 年评价样本中，中国上市公司治理指数平均值为 64.76，较 2022 年的 64.40 提高 0.36，详见表 3.5。

表 3.5　中国上市公司治理指数描述性统计

统计指标	中国上市公司治理指数
平均值	64.76

续表

统计指标	中国上市公司治理指数
中位数	65.17
标准差	3.64
极差	24.42
最小值	50.91
最大值	75.33

资料来源：南开大学公司治理数据库。

如表 3.5 所示，2023 年中国上市公司治理指数最大值为 75.33，最小值为 50.91，样本的标准差为 3.64。中国上市公司治理指数分布情况见图 3.3。

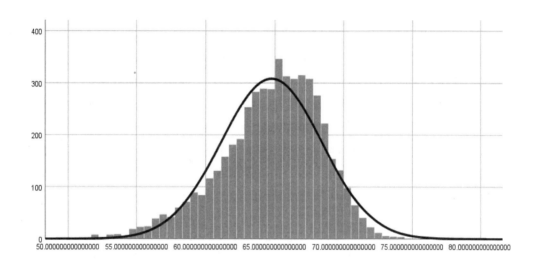

图 3.3　中国上市公司治理指数分布图

资料来源：南开大学公司治理数据库。

在 5055 家样本公司中，没有上市公司达到 CCGI^{NK} Ⅰ 和 CCGI^{NK} Ⅱ 等级；有 256 家达到了 CCGI^{NK} Ⅲ 等级；达到 CCGI^{NK} Ⅳ 等级的有 4265 家，占全样本的 84.37%，较 2022 年的 86.04%有所下降；处于 CCGI^{NK} Ⅴ 等级的公司有 534 家，占样本的 10.56%，与 2022 年的 10.86%相比，有下降的趋势；没有上市公司的治理指数在 50 以下（2022 年和 2021 年也没有该等级公司，2020 年该等级公司占全部样本的 0.05%，2019 年为 0.06%，2018 年为 0.09%，2017 年没有该等级公司，2016 年为 0.18%，2015 年为 0.04%，2014 年为 0.12%，2013 年为 0.16%，2012 年为 0.21%，2011 年为 0.67%，2010 年为 3.33%）。上市公司治理指数等级分布情况见表 3.6。

表 3.6　中国上市公司治理指数等级分布

中国上市公司治理指数等级		中国上市公司治理指数等级分布	
		数目	比例（%）
CCGI^{NK} I	90－100	—	—
CCGI^{NK} II	80－90	—	—
CCGI^{NK}III	70－80	256	5.06
CCGI^{NK}IV	60－70	4265	84.37
CCGI^{NK} V	50－60	534	10.56
CCGI^{NK}VI	50 以下	—	—
合　计		5055	100.00

资料来源：南开大学公司治理数据库。

二、中国上市公司治理分行业分析

就平均值而言，金融业，科学研究和技术服务业，交通运输、仓储和邮政业，制造业，住宿和餐饮业等行业上市公司治理指数较高，依次为 67.18、65.51、65.25、65.01 和 64.87。建筑业，房地产业，文化、体育和娱乐业，综合，居民服务、修理和其他服务业等行业上市公司治理指数较低，分别为 62.94、62.71、62.55、61.47 和 59.47。就公司治理总体状况而言，行业间存在一定的差异。相比之前几年的评价结果，2023 年评价中各行业的中国上市公司治理指数排名发生了一定的变化。行业分组的中国上市公司治理指数描述性统计见表 3.7。

表 3.7　中国按行业分组的上市公司治理指数描述性统计

行业	数目	比例（%）	平均值	中位数	标准差	极差	最小值	最大值
农、林、牧、渔业	48	0.95	63.67	63.92	3.97	16.47	54.81	71.28
采矿业	78	1.54	64.10	64.30	3.63	18.40	52.79	71.19
制造业	3343	66.13	65.01	65.40	3.47	22.24	51.82	74.06
电力、热力、燃气及水生产和供应业	131	2.59	64.27	64.57	3.72	19.65	52.90	72.55
建筑业	107	2.12	62.94	63.59	4.00	17.82	52.18	70.01
批发和零售业	189	3.74	64.25	64.65	4.20	20.29	51.92	72.21
交通运输、仓储和邮政业	112	2.22	65.25	65.54	2.81	16.65	53.66	70.31
住宿和餐饮业	8	0.16	64.87	65.40	2.98	9.47	58.37	67.83
信息传输、软件和信息技术服务业	423	8.37	64.36	64.80	3.71	23.32	51.15	74.47
金融业	127	2.51	67.18	67.18	3.62	18.95	56.38	75.33
房地产业	112	2.22	62.71	62.85	3.86	17.54	52.00	69.54

行业	数目	比例（%）	平均值	中位数	标准差	极差	最小值	最大值
租赁和商务服务业	65	1.29	63.07	63.24	4.27	19.11	51.88	71.00
科学研究和技术服务业	110	2.18	65.51	65.83	3.60	23.28	51.07	74.35
水利、环境和公共设施管理业	97	1.92	63.74	64.05	3.58	18.74	52.04	70.78
居民服务、修理和其他服务业	1	0.02	59.47	59.47	0.00	0.00	59.47	59.47
教育	12	0.24	62.98	63.05	2.14	7.45	59.10	66.55
卫生和社会工作	16	0.32	63.32	64.14	4.08	15.20	55.32	70.52
文化、体育和娱乐业	63	1.25	62.55	63.21	3.28	17.13	50.91	68.04
综合	13	0.26	61.47	63.02	3.70	11.25	54.08	65.32
合　计	5055	100.00	64.76	65.17	3.64	24.42	50.91	75.33

资料来源：南开大学公司治理数据库。

三、中国上市公司治理分控股股东性质分析

表 3.8 分控股股东性质的描述性统计显示，样本中数量较少的是社会团体控股、集体控股、其他类型、外资控股、无实际控制人上市公司几类，分别有 7 家、23 家、81 家、175 家、311 家；国有控股和民营控股上市公司样本量较多，分别有 1330 家和 3128 家。

就指数平均值而言，集体控股上市公司治理指数平均值最高，为 65.01；其次为社会团体控股上市公司，为 64.85；无实际控制人上市公司治理指数平均值为 64.79，民营控股上市公司治理指数平均值为 64.74，外资控股上市公司治理指数平均值为 64.66；国有控股和其他类型上市公司治理指数平均值最低，为 64.65。民营控股上市公司治理指数平均值高于国有控股上市公司。

表 3.8　按控股股东性质分组的中国上市公司治理指数描述性统计

控股股东性质	数目	比例（%）	平均值	中位数	标准差	极差	最小值	最大值
国有控股	1330	26.31	64.65	64.94	3.43	23.56	50.91	74.47
集体控股	23	0.45	65.01	64.76	3.81	12.31	59.25	71.55
民营控股	3128	61.88	64.74	65.21	3.65	23.28	51.07	74.35
社会团体控股	7	0.14	64.85	67.67	5.88	17.34	52.90	70.23
外资控股	175	3.46	64.66	65.09	3.39	16.54	54.76	71.29
无实际控制人	311	6.15	64.79	65.10	3.48	18.18	53.97	72.15
其他类型	81	1.60	64.65	64.94	3.43	23.56	50.91	74.47
合　计	5055	100.00	64.76	65.17	3.64	24.42	50.91	75.33

资料来源：南开大学公司治理数据库。

四、中国上市公司治理分地区分析

与往年情况类似，经济发达地区如广东省、浙江省、江苏省、北京市和上海市的样本数量最多，而西部欠发达地区的样本量少，反映出经济活跃水平与上市公司数量存在相关关系。各地区上市公司治理指数分析结果详见表 3.9。在表 3.9 中的第三列数据（上市公司数量占总体比例）与第四列数据（上市公司治理指数平均值）之间存在较高的正相关性，说明经济发达地区的上市公司治理状况总体上要好于经济欠发达地区的情况。具体而言，河南省、安徽省、四川省、北京市、江苏省、山东省、内蒙古中国上市公司治理指数平均值较高，依次为 65.86、65.26、65.26、65.09、65.09、65.08 和 65.05，指数平均值均在 65.00 以上；而广西、海南省和青海省中国上市公司治理指数平均值均在 63.00 以下，分别为 62.93、62.92 和 61.60。

表 3.9　按地区分组的中国上市公司治理指数描述性统计

地区	数目	比例（%）	平均值	中位数	标准差	极差	最小值	最大值
北京市	455	9.00	65.09	65.38	3.75	22.47	51.59	74.06
天津市	69	1.36	64.73	64.81	3.14	13.32	57.38	70.70
河北省	74	1.46	64.49	64.35	3.66	18.11	53.56	71.67
山西省	40	0.79	63.14	62.92	3.18	13.89	56.13	70.03
内蒙古	25	0.49	65.05	64.82	3.69	15.05	55.46	70.51
辽宁省	85	1.68	63.15	63.23	4.18	18.73	52.38	71.11
吉林省	49	0.97	63.27	63.61	4.24	17.56	52.90	70.46
黑龙江省	39	0.77	63.71	64.06	3.55	13.55	55.19	68.74
上海市	415	8.21	64.82	65.22	3.45	19.93	53.27	73.20
江苏省	632	12.50	65.09	65.33	3.59	21.89	51.88	73.78
浙江省	656	12.98	64.71	65.25	3.41	21.50	52.85	74.35
安徽省	161	3.18	65.26	65.79	3.42	17.45	54.97	72.42
福建省	170	3.36	64.70	65.00	3.48	15.78	56.14	71.93
江西省	78	1.54	64.56	65.19	3.46	15.62	55.47	71.10
山东省	290	5.74	65.08	65.40	3.63	19.57	54.91	74.47
河南省	107	2.12	65.86	66.06	3.90	20.22	53.66	73.88
湖北省	136	2.69	64.19	64.78	3.85	21.30	50.91	72.21
湖南省	138	2.73	64.45	64.73	3.54	21.65	51.92	73.57
广东省	829	16.40	64.99	65.52	3.61	24.25	51.07	75.33
广　西	40	0.79	62.93	62.53	3.37	16.52	54.76	71.28
海南省	28	0.55	62.92	63.90	3.91	15.39	54.81	70.20
重庆市	69	1.36	64.85	65.01	3.38	15.14	56.78	71.93
四川省	168	3.32	65.26	65.59	3.65	22.47	51.15	73.62
贵州省	35	0.69	63.63	63.77	4.21	20.04	51.82	71.87

续表

地区	数目	比例（%）	平均值	中位数	标准差	极差	最小值	最大值
云南省	42	0.83	63.78	63.75	3.77	17.23	52.00	69.23
西　藏	22	0.44	63.39	64.00	3.91	13.87	54.93	68.81
陕西省	75	1.48	63.97	64.01	3.52	17.01	54.85	71.86
甘肃省	35	0.69	64.03	64.20	4.17	16.92	55.24	72.16
青海省	11	0.22	61.60	62.17	4.26	13.38	55.89	69.27
宁　夏	15	0.30	63.86	64.75	4.25	15.71	54.54	70.25
新　疆	59	1.17	63.28	63.58	3.67	13.26	56.14	69.41
香　港	2	0.04	66.27	66.27	4.38	6.19	63.17	69.36
开曼群岛	6	0.12	64.47	64.33	3.32	8.61	60.08	68.69
合　计	5055	100.00	64.76	65.17	3.64	24.42	50.91	75.33

资料来源：南开大学公司治理数据库。

五、中国上市公司治理分市场板块分析

在 2023 年评价中，按照市场板块对样本公司进行划分，其中金融业中国上市公司治理指数位居首位，平均值达 67.18；科创板为 66.05；创业板为 65.03；主板为 64.39；北交所中国上市公司治理指数最低，为 63.61，具体见表 3.10。

表 3.10　按市场板块分组的中国上市公司治理指数描述性统计

板块类型	数目	比例（%）	平均值	中位数	标准差	极差	最小值	最大值
主板	3039	60.12	64.39	64.83	3.71	23.15	50.91	74.06
创业板	1228	24.29	65.03	65.44	3.49	22.75	51.59	74.35
科创板	499	9.87	66.05	66.38	2.95	17.86	56.61	74.47
北交所	162	3.20	63.61	63.55	3.27	18.33	53.05	71.39
金融业	127	2.51	67.18	67.18	3.62	18.95	56.38	75.33
合　计	5055	100.00	64.76	65.17	3.64	24.42	50.91	75.33

资料来源：南开大学公司治理数据库。

六、中国上市公司治理分年度分析

2023 年度中国上市公司治理指数平均值为 64.76，2018 年、2019 年、2020 年、2021 年和 2022 年中国上市公司治理指数平均值分别为 63.02、63.19、63.49、64.05 和 64.40。对比连续几年来的中国上市公司治理指数可知，中国上市公司治理总体水平呈现逐年提高的趋势。各年公司治理评价的各级指数的比较见表 3.11。

表 3.11   中国上市公司治理指数及其分指数六年比较

中国治理指数	2018 年	2019 年	2020 年	2021 年	2022 年	2023 年
中国上市公司治理指数	63.02	63.19	63.49	64.05	64.40	64.76
股东治理指数	66.47	67.06	67.86	68.45	68.69	69.31
董事会治理指数	64.28	64.51	64.95	64.93	65.02	64.82
监事会治理指数	59.05	59.55	59.65	59.65	59.49	59.34
经理层治理指数	58.91	58.85	59.12	59.32	59.78	60.26
信息披露指数	65.31	65.35	65.27	65.60	65.74	66.18
利益相关者治理指数	63.26	63.00	63.32	66.42	68.13	69.40

资料来源：南开大学公司治理数据库。

在几个分指数当中，股东治理指数 2023 年的数值为 69.31，相对于 2022 年的 68.69，上升了 0.62；作为公司治理核心的董事会建设得到加强，董事会治理指数 2019 年增长至 64.51，2020 年又上升至 64.95，2021 年为 64.93，2022 年为 65.02，2023 年下降至 64.82；2006 年修订的《公司法》加强了监事会的职权，监事会治理平均值从 2018 年的 59.05 提高到 2021 年的 59.65，2022 年下降为 59.49，2023 年持续下降至 59.34；经理层治理状况呈现出稳定上升的趋势，2018－2023 年的经理层治理指数平均值依次为 58.91、58.85、59.12、59.32、59.78 和 60.26；信息披露状况呈现逐年改善趋势，2019 年平均值达到 65.35，2020 年略有下降，2021 年增长至 65.60，2022 年达到 65.74，2023 年提升至 66.18；利益相关者问题逐步引起上市公司的关注，一直保持着稳步提高的趋势，2023 年增长至 69.40，较 2022 年的 68.13 上升了 1.27，升幅在六大维度中最高。

第三节   中国上市公司治理 100 佳评价

一、中国上市公司治理 100 佳描述统计

本节将 2023 年评价样本中中国上市公司治理指数排名前 100 位的公司（100 佳）与其他样本进行比较，分析公司治理 100 佳的行业、地区和控股股东性质分布，以及公司治理 100 佳公司的相对财务绩效表现。如表 3.12 的描述性统计显示，公司治理 100 佳上市公司的治理指数为 71.99，公司治理 100 佳中国上市公司中治理指数最高为 75.33，最低为 71.04，极差为 4.29。对比表 3.5 和表 3.11，不难发现，公司治理 100 佳中国上市公司的各级治理指数的平均值都明显高于总样本。

表3.12　公司治理100佳中国上市公司治理指数及其分指数描述性统计

项目	平均值	中位数	标准差	极差	最小值	最大值
中国上市公司治理指数	71.99	71.69	0.93	4.29	71.04	75.33
股东治理指数	74.83	75.50	6.19	27.15	57.68	84.83
董事会治理指数	67.32	66.91	2.47	12.81	60.69	73.50
监事会治理指数	65.02	66.06	6.61	26.02	53.03	79.04
经理层治理指数	68.67	69.24	3.99	19.88	58.45	78.34
信息披露指数	80.06	81.54	5.04	24.13	64.24	88.37
利益相关者治理指数	75.96	76.25	4.74	29.52	55.85	85.37

资料来源：南开大学公司治理数据库。

二、中国上市公司治理100佳公司行业分布

表3.13的公司治理100佳行业分布表明，从绝对数量看，制造业所占数量最多，达68家；其次是金融业，有19家；信息传输、软件和信息技术服务业有5家；批发和零售业有3家，科学研究和技术服务业有2家，农、林、牧、渔业，采矿业，电力、热力、燃气及水生产和供应业分别有1家；其他行业没有公司进入公司治理100佳。从公司治理100佳占行业样本数量比例来看，金融业，农、林、牧、渔业以及制造业所占比例比较高，分别为14.96%、2.08%和2.03%；而信息传输、软件和信息技术服务业，电力、热力、燃气及水生产和供应业的公司治理100佳所占比例较低，分别为1.18%和0.76%。

表3.13　中国上市公司治理100佳行业分布

行业	100佳个数	样本个数	占本行业比例（%）
农、林、牧、渔业	1	48	2.08
采矿业	1	78	1.28
制造业	68	3343	2.03
电力、热力、燃气及水生产和供应业	1	131	0.76
建筑业	—	107	—
批发和零售业	3	189	1.59
交通运输、仓储和邮政业	—	112	—
住宿和餐饮业	—	8	—
信息传输、软件和信息技术服务业	5	423	1.18
金融业	19	127	14.96
房地产业	—	112	—
租赁和商务服务业	—	65	—
科学研究和技术服务业	2	110	1.82
水利、环境和公共设施管理业	—	97	—

行业	100 佳个数	样本个数	占本行业比例（%）
居民服务、修理和其他服务业	—	1	—
教育	—	12	—
卫生和社会工作	—	16	—
文化、体育和娱乐业	—	63	—
综合	—	13	—
合　计	100	5055	1.98

资料来源：南开大学公司治理数据库。

三、中国上市公司治理 100 佳公司控股股东性质分布

从表 3.14 绝对数量看，上市公司治理 100 佳集中分布在民营控股、无实际控制人和国有控股上市公司中。公司治理 100 佳上市公司中，最终控制人性质为民营控股的占 49 家；其次为无实际控制人上市公司，有 28 家；国有控股上市公司为 18 家；外资控股上市公司为 3 家；集体控股和其他类型上市公司分别有 1 家；社会团体控股上市公司没有进入公司治理 100 佳的样本。从相对比例来看，无实际控制人上市公司样本中的公司治理 100 佳比例最高，其次是集体控股上市公司，民营控股公司治理 100 佳的上市公司比例高于国有控股上市公司。

表 3.14　中国上市公司治理 100 佳公司控股股东性质分布

控股股东性质	100 佳个数	样本个数	占本组比例（%）
国有控股	18	1330	1.35
集体控股	1	23	4.35
民营控股	49	3128	1.57
社会团体控股	—	7	—
外资控股	3	175	1.71
无实际控制人	28	311	9.00
其他类型	1	81	1.23
合　计	100	5055	1.98

资料来源：南开大学公司治理数据库。

四、中国上市公司治理 100 佳公司地区分布

据表 3.15 的地区分布数量显示，在公司治理 100 佳的上市公司中，江苏省有 17 家，北京市有 13 家，上海市有 11 家，广东省有 9 家，浙江省和河南省分别有 8 家。其中，广东省在 2014—2021 年评价中是入选公司治理 100 佳的公司数目最多的地

区。天津市、山西省、内蒙古、吉林省、黑龙江省、海南省、云南省、西藏、青海省、宁夏、新疆、香港以及开曼群岛均没有入选公司治理 100 佳的上市公司。这些地区当中，青海省和宁夏等在以往的评价中，入选公司治理 100 佳的上市公司数量也较少。

从相对数来看，河南省比例最高，为 7.48%，福建省为 3.53%，四川省为 2.98%，北京市、贵州省和甘肃省分别为 2.86%；而湖北省、重庆市、陕西省、江西省、安徽省、浙江省、辽宁省和广东省的比例均在 2% 以下。

表 3.15　中国上市公司治理 100 佳公司地区分布

地区	100 佳个数	样本个数	占本地区比例（%）
北京市	13	455	2.86
天津市	—	69	—
河北省	2	74	2.70
山西省	—	40	—
内蒙古	—	25	—
辽宁省	1	85	1.18
吉林省	—	49	—
黑龙江省	—	39	—
上海市	11	415	2.65
江苏省	17	632	2.69
浙江省	8	656	1.22
安徽省	2	161	1.24
福建省	6	170	3.53
江西省	1	78	1.28
山东省	7	290	2.41
河南省	8	107	7.48
湖北省	2	136	1.47
湖南省	3	138	2.17
广东省	9	829	1.09
广　西	1	40	2.50
海南省	—	28	—
重庆市	1	69	1.45
四川省	5	168	2.98
贵州省	1	35	2.86
云南省	—	42	—
西　藏	—	22	—
陕西省	1	75	1.33
甘肃省	1	35	2.86

地区	100 佳个数	样本个数	占本地区比例（%）
青海省	—	11	—
宁　夏	—	15	—
新　疆	—	59	—
香　港	—	2	—
开曼群岛	—	6	—
合　计	100	5055	1.98

资料来源：南开大学公司治理数据库。

五、中国上市公司治理 100 佳公司市场板块分布

从表 3.16 绝对数量看，在公司治理 100 佳上市公司中，主板上市公司占 44 家；其次为创业板上市公司，有 21 家；金融业上市公司为 19 家；科创板上市公司为 15 家；北交所上市公司有 1 家。从相对比例来看，金融业上市公司样本中的公司治理 100 佳比例最高，为 14.96%；其次是科创板、创业板和主板上市公司，分别为 3.01%、1.71% 和 1.45%；北交所上市公司中的公司治理 100 佳比例最低，为 0.62%。

表 3.16　中国上市公司治理 100 佳公司市场板块分布

板块类型	100 佳个数	样本个数	占本板块比例（%）
主板	44	3039	1.45
创业板	21	1228	1.71
科创板	15	499	3.01
北交所	1	162	0.62
金融业	19	127	14.96
合　计	100	5055	1.98

资料来源：南开大学公司治理数据库。

六、中国上市公司治理 100 佳公司财务绩效

为了考察公司治理与财务绩效之间的相关性，本报告选取了反映上市公司盈利能力、代理成本状况的财务指标。其中反映上市公司盈利能力的指标有：净资产收益率（ROE，平均）、净资产收益率（ROE，加权）、净资产收益率（ROE，摊薄）、总资产报酬率（ROA1）、总资产净利率（ROA2）、投入资本回报率（ROIC）。反映公司代理成本状况的指标有：管理费用率、财务费用率以及应收账款周转天数。考虑公司治理滞后效应的存在，本部分还使用了滞后的绩效指标，即 2023 年一季报的指标。

各指标计算公式如下：净资产收益率（ROE，平均）=归属母公司股东净利润/[（期初归属母公司股东的权益+期末归属母公司股东的权益）/2]×100%；净资产收益率（ROE，加权）=归属母公司股东净利润/加权平均归属母公司股东的权益×100%；净资产收益率（ROE，摊薄）=归属母公司股东的净利润/期末归属母公司股东的权益×100%；总资产报酬率（ROA1）=息税前利润×2/（期初总资产+期末总资产）×100%；总资产净利率（ROA2）=净利润（含少数股东损益）×2/（期初总资产+期末总资产）×100%；投入资本回报率（ROIC）=EBIT（反推法）×（1−有效税率）×2/（期初全部投入资本+期末全部投入资本）×100%；管理费用率=管理费用/营业收入×100%；财务费用率=财务费用/营业收入×100%；应收账款周转天数=360/应收账款周转率。

不同样本组相关指标的比较结果如表3.17所示，可以发现，公司治理100佳上市公司的绩效指标总体来说好于非100佳上市公司样本。

表3.17　中国上市公司治理100佳公司财务绩效与其他样本的比较

财务指标	100佳样本	其他样本	差额
净资产收益率（ROE，平均）2022年报	10.446	−1.279	11.725
净资产收益率（ROE，加权）2022年报	10.711	4.076	6.635
净资产收益率（ROE，摊薄）2022年报	9.718	0.367	9.352
总资产报酬率（ROA1）2022年报	6.047	4.167	1.880
总资产净利率（ROA2）2022年报	5.465	3.158	2.307
投入资本回报率（ROIC）2022年报	6.907	3.097	3.810
管理费用率2022年报	10.370	14.692	−4.321
财务费用率2022年报	−0.438	1.598	−2.036
应收账款周转天数2022年报	37.453	105.504	−68.050
净资产收益率（ROE，平均）2023一季报	2.230	0.630	1.600
净资产收益率（ROE，加权）2023一季报	2.276	0.854	1.422
净资产收益率（ROE，摊薄）2023一季报	2.181	−0.061	2.243
总资产报酬率（ROA1）2023一季报	1.239	0.954	0.285
总资产净利率（ROA2）2023一季报	1.090	0.711	0.378
投入资本回报率（ROIC）2023一季报	2.313	0.922	1.391
管理费用率2023一季报	16.198	17.778	−1.580
财务费用率2023一季报	0.030	2.930	−2.900
应收账款周转天数2023一季报	72.046	210.771	−138.725

资料来源：南开大学公司治理数据库。

主要结论

第一，从时间序列比较来看，我国上市公司总体治理水平在 2004－2023 年间呈现总体上升趋势，历经 2009 年拐点之后，呈现逐年上升的态势，并在 2023 年达到历史最高水平，中国上市公司治理指数为 64.76。

第二，从行业比较分析来看，2023 年评价排名中，金融业的公司治理指数位居第一，紧随其后的是科学研究和技术服务业，交通运输、仓储和邮政业，制造业，住宿和餐饮业等行业公司；而建筑业，房地产业，文化、体育和娱乐业，综合，居民服务、修理和其他服务业等行业公司治理指数较低。

第三，从控股股东性质比较分析来看，民营控股上市公司治理指数平均值从 2011－2018 年各年均高于国有控股上市公司，2019 年和 2020 年国有控股上市公司治理指数平均值超过民营控股上市公司，2021 年至 2023 年民营控股上市公司治理指数平均值再度高于国有控股上市公司。

第四，从地区比较分析来看，河南省、安徽省、四川省、北京市、江苏省、山东省、内蒙古等地区上市公司治理指数平均值较高；而广西、海南省、青海省上市公司治理指数平均值较低，均在 63.00 以下。

第五，从市场板块比较分析来看，2023 年评价中金融业公司治理指数位居首位，平均值达 67.18；其次是科创板、创业板和主板；北交所上市公司的治理指数为各板块中最低，为 63.61。

第六，从样本分组比较来看，公司治理 100 佳的上市公司治理状况显著好于总体样本公司的治理状况，二者上市公司治理指数平均值相差 7.23（71.99-64.76），通过对公司治理 100 佳和非 100 佳两组样本的财务指标的比较，发现无论是盈利能力还是代理成本，公司治理 100 佳总体好于非 100 佳。

第四章　中国上市公司股东治理评价

第一节　中国上市公司股东治理总体分析

一、2023年中国上市公司股东治理总体描述

2023年度5055家中国上市公司股东治理指数的平均值为69.31，中位数为70.47，最小值为39.31，最大值为89.68，标准差为8.06，股东治理指数基本服从正态分布。股东治理指数的三个二级指标——独立性、中小股东权益保护和关联交易的平均值分别为68.37、72.79和66.31。三个二级指标公司之间的差距较大，独立性、中小股东权益保护和关联交易的标准差分别达到了14.45、10.82和14.25。股东治理指数及其三项二级指标的描述性统计情况如表4.1所示。

表4.1　中国上市公司股东治理总体状况描述性统计

项目	平均值	中位数	标准差	极差	最小值	最大值
股东治理指数	69.31	70.47	8.06	50.37	39.31	89.68
独立性	68.37	72.83	14.45	92.29	5.71	98.00
中小股东权益保护	72.79	74.20	10.82	66.09	30.50	96.59
关联交易	66.31	68.56	14.25	73.54	14.46	88.00

资料来源：南开大学公司治理数据库。

二、2018－2023年中国上市公司股东治理比较

从图4.1可以看出，在2018－2023年六年间，股东治理指数稳步提升，从2018年的66.47，上升到2023年的69.31。

独立性、中小股东权益保护和关联交易三个二级指标中，独立性在2018－2022年保持窄幅波动的趋势，2022年的67.45不仅低于上一年的67.61，也低于2018年的67.64；2023年独立性上升到历史最高的68.37。中小股东权益保护呈稳步上升的态势，前四年增幅较大，2022年增幅较小，2023年则比上一年增加了1.64，增幅为历年之最。关联交易在2018－2022年六年间长期窄幅后，2022年上升到历史最高的66.85，2023年又降低到了66.31。从以上分析可以发现，2023年股东治理指数的

提升主要是由中小股东权益保护和独立性上升所拉动。三个二级指标的时间趋势如表 4.2 和图 4.1 所示。

表 4.2 中国上市公司股东治理指数六年描述性统计比较

项目	2018 年	2019 年	2020 年	2021 年	2022 年	2023 年
股东治理指数	66.47	67.06	67.86	68.45	68.69	69.31
独立性	67.64	66.36	66.77	67.61	67.45	68.37
中小股东权益保护	66.69	67.68	70.02	71.10	71.15	72.79
关联交易	65.66	66.80	66.23	66.20	66.85	66.31

资料来源：南开大学公司治理数据库。

图 4.1 中国上市公司股东治理指数平均值六年折线图比较

资料来源：南开大学公司治理数据库。

第二节 中国上市公司股东治理分行业评价

一、2023 年中国上市公司股东治理分行业总体描述

表 4.3 列出了中国上市公司各行业股东治理指数的描述性统计结果。从行业分布状况可以看出，股东治理指数居前三位的分别是制造业，信息传输、软件和信息

技术服务业以及金融业，平均值分别为 70.08、69.94 和 69.15。其中，制造业和金融业 2022 年排名第一和第二。股东治理指数居后四位的行业分别是综合，采矿业，居民服务、修理和其他服务业，住宿和餐饮业，平均值分别为 60.64、62.95、63.96 和 64.17，2022 年这四个行业也排名最后。股东治理指数行业平均值最高与最低之间的差距为 9.44，2022 年差距为 7.49。从不同行业的差异程度来看，综合上市公司股东治理指数的差异最大，标准差为 10.62；而住宿和餐饮业上市公司股东治理指数差异程度最小，标准差为 4.62。

表 4.3　中国上市公司股东治理指数分行业描述性统计

行业	数目	比例（%）	平均值	中位数	标准差	极差	最小值	最大值
农、林、牧、渔业	48	0.95	68.00	69.15	9.48	48.67	87.98	39.31
采矿业	78	1.54	62.95	62.42	8.53	37.39	81.96	44.57
制造业	3343	66.13	70.08	71.24	7.76	48.47	89.62	41.14
电力、热力、燃气及水生产和供应业	131	2.59	65.44	65.56	9.42	45.66	86.35	40.69
建筑业	107	2.12	66.67	65.80	8.72	37.08	86.73	49.65
批发和零售业	189	3.74	68.38	69.16	8.51	40.73	85.01	44.28
交通运输、仓储和邮政业	112	2.22	66.67	67.01	8.79	42.97	89.68	46.71
住宿和餐饮业	8	0.16	64.17	65.03	4.62	15.01	69.20	54.19
信息传输、软件和信息技术服务业	423	8.37	69.94	70.88	6.62	40.74	83.37	42.63
金融业	127	2.51	69.15	69.89	8.60	40.90	85.84	44.94
房地产业	112	2.22	65.73	66.22	9.02	39.68	84.58	44.90
租赁和商务服务业	65	1.29	67.60	68.26	7.94	40.63	85.26	44.63
科学研究和技术服务业	110	2.18	69.01	70.24	7.78	34.28	84.21	49.92
水利、环境和公共设施管理业	97	1.92	68.67	70.46	8.73	41.99	85.42	43.42
居民服务、修理和其他服务业	1	0.02	63.96	63.96	—	0.00	63.96	63.96
教育	12	0.24	68.71	67.66	8.89	24.89	82.77	57.88
卫生和社会工作	16	0.32	65.69	66.23	7.61	22.13	74.95	52.82
文化、体育和娱乐业	63	1.25	67.09	68.06	8.59	38.49	87.29	48.80
综合	13	0.26	60.64	62.39	10.62	41.45	81.60	40.15
合　计	5055	100.00	69.31	70.47	8.06	50.37	89.68	39.31

资料来源：南开大学公司治理数据库。

中国上市公司股东治理分指数分行业描述性统计如表 4.4 所示。

从股东治理的三个二级指标来看，股东治理指数中居前三名的行业中，制造业的独立性、中小股东权益保护和关联交易分别为 68.93、73.17 和 67.56，分别比全样本平均值高 0.56、0.38 和 1.25。信息传输、软件和信息技术服务业的独立性、中小股东权益保护和关联交易三个二级指标的平均值分别为 71.26、72.03 和 67.19，其中独立性和关联交易分别比全样本平均值高 2.89 和 0.88，中小股东权益保护比全样本低 0.76。金融业的独立性、中小股东权益保护和关联交易的平均值分别为 73.34、73.42 和 62.77，独立性、中小股东权益保护比全样本平均值分别高 4.97 和 0.63，关联交易比全样本平均值低 3.54。

股东治理指数居后四名的行业分别为综合，采矿业，居民服务、修理和其他服务业，住宿和餐饮业，平均值分别为 60.64、62.95、63.96 和 64.17。其中，居民服务、修理和其他服务业只有 1 家企业，不具有统计意义，不予分析。股东治理指数排名倒数第一的综合类的独立性、中小股东权益保护和关联交易三个二级指标分别为 55.57、66.18 和 57.63，分别比全样本对应的平均值低 12.80、6.61 和 8.68。采矿业上市公司独立性、中小股东权益保护和关联交易得分为 62.31、71.22 和 54.99，分别比全样本平均值低 6.06、1.57 和 11.32。住宿和餐饮业独立性、中小股东权益保护和关联交易得分为 71.63、69.02 和 55.58，中小股东权益保护和关联交易分别比全样本均值低 3.77 和 10.73，但独立性比全样本均值分别高 3.26。

表 4.4　中国上市公司股东治理分指数分行业描述性统计

行业	数目	比例（%）	股东治理评价指数	独立性	中小股东权益保护	关联交易
农、林、牧、渔业	48	0.95	68.00	66.12	70.12	66.82
采矿业	78	1.54	62.95	62.31	71.22	54.99
制造业	3343	66.13	70.08	68.93	73.17	67.56
电力、热力、燃气及水生产和供应业	131	2.59	65.44	63.50	72.93	58.91
建筑业	107	2.12	66.67	69.17	71.33	60.75
批发和零售业	189	3.74	68.38	64.29	71.82	67.00
交通运输、仓储和邮政业	112	2.22	66.67	64.57	75.86	58.53
住宿和餐饮业	8	0.16	64.17	71.63	69.02	55.58
信息传输、软件和信息技术服务业	423	8.37	69.94	71.26	72.03	67.19
金融业	127	2.51	69.15	73.34	73.42	62.77
房地产业	112	2.22	65.73	59.29	71.58	63.11
租赁和商务服务业	65	1.29	67.60	66.71	70.97	64.69
科学研究和技术服务业	110	2.18	69.01	69.53	73.04	64.73
水利、环境和公共设施管理业	97	1.92	68.67	67.71	71.91	65.92

行业	数目	比例（%）	股东治理评价指数	独立性	中小股东权益保护	关联交易
居民服务、修理和其他服务业	1	0.02	63.96	64.57	56.50	71.11
教育	12	0.24	68.71	65.98	66.81	71.98
卫生和社会工作	16	0.32	65.69	64.53	64.86	67.10
文化、体育和娱乐业	63	1.25	67.09	67.20	70.14	63.98
综合	13	0.26	60.64	55.57	66.18	57.63
合　计	5055	100.00	69.31	68.37	72.79	66.31

资料来源：南开大学公司治理数据库。

二、2018－2023 年中国上市公司股东治理分行业比较

从表 4.5 的统计分析可以看出，2018－2023 年信息传输、软件、信息技术服务业，制造业和金融业的股东治理水平一直比较稳定，六年来一直高于全样本均值。而综合，电力、热力、燃气及水生产和供应业，采矿业，批发和零售业，交通运输、仓储和邮政业，房地产业，水利、环境和公共设施管理业等七个行业的股东治理水平六年来一直排名靠后。六年数据分析说明股东治理水平的行业差异相对稳定。

表 4.5　中国上市公司股东治理指数分行业六年描述性统计比较

行业	2018 年	2019 年	2020 年	2021 年	2022 年	2023 年
农、林、牧、渔业	65.85	65.06	65.04	66.34	67.57	68.00
采矿业	62.40	62.89	65.82	63.72	63.91	62.95
制造业	67.05	67.63	68.44	69.14	69.27	70.08
电力、热力、燃气及水生产和供应业	64.23	64.64	64.93	64.71	65.13	65.44
建筑业	67.23	67.55	66.54	67.07	67.93	66.67
批发和零售业	65.43	65.97	65.30	65.88	68.17	68.38
交通运输、仓储和邮政业	65.12	65.43	66.08	65.96	66.47	66.67
住宿和餐饮业	67.61	67.04	67.07	64.95	65.03	64.17
信息传输、软件和信息技术服务业	67.34	68.31	69.66	70.44	68.91	69.94
金融业	66.82	68.12	71.59	71.79	69.98	69.15
房地产业	62.86	63.94	63.32	63.6	65.25	65.73
租赁和商务服务业	66.63	66.16	66.48	66.36	67.59	67.60
科学研究和技术服务业	65.89	66.83	69.08	68.18	68.99	69.01
水利、环境和公共设施管理业	65.54	65.79	66.17	67.64	68.41	68.67
居民服务、修理和其他服务业	—	—	69.03	66.08	62.49	63.96

续表

行业	2018 年	2019 年	2020 年	2021 年	2022 年	2023 年
教育	66.52	64.45	60.22	60.94	68.55	68.71
卫生和社会工作	64.86	67.46	61.55	62.76	67.10	65.69
文化、体育和娱乐业	64.83	65.38	67.10	66.73	67.08	67.09
综合	61.88	61.28	60.86	59.34	63.36	60.64
合　计	66.47	67.06	67.86	68.45	68.69	69.31

资料来源：南开大学公司治理数据库。

第三节　中国上市公司股东治理分控股股东性质评价

一、2023 年中国上市公司股东治理分控股股东性质总体描述

表 4.6 按照控股股东性质分类对中国上市公司股东治理指数进行统计分析。2023年中国公司治理评价总样本包含 5055 家上市公司，其中集体控股、社会团体控股、外资控股、无实际控制人和其他类型分别有 23 家、7 家、175 家、311 家和 81 家上市公司。其中，集体控股和社会团体控股样本量较少，不具有统计意义。中国上市公司的主体仍为国有控股上市公司和民营控股上市公司，两者相加占到了上市公司总数的 88.19%，因此这里重点关注国有控股和民营控股两类上市公司。国有控股上市公司和民营控股上市公司的股东治理指数平均值分别为 64.87 和 71.11，民营控股上市公司股东治理指数的平均值明显高于国有控股上市公司，二者之间的差距为6.24，相比上年的 4.11，差距在扩大。

表 4.6　中国上市公司股东治理指数分控股股东性质描述性统计

控股股东性质	数目	比例（%）	平均值	中位数	标准差	极差	最小值	最大值
国有控股	1330	26.31	64.87	64.87	8.605	50.37	39.31	89.68
集体控股	23	0.45	68.22	69.68	9.678	35.48	49.54	85.01
民营控股	3128	61.88	71.11	72.03	7.105	49.47	40.15	89.62
社会团体控股	7	0.14	66.64	69.41	10.18	29.48	44.63	74.11
外资控股	175	3.46	69.89	70.46	6.851	41.89	46.64	88.52
无实际控制人	311	6.15	69.86	70.72	7.793	40.26	46.37	86.63
其他类型	81	1.60	70.22	71.30	8.229	37.86	48.57	86.43
合　计	5055	100.00	69.31	70.47	8.056	50.37	39.31	89.68

资料来源：南开大学公司治理数据库。

如表 4.7 所示，民营控股上市公司的三个二级指标中独立性和关联交易得分均远高于国有控股上市公司，分别高出 10.25 和 11.90，而中小股东权益保护则比国有控股上市公司低 1.61，国有和民营控股两类上市公司的对比与往年基本相同。对三级指标作进一步的分析发现，民营控股上市公司在独立性方面优于国有控股上市公司主要是因为民营控股上市公司高管在控股股东单位兼职比例较低和控制层级链条较短；在关联交易方面，民营控股上市公司的经营类关联交易和资产类关联交易比例均明显低于国有控股上市公司，这是造成民营控股上市公司关联交易表现较好的主要原因。国有控股上市公司在中小股东权益保护方面优于民营控股上市公司的主要原因是由于国有控股上市公司在网络投票、累积投票实施、募集资金变更、股权质押冻结和分红连续性上表现更好。

表 4.7　中国上市公司股东治理分指数分控股股东性质描述性统计

控股股东性质	股东治理指数	独立性	中小股东保护	关联交易
国有控股	64.87	60.76	74.10	57.70
集体控股	68.22	62.53	73.36	65.91
民营控股	71.11	71.33	72.49	69.60
社会团体控股	66.64	63.55	78.11	56.71
外资控股	69.89	66.47	72.44	69.04
无实际控制人	69.86	72.52	70.36	68.04
其他类型	70.22	69.39	72.09	68.76
合　计	69.31	68.37	72.79	66.31

资料来源：南开大学公司治理数据库。

二、2018－2023 年中国上市公司股东治理分控股股东性质比较

表 4.8 列出了 2018－2023 年连续六年的国有控股上市公司和民营控股上市公司的股东治理指数，总体上看，六年间民营控股上市公司的股东治理指数均高于国有控股上市公司。从二级指标上来看，2018－2023 年民营控股上市公司在独立性和关联交易上均优于国有控股上市公司，国有控股上市公司则在中小股东权益保护上优于民营控股上市公司。

表 4.8　中国国有和民营控股上市公司股东治理指数六年描述性统计比较

年份	控股股东性质	股东治理评价指数	独立性	中小股东权益保护	关联交易
2018	国有	63.70	61.75	68.11	60.26
	民营	67.81	70.46	66.03	68.26
2019	国有	64.48	59.58	69.21	62.18
	民营	68.30	69.69	66.91	68.99

续表

年份	控股股东性质	股东治理评价指数	独立性	中小股东权益保护	关联交易
2020	国有	64.70	59.67	71.49	60.44
	民营	69.30	70.10	69.34	68.86
2021	国有	64.86	61.09	72.35	59.24
	民营	70.03	70.39	70.63	69.25
2022	国有	65.85	60.21	72.33	62.18
	民营	69.96	70.51	70.72	68.94
2023	国有	64.87	60.76	74.10	57.70
	民营	71.11	71.33	72.49	69.60

资料来源：南开大学公司治理数据库。

第四节　中国上市公司股东治理分地区评价

一、2023 年中国上市公司股东治理分地区总体描述

表 4.9 列出了各地区上市公司股东治理指数的描述性分析。股东治理指数平均值最高的三个地区是广东省、江苏省和浙江省，平均值分别为 70.88、70.87 和 70.51；股东治理指数平均值最低的三个地区是海南省、宁夏和山西省，平均值分别为 63.19、64.30 和 64.31，股东治理指数平均值最高和最低的地区之间的差距达到了 6.69。

表 4.9　中国上市公司股东治理指数分地区描述性统计

地区	数目	比例（%）	平均值	中位数	标准差	极差	最小值	最大值
北京市	455	9.00	67.82	68.48	8.05	45.43	39.31	84.74
天津市	69	1.36	67.19	67.64	8.34	31.51	51.08	82.59
河北省	74	1.46	67.34	67.87	8.82	40.76	43.49	84.25
山西省	40	0.79	64.31	66.27	9.76	39.41	41.69	81.10
内蒙古	25	0.49	67.27	69.70	10.96	39.21	47.39	86.60
辽宁省	85	1.68	67.35	69.46	9.43	41.83	40.69	82.53
吉林省	49	0.97	66.90	67.74	9.31	41.37	44.34	85.71
黑龙江省	39	0.77	67.64	67.37	7.84	33.93	54.59	88.52
上海市	415	8.21	69.60	70.52	7.84	42.23	47.45	89.68
江苏省	632	12.50	70.87	71.72	7.39	39.13	47.30	86.44
浙江省	656	12.98	70.51	71.24	7.00	41.92	45.35	87.28
安徽省	161	3.18	69.39	71.06	8.72	45.29	42.69	87.98
福建省	170	3.36	69.71	69.89	7.61	34.53	48.09	82.62

续表

地区	数目	比例（%）	平均值	中位数	标准差	极差	最小值	最大值
江西省	78	1.54	69.04	69.12	7.61	33.55	51.58	85.14
山东省	290	5.74	68.90	69.96	8.84	45.86	42.63	88.49
河南省	107	2.12	69.32	70.59	8.01	36.07	48.57	84.64
湖北省	136	2.69	67.68	67.96	8.03	41.32	43.42	84.74
湖南省	138	2.73	69.19	70.51	7.82	37.53	46.53	84.06
广东省	829	16.40	70.88	72.00	7.48	47.39	40.15	87.54
广　西	40	0.79	66.15	67.25	8.87	41.50	41.14	82.64
海南省	28	0.55	63.19	62.89	8.21	27.52	50.57	78.10
重庆市	69	1.36	68.71	71.67	9.18	38.77	47.85	86.63
四川省	168	3.32	68.66	70.16	8.33	37.93	45.88	83.82
贵州省	35	0.69	68.27	67.50	8.96	33.96	49.03	82.99
云南省	42	0.83	65.56	66.66	9.35	33.53	48.09	81.63
西　藏	22	0.44	70.13	69.91	7.65	29.43	55.14	84.58
陕西省	75	1.48	66.89	67.88	7.80	31.99	50.09	82.09
甘肃省	35	0.69	66.01	66.39	8.63	35.72	46.06	81.77
青海省	11	0.22	67.22	66.16	7.27	26.84	55.57	82.41
宁　夏	15	0.30	64.30	67.77	9.71	36.75	42.85	79.60
新　疆	59	1.17	65.56	65.13	7.81	37.29	45.61	82.89
香　港	2	0.04	55.25	55.25	15.55	21.99	44.25	66.24
开曼群岛	6	0.12	61.38	56.96	10.00	24.76	52.68	77.44
合　计	5055	100.00	69.31	70.47	8.06	50.37	39.31	89.68

资料来源：南开大学公司治理数据库。

二、2018－2023 年中国上市公司股东治理分地区比较

从表 4.10 股东治理指数平均值分地区的六年比较中可以看出，各地区的股东治理指数排名波动较大。只有广东省、江苏省和浙江省股东治理指数的平均值连续六年高于总样本平均值；而北京市、天津市、河北省、山西省、内蒙古、辽宁省、吉林省、黑龙江省、江西省、湖北省、广西、海南省、重庆市、四川省、云南省、陕西省、宁夏、新疆、甘肃省、青海省等 20 个地区的股东治理连续六年低于总样本平均值，其中山西省、辽宁省、海南省、青海省和宁夏远低于总样本平均值。

表 4.10 中国上市公司股东治理指数分地区六年描述性统计比较

地区	2018 年	2019 年	2020 年	2021 年	2022 年	2023 年
北京市	65.64	66.76	67.72	68.19	68.01	67.82
天津市	64.65	65.73	65.02	65.76	68.43	67.19
河北省	64.97	64.96	64.98	65.34	67.22	67.34
山西省	60.13	60.14	60.54	63.54	63.05	64.31
内蒙古	64.68	64.27	67.08	64.46	66.35	67.27
辽宁省	62.20	62.63	64.89	64.42	65.65	67.35
吉林省	64.93	65.47	64.81	66.87	65.39	66.90
黑龙江省	64.88	65.55	66.87	66.11	67.06	67.64
上海市	65.33	65.74	67.19	67.97	68.14	69.60
江苏省	68.49	68.76	69.41	70.52	70.35	70.87
浙江省	67.75	68.25	69.22	69.66	69.81	70.51
安徽省	66.23	66.75	67.14	68.46	68.85	69.39
福建省	67.77	67.89	68.04	68.64	68.27	69.71
江西省	64.40	66.43	65.46	67.15	67.82	69.04
山东省	67.06	67.69	68.37	68.09	68.39	68.90
河南省	66.78	67.67	68.44	69.65	68.51	69.32
湖北省	65.06	65.79	65.68	67.10	68.21	67.68
湖南省	66.91	67.42	67.53	68.73	68.55	69.19
广东省	68.30	68.97	69.82	70.13	70.13	70.88
广　西	65.38	66.00	65.55	65.81	65.34	66.15
海南省	61.40	60.87	62.43	61.57	61.95	63.19
重庆市	64.67	65.50	66.67	66.44	68.12	68.71
四川省	64.37	65.65	67.69	67.53	68.30	68.66
贵州省	66.93	66.01	66.39	66.78	67.49	68.27
云南省	63.42	64.93	65.01	67.34	67.18	65.56
西　藏	67.15	66.26	70.46	69.16	68.66	70.13
陕西省	62.97	63.80	64.85	65.46	66.83	66.89
甘肃省	65.42	66.53	67.22	67.22	66.82	66.01
青海省	62.81	62.31	62.60	64.03	61.34	67.22
宁　夏	63.78	63.64	62.40	63.98	64.62	64.30
新　疆	64.40	64.63	63.53	63.36	65.97	65.56
香　港	—	—	—	66.35	63.62	55.25
开曼群岛	—	—	—			61.38
合　计	66.47	67.06	67.86	68.45	68.69	69.31

资料来源：南开大学公司治理数据库。

第五节 中国上市公司股东治理 100 佳评价

一、中国上市公司股东治理 100 佳比较分析

表 4.11 为中国上市公司股东治理 100 佳股东治理指数及二级指标的描述性统计结果，100 佳公司的股东治理指数平均值为 84.85；独立性、中小股东权益保护和关联交易的平均值分别为 78.90、85.88 和 86.80。可以看出，100 佳公司各项指标的平均值显著高于总样本。

表 4.11　中国上市公司股东治理 100 佳描述性统计

项目	样本	平均值	中位数	标准差	极差	最小值	最大值
股东治理指数	100 佳	84.85	84.34	1.552	6.646	83.03	89.68
	样本总体	69.31	70.47	8.06	50.37	39.31	89.68
独立性	100 佳	78.90	79.71	6.905	32.29	61.71	94.00
	样本总体	68.37	72.83	14.45	92.29	5.71	98.00
中小股东权益保护	100 佳	85.88	86.32	4.336	20.81	75.60	96.41
	样本总体	72.79	74.20	10.82	66.09	30.50	96.59
关联交易	100 佳	86.80	88.00	3.48	14.48	73.52	88.00
	样本总体	66.31	68.56	14.25	73.54	14.46	88.00

资料来源：南开大学公司治理数据库。

二、中国上市公司股东治理 100 佳公司行业分布

表 4.12 列出了股东治理 100 佳公司在各个行业的分布情况，可以看出，100 佳公司主要集中在制造业，有 74 家，超过了制造业公司占全部样本的比例 66.13%。从各行业入围 100 佳的上市公司个数占行业样本总数的比例来看，最高的是建筑业，占比为 3.74%；其次是金融业，科学研究和技术服务业，占比分别为 3.15% 和 2.73%。而采矿业，住宿和餐饮业，居民服务、修理和其他服务业，教育，卫生和社会工作，以及综合等 6 个行业没有 1 家上市公司入围股东治理 100 佳。

表 4.12　中国上市公司股东治理 100 佳公司行业分布

行业	样本总体		100 佳		
	数目	比例（%）	数目	比例（%）	占本行业比例（%）
农、林、牧、渔业	48	0.95	1	1	2.08
采矿业	78	1.54	—	—	—
制造业	3343	66.13	74	74	2.21

行业	样本总体		100 佳		
	数目	比例（%）	数目	比例（%）	占本行业比例（%）
电力、热力、燃气及水生产和供应业	131	2.59	3	3	2.29
建筑业	107	2.12	4	4	3.74
批发和零售业	189	3.74	3	3	1.59
交通运输、仓储和邮政业	112	2.22	2	2	1.79
住宿和餐饮业	8	0.16	—	—	—
信息传输、软件和信息技术服务业	423	8.37	1	1	0.24
金融业	127	2.51	4	4	3.15
房地产业	112	2.22	1	1	0.89
租赁和商务服务业	65	1.29	1	1	1.54
科学研究和技术服务业	110	2.18	3	3	2.73
水利、环境和公共设施管理业	97	1.92	2	2	2.06
居民服务、修理和其他服务业	1	0.02	—	—	—
教育	12	0.24	—	—	—
卫生和社会工作	16	0.32	—	—	—
文化、体育和娱乐业	63	1.25	1	1	1.59
综合	13	0.26	—	—	—
合　计	5055	100.00	100	100.00	1.98

资料来源：南开大学公司治理数据库。

三、中国上市公司股东治理 100 佳公司控股股东分布

表 4.13 给出了中国上市公司 100 佳控股股东性质的分布状况，可以看出，股东治理 100 佳几乎集中在民营控股上市公司和国有控股上市公司。民营控股上市公司进入 100 佳的上市公司有 74 家，国有控股上市公司只有 15 家入围 100 佳。而 2022 年，民营控股上市公司有 79 家进入 100 佳上市公司，国有控股上市公司有 12 家入围 100 佳。国有控股上市公司有所进步，但与国有控股样本在全部样本的比例（26.31%）仍非常不对称。对 100 佳公司的股东性质分析再次支持民营控股上市公司的股东治理高于国有控股上市公司这一结论。

表 4.13 中国上市公司股东治理 100 佳公司控股股东分布

控股股东性质	样本总体		100 佳		
	数目	比例（%）	数目	比例（%）	占本组比例（%）
国有控股	1330	26.31	15	15	1.13
集体控股	23	0.45	2	2	8.70

控股股东性质	样本总体		100佳		
	数目	比例（%）	数目	比例（%）	占本组比例（%）
民营控股	3128	61.88	74	74	2.37
社会团体控股	7	0.14	—	—	—
外资控股	175	3.46	1	1	0.57
无实际控制人	311	6.15	5	5	1.61
其他类型	81	1.60	3	3	3.70
合　计	5055	100.00	100	100.00	1.98

资料来源：南开大学公司治理数据库。

四、中国上市公司股东治理100佳公司地区分布

表4.14给出了中国上市公司股东治理100佳公司的地区分布状况，可以看出，入选股东治理100佳的上市公司中，来自广东省、江苏省、浙江省、上海市和山东省的样本较多，分别有29、15、11、11和11家，股东治理100佳上市公司中有77.00%来自这5个省份，其中广东省入选股东100佳的公司由2022年的19家大幅增加至29家。天津市、山西省、辽宁省、福建省、广西、海南省、贵州省、云南省、西藏、陕西省、甘肃省、青海省、宁夏、新疆等地区则没有1家公司进入股东治理100佳。100佳公司数占本地区样本总数比例最高的5个地区分别是：内蒙古、山东省、广东省、重庆市和上海市，比例分别为4.00%、3.79%、3.50%、2.90%和2.65%。

表4.14 中国上市公司股东治理100佳公司地区分布

地区	样本总体		100佳		
	数目	比例（%）	数目	比例（%）	占本地区比例（%）
北京市	455	9.00	4	4	0.88
天津市	69	1.36	—	—	—
河北省	74	1.46	1	1	1.35
山西省	40	0.79	—	—	—
内蒙古	25	0.49	1	1	4.00
辽宁省	85	1.68	—	—	—
吉林省	49	0.97	1	1	2.04
黑龙江省	39	0.77	1	1	2.56
上海市	415	8.21	11	11	2.65
江苏省	632	12.50	15	15	2.37
浙江省	656	12.98	11	11	1.68
安徽省	161	3.18	3	3	1.86

续表

地区	样本总体		100 佳		
	数目	比例（%）	数目	比例（%）	占本地区比例（%）
福建省	170	3.36	—	—	—
江西省	78	1.54	1	1	1.28
山东省	290	5.74	11	11	3.79
河南省	107	2.12	1	1	0.93
湖北省	136	2.69	2	2	1.47
湖南省	138	2.73	1	1	0.72
广东省	829	16.40	29	29	3.50
广　西	40	0.79	—	—	—
海南省	28	0.55	—	—	—
重庆市	69	1.36	2	2	2.90
四川省	168	3.32	4	4	2.38
贵州省	35	0.69	—	—	—
云南省	42	0.83	—	—	—
西　藏	22	0.44	—	—	—
陕西省	75	1.48	—	—	—
甘肃省	35	0.69	—	—	—
青海省	11	0.22	—	—	—
宁　夏	15	0.30	—	—	—
新　疆	59	1.17	—	—	—
香　港	2	0.04	—	—	—
开曼群岛	6	0.12	—	—	—
合　计	5055	100.00	100	100	1.98

资料来源：南开大学公司治理数据库。

主要结论

第一，2023 年中国上市公司股东治理指数相比 2022 年有所增加，由 68.69 上升到 69.31，增幅为 0.62。从二级指标来看，独立性上升了 0.92，中小股东权益保护上升了 0.64，关联交易得分降低了 0.54。

第二，独立性上升的主要原因是高管相对于控股股东的独立性有所上升，上市公司高管在控股股东单位兼任高管的比例上升了 0.54%。中小股东权益保护上升是网络投票、中小股东选举独立董事权利、股权质押冻结等方面改善所致。关联交易得分下降的主要原因是经营性资金占用有所恶化，经营性资金占用占总资产的比重上升了 0.0013%。

第三，股东治理行业之间的差距有所扩大。股东治理指数居前三位的分别是制造业，信息传输、软件和信息技术服务业以及金融业，平均值分别为70.08、69.94和69.15。其中，制造业和金融业2022年排名第一和第二。股东治理指数居后四位的行业分别是综合，采矿业，居民服务、修理和其他服务业，住宿和餐饮业，平均值分别为60.64、62.95、63.96和64.17，2022年这四个行业也排名最后。股东治理指数行业平均值最高与最低之间的差距为9.44，上一年度为7.49，差距在扩大。

第四，民营控股上市公司股东治理指数的平均值显著高于国有控股上市公司，差距为6.24。民营控股上市公司的独立性和关联交易得分均远高于国有控股上市公司，分别高出10.30和11.90，尤其是关联交易，差距由去年的6.76上升至11.90；而中小股东权益保护则比国有控股上市公司低1.61。国有和民营控股两类上市公司的对比与往年基本相同。对三级指标作进一步的分析发现，民营控股上市公司在独立性方面优于国有控股上市公司主要是因为民营控股上市公司高管在控股股东单位兼职比例较低和控制层级链条较短；在关联交易方面，民营控股上市公司的经营类关联交易和资产类关联交易比例均明显低于国有控股上市公司。国有控股上市公司在中小股东权益保护方面优于民营控股上市公司的主要原因是国有控股上市公司在网络投票、累积投票实施、募集资金变更、股权质押冻结比例和分红连续性上得分较高。

第五，股东治理地区之间的差距较高。股东治理指数平均值最高的三个地区是广东省、江苏省和浙江省，平均值分别为70.88、70.87和70.51；股东治理指数平均值最低的三个地区是海南省、宁夏和山西省，平均值分别为63.19、64.30和64.31，股东治理指数平均值最高和最低的地区之间的差距达到了6.69。

第六，股东治理100佳有74家为民营控股上市公司，有15家为国有控股上市公司。相比2022年，民营控股上市公司进入100佳减少了5家，国有控股上市公司则在增加了3家，但这仍与国有控股上市公司在总样本中所占比例（26.31%）非常不相称。

第五章　中国上市公司董事会治理评价

第一节　中国上市公司董事会治理总体分析

一、2023 年中国上市公司董事会治理总体描述

2023 年中国上市公司样本量为 5055 家，董事会治理指数的平均值为 64.82，中位数为 65.13，标准差为 2.80。从董事会治理的五个主要因素来看，董事会组织结构指数最高，平均值为 68.47；董事会运作效率指数的平均值次之，为 67.11；董事权利与义务指数和董事薪酬指数位于中间，其平均值分别为 63.20 和 64.25；独立董事制度指数的平均值最低，为 60.72。从董事会分指数的公司间差异情况来看，上市公司在董事会组织结构和董事薪酬方面的差异程度较大，其标准差分别为 10.91 和 6.55；而在董事权利与义务、独立董事制度、董事会运作效率方面，上市公司之间的差异程度较小，其标准差分别为 4.95、4.30 和 4.22。见表 5.1。

表 5.1　中国上市公司董事会治理总体状况描述性统计

项目	平均值	中位数	标准差	极差	最小值	最大值
董事会治理指数	64.82	65.13	2.80	28.45	47.98	76.43
董事权利与义务	63.20	62.75	4.95	31.00	44.50	75.50
董事会运作效率	67.11	67.27	4.22	26.45	48.01	74.46
董事会组织结构	68.47	70.00	10.91	97.00	0.00	97.00
董事薪酬	64.25	64.50	6.55	26.50	50.00	76.50
独立董事制度	60.72	61.75	4.30	38.75	33.75	72.50

资料来源：南开大学公司治理数据库。

二、2018－2023 年中国上市公司董事会治理比较

董事会治理指数的平均水平在 2018－2020 年呈现出不断上升并企稳的趋势，2021 略有下降，2022 年回升，2023 年明显下降。但表现在董事会组织结构、独立董事制度、董事权利与义务、董事会运作效率和董事薪酬指数的平均水平在六年期间则具有不同程度的波动性，具体而言，董事权利与义务指数的平均水平在 2019 年和 2020 年上升，2021 略有下降，2022 年回升，2023 年下降；董事会运作效率指数在

2018－2020 年稳步回升，2021 略有下降，2022 年回升，2023 年下降；董事会组织结构指数在六年间始终处于领先位置，但是 2022 年和 2023 年下降明显；董事薪酬指数在 2018－2023 年总体保持上升趋势，2023 年达到近六年的最高值；独立董事制度指数的均值在六年期间呈波浪形发展，并不稳定。见表 5.2 和图 5.1。

表 5.2　中国上市公司董事会治理指数描述性统计六年比较

项目	2018 年	2019 年	2020 年	2021 年	2022 年	2023 年
董事会治理指数	64.28	64.51	64.95	64.93	65.02	64.82
董事权利与义务	61.81	62.88	63.18	63.14	63.91	63.20
董事会运作效率	66.96	66.99	67.31	67.20	67.39	67.11
董事会组织结构	69.00	68.60	69.34	69.36	68.76	68.47
董事薪酬	61.56	61.82	62.62	62.94	63.68	64.25
独立董事制度	60.96	61.54	61.64	61.41	61.19	60.72

资料来源：南开大学公司治理数据库。

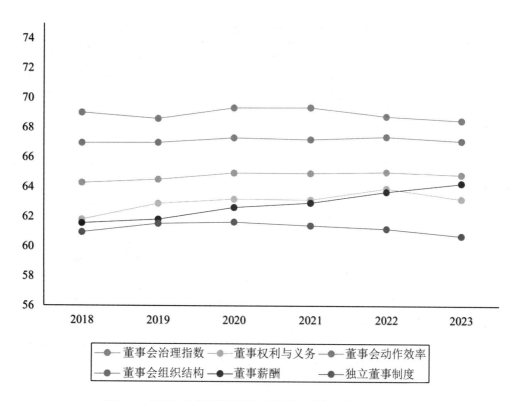

图 5.1　中国上市公司董事会治理指数平均值六年折线图比较

资料来源：南开大学公司治理数据库。

第二节　中国上市公司董事会治理分行业评价

一、2023 年中国上市公司董事会治理分行业总体描述

本报告以证监会制定的行业分类标准为依据，对行业间的董事会治理状况进行分析，以探究不同行业之间董事会治理的差异。从表 5.3 董事会治理指数分行业描述性统计中可以看出金融业董事会治理质量的平均水平最高，为 67.23；制造业的上市公司数目最多为 3343 家，占比 66.13%，其公司治理指数的平均值为 64.79；电力、热力、燃气及水生产和供应业，交通运输、仓储和邮政业，农、林、牧、渔业董事会治理指数的平均水平较低，分别为 64.17、64.13 和 64.06。从标准差来看，建筑业，房地产业，住宿和餐饮业的公司间差距较小，其标准差分别为 1.84、1.80 和 1.79；信息传输、软件和信息技术服务业，金融业，科学研究和技术服务业的标准差较大，分别为 2.99、3.05 和 3.59。见表 5.3。

表 5.3　中国上市公司董事会治理指数分行业描述性统计

行业	数目	比例（%）	平均值	中位数	标准差	极差	最小值	最大值
农、林、牧、渔业	48	0.95	64.06	64.36	2.54	15.70	52.44	68.14
采矿业	78	1.54	64.79	65.09	2.41	14.28	56.43	70.70
制造业	3343	66.13	64.79	65.14	2.82	22.85	47.98	70.82
电力、热力、燃气及水生产和供应业	131	2.59	64.17	64.30	2.37	17.13	55.88	73.00
建筑业	107	2.12	64.68	64.72	1.84	10.46	59.59	70.05
批发零售业	189	3.74	64.98	65.01	2.37	20.50	50.13	70.63
交通运输、仓储和邮政业	112	2.22	64.13	64.60	2.96	20.85	49.34	70.19
住宿和餐饮业	8	0.16	65.13	64.82	1.79	5.49	62.96	68.44
信息传输、软件和信息技术服务业	423	8.37	65.07	65.61	2.99	21.30	49.46	70.75
金融业	127	2.51	67.23	66.88	3.05	15.62	60.80	76.43
房地产业	112	2.22	64.64	64.69	1.80	10.14	58.13	68.27
租赁和商务服务业	65	1.29	64.43	65.06	2.88	16.56	52.41	68.97
科学研究和技术服务业	110	2.18	64.58	65.12	3.59	22.03	49.94	71.97
水利、环境和公共设施管理业	97	1.92	64.62	65.07	2.62	17.55	50.39	67.94
居民服务、修理和其他服务业	1	0.02	66.67	66.67	—	0.00	66.67	66.67
教育	12	0.24	64.38	64.83	2.54	9.41	57.84	67.25

续表

行业	数目	比例（%）	平均值	中位数	标准差	极差	最小值	最大值
卫生和社会工作	16	0.32	64.99	64.23	2.00	5.87	62.48	68.35
文化、体育和娱乐业	63	1.25	64.72	64.69	2.23	12.54	57.59	70.13
综合	13	0.26	64.47	64.57	2.21	7.22	60.14	67.36
合　计	5055	100.00	64.82	65.13	2.80	28.45	47.98	76.43

资料来源：南开大学公司治理数据库。

从表 5.4 中国董事会治理分指数分行业描述性统计表可以看出，信息传输、软件和信息技术服务业和水利、环境和公共设施管理业在董事会权利与义务方面表现较好，文化、体育和娱乐业和居民服务、修理和其他服务业在董事会权利与义务方面表现相对较差；董事会运作效率方面住宿和餐饮业以及金融业的优势最大，而建筑业在董事会运作效率方面有较大提升空间；金融业在董事会组织结构方面表现也非常好，遥遥领先其他行业，其均值水平名列行业第一，而科学研究和技术服务业在董事会组织结构方面表现欠佳；居民服务、修理和其他服务业在董事薪酬方面位居行业第一，住宿和餐饮业在董事薪酬方面位居行业末尾；居民服务、修理和其他服务业以及教育类在独立董事制度方面表现相对较好，综合业在独立董事制度方面表现较差。

表 5.4　中国上市公司董事会治理分指数分行业描述性统计

行业	董事会治理指数	董事权利与义务	董事会运作效率	董事会组织结构	董事薪酬	独立董事制度
农、林、牧、渔业	64.06	63.42	67.40	68.36	60.10	60.70
采矿业	64.79	62.96	67.51	71.08	60.76	61.01
制造业	64.79	63.25	66.88	67.92	65.01	60.64
电力、热力、燃气及水生产和供应业	64.17	62.24	67.88	70.17	59.30	60.32
建筑业	64.68	62.29	66.44	70.11	62.19	61.51
批发零售业	64.98	62.97	67.85	69.65	62.99	60.76
交通运输、仓储和邮政业	64.13	61.51	68.13	69.37	59.79	60.46
住宿和餐饮业	65.13	62.25	71.62	71.13	57.81	60.84
信息传输、软件和信息技术服务业	65.07	64.56	66.66	66.99	66.18	61.26
金融业	67.23	62.31	68.94	82.01	60.53	61.04
房地产业	64.64	62.35	68.27	69.88	60.96	60.66
租赁和商务服务业	64.43	63.33	66.96	66.92	63.63	60.98
科学研究和技术服务业	64.58	63.39	67.45	66.35	65.08	60.36

续表

行业	董事会 治理指数	董事权利 与义务	董事会 运作效率	董事会 组织结构	董事 薪酬	独立董事 制度
水利、环境和公共设施管理业	64.62	63.92	68.00	67.48	62.57	60.89
居民服务、修理和其他服务业	66.67	58.25	68.71	70.00	68.00	64.25
教育	64.38	63.83	68.40	67.08	60.42	61.58
卫生和社会工作	64.99	62.39	66.81	70.56	64.31	60.30
文化、体育和娱乐业	64.72	61.39	68.40	70.44	60.95	60.83
综合	64.47	61.87	68.45	69.35	62.42	59.29
合　计	64.82	63.20	67.11	68.47	64.25	60.72

资料来源：南开大学公司治理数据库。

二、2018－2023 中国上市公司董事会治理分行业比较

从表 5.5 董事会治理指数分行业描述性统计六年比较中可以看出，各行业在六年间都呈现出不同程度的波动性。金融业，居民服务、修理和其他服务业，卫生和社会工作业，信息传输、软件和信息技术服务业的董事会治理质量的平均水平在六年期间较高，其中金融业的董事会治理均值六年位列行业第一。交通运输、仓储和邮政业的董事会治理均值在六年期间表现较差。

表 5.5　中国上市公司董事会治理指数分行业描述性统计六年比较

行业	2018 年	2019 年	2020 年	2021 年	2022 年	2023 年
农、林、牧、渔业	64.09	64.17	64.61	64.48	64.88	64.06
采矿业	64.05	64.44	65.21	64.45	64.91	64.79
制造业	64.25	64.50	64.92	64.93	64.99	64.79
电力、热力、燃气及水生产和供应业	63.42	63.96	64.43	64.38	64.68	64.17
建筑业	64.24	64.53	64.82	64.75	64.97	64.68
批发和零售业	64.53	64.55	64.90	64.92	65.15	64.98
交通运输、仓储和邮政业	63.21	63.39	64.04	64.33	64.26	64.13
住宿和餐饮业	64.80	63.76	65.34	64.64	64.86	65.13
信息传输、软件和信息技术服务业	64.48	64.69	64.91	65.07	65.12	65.07
金融业	66.35	66.66	67.43	66.82	67.23	67.23
房地产业	64.26	64.48	64.82	64.73	64.96	64.64
租赁和商务服务业	64.37	64.42	64.45	64.50	64.84	64.43
科学研究和技术服务业	64.51	64.71	65.26	65.17	64.77	64.58
水利、环境和公共设施管理业	64.03	64.46	65.00	64.79	64.70	64.62
居民服务、修理和其他服务业	—	—	66.67	66.07	64.31	66.67

行业	2018 年	2019 年	2020 年	2021 年	2022 年	2023 年
教育	65.05	64.34	64.84	64.78	65.06	64.38
卫生和社会工作	64.69	64.96	65.60	66.17	65.09	64.99
文化、体育和娱乐业	64.32	64.05	64.68	64.33	64.93	64.72
综合	64.09	63.65	64.41	64.18	64.44	64.47
合　计	64.28	64.51	64.95	64.93	65.02	64.82

资料来源：南开大学公司治理数据库。

第三节　中国上市公司董事会治理分控股股东性质评价

一、2023 年中国上市公司董事会治理分控股股东性质总体描述

从表 5.6 分控股股东性质董事会治理指数描述性统计中可以看出，无实际控制人类上市公司董事会治理指数平均值最高，为 65.59；其他类型、民营控股、社会团体控股和外资控股上市公司的董事会治理的均值水平位居中间，分别为 65.08、64.95、64.82 和 64.59；国有控股和集体控股的上市公司的董事会治理质量相对较差，其平均值分别为 64.37 和 64.02。从不同控股股东类别公司间的差异程度来说，集体控股类上市公司的差异程度较大，其标准差为 3.37；除此以外的各上市公司的差异程度都较小，社会团体控股类上市公司最小，其标准差为 1.74。

表 5.6　中国上市公司董事会治理指数分控股股东性质描述性统计

控股股东性质	数目	比例（%）	平均值	中位数	标准差	极差	最小值	最大值
国有控股	1330	26.31	64.37	64.46	2.48	22.57	48.39	70.97
集体控股	23	0.45	64.02	64.82	3.37	14.32	56.30	70.62
民营控股	3128	61.88	64.95	65.35	2.89	25.02	47.98	73.00
社会团体控股	7	0.14	64.82	64.87	1.74	4.60	62.35	66.95
外资控股	175	3.46	64.59	64.60	2.25	19.24	50.70	69.94
无实际控制人	311	6.15	65.59	65.73	3.13	24.17	49.34	73.52
其他类型	81	1.60	65.08	65.04	2.25	12.70	57.80	70.51
合　计	5055	100.00	64.82	65.13	2.80	28.45	47.98	76.43

资料来源：南开大学公司治理数据库。

从董事权利与义务指数来看，民营控股类上市公司最高，无实际控制人类上市公司最低；从董事会运作效率指数来看，国有控股类上市公司表现最好，民营控股类上市公司表现最差；从董事会组织结构指数来看，社会团体控股类上市公司最高，

集体控股类上市公司最低；在董事薪酬方面，其他类型类上市公司表现最好，社会团体控股类上市公司表现最差；在独立董事制度方面，社会团体控股类上市公司表现最好，而其他类型类上市公司表现最差。见表 5.7。

表 5.7　中国上市公司董事会治理分指数分控股股东性质描述性统计

控股股东性质	董事会治理指数	董事权利与义务	董事会运作效率	董事会组织结构	董事薪酬	独立董事制度
国有控股	64.37	61.77	68.59	70.00	59.66	60.45
集体控股	64.02	62.00	67.50	66.61	62.39	60.59
民营控股	64.95	64.11	66.38	67.55	66.14	60.82
社会团体控股	64.82	61.96	67.89	71.29	58.86	62.50
外资控股	64.59	59.78	67.23	68.81	64.69	60.43
无实际控制人	65.59	62.69	67.98	70.94	64.15	61.21
其他类型	65.08	61.45	66.94	69.04	66.81	60.12
合　计	64.82	63.20	67.11	68.47	64.25	60.72

资料来源：南开大学公司治理数据库。

二、2018－2023 年中国上市公司董事会治理分控股股东性质比较

从分控股股东性质董事会治理评价六年的发展趋势看，2018－2023 年，民营控股上市公司的董事会治理质量已持续六年超过国有控股上市公司。

从 2023 年度董事会治理状况来看，国有控股上市公司在董事会运作效率、董事会组织结构方面超过民营控股上市公司，而民营控股上市公司在董事权利与义务、董事薪酬、独立董事制度方面超过国有控股上市公司，尤其在董事薪酬方面，民营控股公司的优势较大。

从六年国有和民营控股公司在董事会分指数方面的变动趋势上来看，民营控股上市公司在董事薪酬、董事权利与义务方面一直具有较大优势；民营控股上市公司在连续六年期间均在董事薪酬、董事权利与义务方面超过国有控股上市公司。而国有控股上市公司在董事会组织结构和董事会运作效率方面具有较大优势，国有控股上市公司连续六年在董事会组织结构和董事会运作效率的均值方面超过民营控股上市公司。见表 5.8。

表 5.8　中国国有和民营控股公司董事会治理指数描述性统计六年比较

年份	控股股东性质	董事会治理指数	董事权利与义务	董事会运作效率	董事会组织结构	董事薪酬	独立董事制度
2018	国有	63.87	61.48	68.08	69.27	57.80	61.17
	民营	64.47	62.02	66.38	68.90	63.35	60.88

年份	控股股东性质	董事会治理指数	董事权利与义务	董事会运作效率	董事会组织结构	董事薪酬	独立董事制度
2019	国有	64.11	62.42	68.18	68.71	58.23	61.74
	民营	64.72	63.25	66.39	68.62	63.61	61.41
2020	国有	64.61	63.23	68.51	69.66	58.76	61.89
	民营	65.08	63.30	66.71	69.02	64.50	61.46
2021	国有	64.56	62.75	68.42	69.69	59.17	61.62
	民营	65.09	63.50	66.58	69.13	64.70	61.31
2022	国有	64.73	63.13	68.78	70.27	59.30	61.21
	民营	65.15	64.51	66.70	68.04	65.58	61.20
2023	国有	64.37	61.77	68.59	70.00	59.66	60.45
	民营	64.95	64.11	66.38	67.55	66.14	60.82

资料来源：南开大学公司治理数据库。

第四节　中国上市公司董事会治理分地区评价

一、2023 年中国上市公司董事会治理分地区总体描述

上市公司的董事会治理状况在各地区之间具有明显的差异。如表 5.9 所示，贵州省、西藏、内蒙古的上市公司董事会治理的平均水平较高，位居地区前三名，其均值分别为 65.63、65.62 和 65.18；辽宁省、香港和宁夏上市公司的董事会治理均值位于地区最后三名，其均值分别为 63.91、63.65 和 63.49。从董事会治理质量在公司间的差异程度来说，香港、河南省和重庆市上市公司董事会治理质量的差异程度较大，其标准差分别为 4.22、4.02 和 3.70；江西省、黑龙江省和西藏的上市公司董事会治理质量的差异程度较小，其标准差分别为 1.97、1.91 和 1.83。

表 5.9　中国上市公司董事会治理指数分地区描述性统计

地区	数目	比例（%）	平均值	中位数	标准差	极差	最小值	最大值
北京市	455	9.00	64.98	65.43	3.17	23.01	49.94	72.95
天津市	69	1.36	64.57	64.91	2.66	16.20	51.97	68.17
河北省	74	1.46	64.94	65.20	3.13	20.72	52.28	73.00
山西省	40	0.79	64.04	64.25	2.83	15.39	53.99	69.38
内蒙古	25	0.49	65.18	65.57	2.75	11.09	59.73	70.82
辽宁省	85	1.68	63.91	64.10	2.85	18.00	51.34	69.34

地区	数目	比例（%）	平均值	中位数	标准差	极差	最小值	最大值
吉林省	49	0.97	64.57	64.85	3.26	20.73	48.39	69.13
黑龙江省	39	0.77	64.75	65.10	1.91	11.01	57.02	68.03
上海市	415	8.21	65.04	65.35	2.51	22.07	50.28	72.35
江苏省	632	12.50	64.85	65.20	2.93	28.45	47.98	76.43
浙江省	656	12.98	64.83	65.04	2.66	24.03	49.48	73.52
安徽省	161	3.18	64.55	64.91	2.91	19.68	50.83	70.51
福建省	170	3.36	64.89	64.94	2.27	13.07	56.42	69.48
江西省	78	1.54	64.84	64.82	1.97	9.46	59.94	69.40
山东省	290	5.74	64.61	65.07	3.10	20.77	51.02	71.79
河南省	107	2.12	64.36	65.17	4.02	22.33	49.06	71.39
湖北省	136	2.69	64.54	64.73	2.57	14.82	55.03	69.85
湖南省	138	2.73	65.08	65.30	2.60	19.55	50.13	69.68
广东省	829	16.40	65.03	65.26	2.71	21.21	49.46	70.67
广　西	40	0.79	64.85	65.06	2.38	15.78	54.44	70.23
海南省	28	0.55	64.74	64.46	2.26	9.52	61.18	70.70
重庆市	69	1.36	64.66	65.05	3.70	22.65	50.66	73.30
四川省	168	3.32	64.80	65.04	2.60	20.22	49.54	69.77
贵州省	35	0.69	65.63	65.74	2.04	8.65	61.62	70.27
云南省	42	0.83	64.69	64.58	2.21	10.84	59.92	70.75
西　藏	22	0.44	65.62	65.28	1.83	6.15	62.74	68.89
陕西省	75	1.48	64.19	64.84	3.13	17.75	52.10	69.85
甘肃省	35	0.69	64.10	64.09	2.22	12.24	59.32	71.55
青海省	11	0.22	64.99	65.05	2.12	7.38	61.63	69.02
宁　夏	15	0.30	63.49	63.88	3.02	12.31	55.11	67.42
新　疆	59	1.17	64.79	65.05	1.99	9.99	59.88	69.87
香　港	2	0.04	63.65	63.65	4.22	5.96	60.67	66.63
开曼群岛	6	0.12	63.96	64.83	3.44	9.33	57.80	67.13
合　计	5055	100.00	64.82	65.13	2.80	28.45	47.98	76.43

资料来源：南开大学公司治理数据库。

二、2018－2023 年中国上市公司董事会治理分地区比较

从表 5.10 中国分地区董事会治理指数平均值的六年比较中可以看出，贵州省、西藏和湖南省的董事会治理质量的平均水平在六年期间表现较好，位列前三名。贵州省在 2019 年、2020 年、2021 年、2022 年、2023 年均是第一名；湖南省连续六年进入前五名；西藏五年进入前五名；青海省、广东省和江苏省表现也较为居前；宁夏、甘肃省和辽宁省董事会治理质量的平均水平在六年期间表现相对较差。

表 5.10 中国上市公司董事会治理指数分地区描述性统计六年比较

地区	2018 年	2019 年	2020 年	2021 年	2022 年	2023 年
北京市	64.29	64.65	65.20	65.07	65.14	64.98
天津市	64.21	64.28	65.03	64.71	64.93	64.57
河北省	64.33	64.34	64.83	65.03	64.94	64.94
山西省	64.10	64.19	64.59	64.39	63.95	64.04
内蒙古	64.23	64.20	64.95	64.85	65.66	65.18
辽宁省	63.76	64.37	64.38	64.11	64.25	63.91
吉林省	64.49	64.68	64.79	64.62	64.76	64.57
黑龙江省	63.62	64.03	64.40	64.89	65.07	64.75
上海市	64.37	64.36	64.98	64.85	65.09	65.04
江苏省	64.37	64.71	65.11	65.17	65.16	64.85
浙江省	64.37	64.58	64.77	64.87	65.06	64.83
安徽省	64.03	64.17	64.73	64.58	64.94	64.55
福建省	64.12	64.53	64.73	64.69	65.05	64.89
江西省	63.51	63.90	64.45	64.40	64.54	64.84
山东省	64.06	64.40	64.89	64.82	64.91	64.61
河南省	64.00	64.52	65.04	65.02	64.74	64.36
湖北省	64.06	64.23	64.81	64.76	64.93	64.54
湖南省	64.65	65.02	65.39	65.38	65.20	65.08
广东省	64.49	64.59	65.15	65.16	65.19	65.03
广 西	64.44	64.54	64.74	64.31	64.63	64.85
海南省	63.45	63.91	64.47	64.55	64.92	64.74
重庆市	64.58	64.67	65.09	65.25	65.11	64.66
四川省	64.11	64.49	65.01	65.12	65.16	64.80
贵州省	64.72	65.77	65.48	65.68	65.80	65.63
云南省	64.34	63.93	64.32	64.72	64.46	64.69
西 藏	64.85	64.69	65.46	65.18	64.95	65.62
陕西省	64.04	64.22	64.59	64.22	64.27	64.19
甘肃省	63.64	63.73	63.77	63.73	64.21	64.10
青海省	64.42	64.94	64.95	64.94	65.80	64.99
宁 夏	63.28	64.38	63.21	63.01	63.14	63.49
新 疆	64.33	63.94	65.04	64.96	65.20	64.79
香 港	—	—	—	—	—	63.65
开曼群岛	—	—	—	62.59	66.12	63.96
合 计	64.28	64.51	64.95	64.93	65.02	64.82

资料来源：南开大学公司治理数据库。

第五节 中国上市公司董事会治理 100 佳评价

一、中国上市公司董事会治理 100 佳比较分析

如表 5.11 所示，董事会治理 100 佳上市公司的表现明显优于总样本上市公司。100 佳上市公司董事会治理指数的平均值为 70.34，比总样本高 5.52。100 佳公司董事会治理质量的优势主要体现在董事会组织结构、董事薪酬和独立董事制度方面，100 佳公司在董事会运作效率、董事权利与义务方面的优势并不是很明显。

表 5.11 中国上市公司董事会治理 100 佳描述性统计

项目	样本	平均值	中位数	标准差	极差	最小值	最大值
董事会治理指数	100 佳	70.34	69.88	1.32	7.25	69.18	76.43
	样本总体	64.82	65.13	2.80	28.45	47.98	76.43
董事权利与义务	100 佳	65.83	65.50	4.93	25.50	50.00	75.50
	样本总体	63.20	62.75	4.95	31.00	44.50	75.50
董事会运作效率	100 佳	70.09	70.15	2.89	10.64	63.82	74.46
	样本总体	67.11	67.27	4.22	26.45	48.01	74.46
董事会组织结构	100 佳	80.71	79.00	11.98	45.00	70.00	97.00
	样本总体	68.47	70.00	10.91	97.00	0.00	97.00
董事薪酬	100 佳	70.33	72.75	5.63	19.50	57.00	76.50
	样本总体	64.25	64.50	6.55	26.50	50.00	76.50
独立董事制度	100 佳	64.08	64.25	3.31	16.75	55.75	72.50
	样本总体	60.72	61.75	4.30	38.75	33.75	72.50

资料来源：南开大学公司治理数据库。

二、中国上市公司董事会治理 100 佳公司行业分布

表 5.12 是董事会治理 100 佳公司的行业分布。制造业和金融业入围 100 佳的公司数目较多，分别有 49 家和 28 家，在数量上位居行业前两位；金融业、采矿业、综合业分别有 22.05%、3.85%、3.85% 的公司入围 100 佳，在所占行业比重方面位于行业前三位。农、林、牧、渔业，住宿和餐饮业，房地产业，租赁和商务服务业，水利、环境和公共设施管理业，居民服务、修理和其他服务业，卫生和社会工作，文化、体育和娱乐业没有公司入围 100 佳。

表 5.12　中国上市公司董事会治理 100 佳公司行业分布

行业	样本总体		100 佳	
	数目	比例（%）	数目	占本行业比例（%）
农、林、牧、渔业	48	0.95	—	—
采矿业	78	1.54	3	3.85
制造业	3343	66.13	49	1.47
电力、热力、燃气及水生产和供应业	131	2.59	1	0.76
建筑业	107	2.12	2	1.87
批发零售业	189	3.74	4	2.12
交通运输、仓储和邮政业	112	2.22	2	1.79
住宿和餐饮业	8	0.16	—	—
信息传输、软件和信息技术服务业	423	8.37	6	1.42
金融业	127	2.51	28	22.05
房地产业	112	2.22	—	—
租赁和商务服务业	65	1.29		
科学研究和技术服务业	110	2.18	3	2.73
水利、环境和公共设施管理业	97	1.92	—	—
居民服务、修理和其他服务业	1	0.02		
教育	12	0.24	2	3.17
卫生和社会工作	16	0.32	—	—
文化、体育和娱乐业	63	1.25		
综合	13	0.26	3	3.85
合　计	5055	100.00	100	—

资料来源：南开大学公司治理数据库。

三、中国上市公司董事会治理 100 佳公司控股股东性质分布

表 5.13 给出了董事会治理 100 佳公司控股股东分布情况。1.73% 的国有控股类上市公司（23 家）入围 100 佳，46 家民营控股类上市公司入围 100 佳，所占类别比重为 1.47%。28 家无实际控制人类型、1 家其他类型、1 家外资控股和 1 家集体控股上市公司入围 100 佳行列，所占类别比重分别为 9.00%、1.23%、0.57% 和 4.35%。社会团体控股没有公司入围 100 佳。

表 5.13　中国上市公司董事会治理 100 佳公司控股股东分布

控股股东性质	样本总体		100 佳	
	数目	比例（%）	数目	占本组比例（%）
国有控股	1330	26.31	23	1.73

续表

控股股东性质	样本总体		100 佳	
	数目	比例（%）	数目	占本组比例（%）
集体控股	23	0.45	1	4.35
民营控股	3128	61.88	46	1.47
社会团体控股	7	0.14	—	—
外资控股	175	3.46	1	0.57
无实际控制人	311	6.15	28	9.00
其他类型	81	1.60	1	1.23
合　计	5055	100.00	100	—

资料来源：南开大学公司治理数据库。

四、中国上市公司董事会治理 100 佳公司地区分布

从表 5.14 董事会治理 100 佳的地区分布情况来看，广东省、北京市、上海市、浙江省分别有 17 家、15 家、11 家和 11 家公司入围 100 佳，所占地区比例分别为 2.05%、3.30%、2.65% 和 1.68%；从入围 100 佳公司占本地区比例来看，重庆市以 7.25% 位居首位，其次是河北省和内蒙古。天津市、吉林省、黑龙江省、西藏、青海省、宁夏等地区没有上市公司入围 100 佳行列。

表 5.14　中国上市公司董事会治理 100 佳公司地区分布

地区	样本总体		100 佳	
	数目	比例（%）	数目	占本地区比例（%）
北京市	455	9.00	15	3.30
天津市	69	1.36	—	—
河北省	74	1.46	4	5.41
山西省	40	0.79	1	2.50
内蒙古	25	0.49	1	4.00
辽宁省	85	1.68	1	1.18
吉林省	49	0.97	—	—
黑龙江省	39	0.77	—	—
上海市	415	8.21	11	2.65
江苏省	632	12.50	9	1.42
浙江省	656	12.98	11	1.68
安徽省	161	3.18	1	0.62
福建省	170	3.36	3	1.76
江西省	78	1.54	1	1.28

地区	样本总体		100 佳	
	数目	比例（%）	数目	占本地区比例（%）
山东省	290	5.74	7	2.41
河南省	107	2.12	2	1.87
湖北省	136	2.69	1	0.74
湖南省	138	2.73	1	0.72
广东省	829	16.40	17	2.05
广　西	40	0.79	1	2.50
海南省	28	0.55	1	3.57
重庆市	69	1.36	5	7.25
四川省	168	3.32	1	0.60
贵州省	35	0.69	1	2.86
云南省	42	0.83	1	2.38
西　藏	22	0.44	—	—
陕西省	75	1.48	2	2.67
甘肃省	35	0.69	1	2.86
青海省	11	0.22	—	—
宁　夏	15	0.30	—	—
新　疆	59	1.17	1	1.69
香　港	2	0.04	—	—
开曼群岛	6	0.12	—	—
合　计	5055	100.00	100	—

资料来源：南开大学公司治理数据库。

主要结论

在对 2023 年度 5055 家中国上市公司董事会治理状况进行分析及历年数据进行比较的基础上，总结我国上市公司董事会治理质量呈现的特征及变化趋势，并给出我国上市公司董事会治理质量在行业、控股股东性质、地区方面的差异。

第一，2023 年中国上市公司样本量为 4679 家，董事会治理指数的平均值为 64.82，中位数为 65.13，标准差为 2.80。从董事会治理的五个主要因素来看，董事会组织结构指数最高，平均值为 68.47；董事会运作效率指数的平均值次之，为 67.11；董事权利与义务指数和董事薪酬指数位于中间，其平均值分别为 63.20 和 64.25；独立董事制度指数的平均值最低，为 60.72。

第二，董事会治理指数的平均水平在 2018－2020 年呈现出不断上升并企稳的趋势，2021 略有下降，2022 年回升，2023 年明显下降。但表现在董事会组织结构、独立董事制度、董事权利与义务、董事会运作效率和董事薪酬指数的平均水平在六年期间则具有不同程度的波动性。

第三，2023 年度中国上市公司董事会治理质量的平均水平低于 2022 年的平均水平，五个分指标呈现出不同方向变化。其中董事权利与义务指标、董事会运作效率指标、董事会组织结构与独立董事制度指标分别降低 0.71、0.28、0.27 和 0.47，董事薪酬指数提高 0.57。

第四，董事会治理质量在不同行业及地区之间呈现出差异性。从行业分布情况来看，董事会治理指数分行业描述性统计中可以看出金融业的董事会治理质量的平均水平最高，为 67.23；制造业的上市公司数目最多，为 3343 家，占比 66.13%，其公司治理指数的平均值为 64.79。电力、热力、燃气及水生产和供应业，交通运输、仓储和邮政业，农、林、牧、渔业董事会治理指数的平均水平较低。贵州省、西藏、内蒙古的上市公司董事会治理的平均水平较高，位居地区前三名，其均值分别为 65.63、65.62 和 65.18；辽宁省、香港和宁夏上市公司的董事会治理均值位于地区最后三名，其均值分别为 63.91、63.65 和 63.49。

第五，2018－2023 年，民营控股上市公司的董事会治理质量已持续六年超过国有控股上市公司。2023 年度，国有控股上市公司在董事会运作效率、董事会组织结构方面超过民营控股上市公司，而民营控股上市公司在董事权利与义务、董事薪酬、独立董事制度方面超过国有控股上市公司，尤其在董事薪酬方面，民营控股公司的优势较大。

第六，2023 年度董事会治理 100 佳上市公司的表现明显优于总样本上市公司，尤其在董事会组织结构、董事薪酬和独立董事制度方面具有较大优势。从 100 佳公司的行业分布来说，制造业和金融业入围 100 佳的公司数目较多，分别有 49 家和 28 家，在数量上位居行业前两位。从控股股东性质分布来说，1.73% 的国有控股类上市公司（23 家）入围 100 佳，46 家民营控股类上市公司入围 100 佳，所占类别比重为 1.47%。28 家无实际控制人类型、1 家其他类型、1 家外资控股和 1 家集体控股上市公司入围 100 佳行列，所占类别比重分别为 9.00%、1.23%、0.57% 和 4.35%。社会团体控股没有公司入围 100 佳。从地区分布来说，广东省、北京市、上海市、浙江省分别有 17 家、15 家、11 家和 11 家公司入围 100 佳，天津市、吉林省、黑龙江省、西藏、青海省、宁夏等地区没有上市公司入围 100 佳行列。

第六章　中国上市公司监事会治理评价

第一节　中国上市公司监事会治理总体分析

一、2023 年中国上市公司监事会治理总体描述

2023 年中国上市公司样本量为 5055 家，由于 8 家上市公司注册地为香港和开曼群岛，适用境外注册地公司法等法律法规规定，且在年报中披露未设立监事会，故对于这类样本不评价监事会治理状况，因此监事会治理最终评价样本为 5047 家上市公司。监事会治理指数的平均值为 59.34，标准差为 5.30，监事会治理指数基本服从正态分布。从监事会指数的三个主要因素来看，样本公司运行状况指数平均值为 76.00，规模结构指数平均值为 45.94，胜任能力指数平均值为 58.47。指标统计指数详见表 6.1。

表 6.1　中国上市公司监事会治理总体状况描述性统计

项目	平均值	中位数	标准差	极差	最小值	最大值
监事会治理指数	59.34	57.95	5.30	45.47	33.57	79.04
运行状况	76.00	80.00	6.15	80.00	0.00	80.00
规模结构	45.94	40.00	11.78	40.00	40.00	80.00
胜任能力	58.47	58.30	5.72	57.27	20.00	77.27

资料来源：南开大学公司治理数据库。

二、2018－2023 年中国上市公司监事会治理比较

从 2018－2023 年连续六年监事会治理指数的发展趋势看（见表 6.2 和图 6.1），其平均值在 2022－2023 年小幅下降。在三个分指数中，运行状况指数自 2019 年基本呈平稳趋势；规模结构指数在 2018 年至 2023 年间呈现下降趋势；胜任能力指数较为平稳且略有上升。

表 6.2　中国上市公司监事会治理指数描述性统计六年比较

项目	2018 年	2019 年	2020 年	2021 年	2022 年	2023 年
监事会治理指数	59.05	59.55	59.65	59.65	59.49	59.34
运行状况	73.80	75.83	75.71	75.88	75.85	76.00

续表

项目	2018 年	2019 年	2020 年	2021 年	2022 年	2023 年
规模结构	48.85	48.44	48.66	47.18	46.61	45.94
胜任能力	56.62	56.72	56.89	58.21	58.36	58.47

资料来源：南开大学公司治理数据库。

图 6.1　中国上市公司监事会治理指数平均值六年折线图比较

资料来源：南开大学公司治理数据库。

第二节　中国上市公司监事会治理分行业评价

一、2023 年中国上市公司监事会治理分行业总体描述

从行业分布状况可以看出，各行业监事会治理指数存在一定的差异。监事会治理指数前三的行业分别为金融业，交通运输、仓储和邮政业以及采矿业，平均值分别为 67.74、62.93 和 62.72；监事会治理指数较低的三个行业是卫生和社会工作，制造业以及信息传输、软件和信息技术服务业，平均值分别为 58.63、58.65 和 58.66。行业分布统计详情见表 6.3。

表 6.3　中国上市公司监事会治理指数分行业描述性统计

行业	数目	比例（%）	平均值	中位数	标准差	极差	最小值	最大值
农、林、牧、渔业	48	0.95	59.24	57.76	4.69	17.44	51.52	68.96
采矿业	77	1.53	62.72	59.88	6.82	29.32	46.48	75.80
制造业	3337	66.12	58.65	57.64	4.84	45.47	33.57	79.04
电力、热力、燃气及水生产和供应业	131	2.60	62.20	60.72	6.08	21.67	52.57	74.24
建筑业	107	2.12	60.89	59.00	6.03	24.11	51.99	76.10
批发和零售业	189	3.74	59.96	58.34	5.51	33.53	41.20	74.73
交通运输、仓储和邮政业	112	2.22	62.93	61.78	6.04	23.94	51.45	75.39
住宿和餐饮业	8	0.16	60.46	59.35	5.92	15.86	53.66	69.52
信息传输、软件和信息技术服务业	422	8.36	58.66	57.80	4.20	32.49	42.00	74.49
金融业	127	2.52	67.74	69.04	6.57	24.26	54.18	78.44
房地产业	112	2.22	60.84	58.91	5.97	34.30	40.80	75.10
租赁和商务服务业	65	1.29	59.62	57.85	5.38	20.57	52.22	72.79
科学研究和技术服务业	110	2.18	59.25	58.39	4.85	29.21	44.14	73.35
水利、环境和公共设施管理业	97	1.92	58.86	57.64	3.93	17.26	53.20	70.46
居民服务、修理和其他服务业	1	0.02	59.11	59.11	—	0.00	59.11	59.11
教育	12	0.24	61.91	60.07	5.72	16.85	55.05	71.90
卫生和社会工作	16	0.32	58.63	57.43	3.91	12.06	54.57	66.63
文化、体育和娱乐业	63	1.25	60.53	58.58	5.80	21.80	49.98	71.78
综合	13	0.26	60.23	59.07	4.25	12.90	55.51	68.41
合　计	5047	100.00	59.34	57.95	5.30	45.47	33.57	79.04

资料来源：南开大学公司治理数据库。

从分指数来看，导致金融业，交通运输、仓储和邮政业以及采矿业居于前列的主要因素是这些行业的规模结构指数和胜任能力指数都明显高于平均值，其规模结构指数分别为62.87、53.53和52.73，其胜任能力指数分别为65.26、61.06和61.58；导致卫生和社会工作类上市公司监事会治理指数较低的原因是运行状况和规模结构指数较低，分别为75.00和44.38，制造业，信息传输、软件和信息技术服务业上市公司监事会治理指数分值较低的原因主要是规模结构和胜任能力分指数较低，规模结构指数分别为44.56和43.82，胜任能力指数分别为57.68和58.26。见表6.4。

表 6.4　中国上市公司监事会治理分指数分行业描述性统计

行业	数目	比例（%）	监事会治理指数	运行状况	规模结构	胜任能力
农、林、牧、渔业	48	0.95	59.24	76.25	46.25	57.65
采矿业	77	1.53	62.72	75.71	52.73	61.58
制造业	3337	66.12	58.65	76.20	44.56	57.68
电力、热力、燃气及水生产和供应业	131	2.60	62.20	75.11	52.67	60.65
建筑业	107	2.12	60.89	76.64	48.18	60.10
批发和零售业	189	3.74	59.96	74.39	48.04	59.51
交通运输、仓储和邮政业	112	2.22	62.93	76.07	53.53	61.06
住宿和餐饮业	8	0.16	60.46	77.50	47.50	58.81
信息传输、软件和信息技术服务业	422	8.36	58.66	76.42	43.82	58.26
金融业	127	2.52	67.74	76.30	62.87	65.26
房地产业	112	2.22	60.84	73.13	49.02	62.13
租赁和商务服务业	65	1.29	59.62	75.85	46.00	59.32
科学研究和技术服务业	110	2.18	59.25	76.00	44.73	59.41
水利、环境和公共设施管理业	97	1.92	58.86	76.19	44.23	58.64
居民服务、修理和其他服务业	1	0.02	59.11	80.00	40.00	60.30
教育	12	0.24	61.91	78.33	50.83	58.91
卫生和社会工作	16	0.32	58.63	75.00	44.38	58.85
文化、体育和娱乐业	63	1.25	60.53	72.70	50.40	60.22
综合	13	0.26	60.23	75.38	49.23	58.24
合　计	5047	100.00	59.34	76.00	45.94	58.47

资料来源：南开大学公司治理数据库。

二、2018－2023 年中国上市公司监事会治理分行业比较

从表 6.5 的统计数据可以看出，2018－2023 年金融业，交通运输、仓储和邮政业，电力、热力、燃气及水生产和供应业上市公司的监事会治理指数一直居于前列，而制造业，信息传输、软件和信息技术服务业，卫生和社会工作等行业上市公司这六年来在监事会治理方面表现较差，从历年数据分析来看行业因素会导致监事会治理水平的差异。

表 6.5　中国上市公司监事会治理指数分行业描述性统计四年比较

行业	2018 年	2019 年	2020 年	2021 年	2022 年	2023 年
农、林、牧、渔业	59.33	59.51	60.29	59.83	59.35	59.24
采矿业	61.89	63.46	62.51	62.59	62.72	62.72

续表

行业	2018 年	2019 年	2020 年	2021 年	2022 年	2023 年
制造业	58.27	58.72	58.81	58.85	58.75	58.65
电力、热力、燃气及水生产和供应业	62.97	63.31	63.55	63.61	62.86	62.2
建筑业	60.30	60.39	60.78	60.95	60.39	60.89
批发和零售业	60.00	60.90	60.74	60.25	60.14	59.96
交通运输、仓储和邮政业	62.10	62.47	62.45	63.25	63.19	62.93
住宿和餐饮业	61.98	62.13	62.63	62.29	60.63	60.46
信息传输、软件和信息技术服务业	58.24	58.36	58.54	58.73	58.80	58.66
金融业	64.37	65.63	66.78	66.90	67.15	67.74
房地产业	60.37	61.22	61.01	60.74	60.97	60.84
租赁和商务服务业	59.28	59.20	60.10	59.40	60.18	59.62
科学研究和技术服务业	58.07	59.40	59.73	59.62	59.62	59.25
水利、环境和公共设施管理业	59.20	60.27	60.23	59.27	58.70	58.86
居民服务、修理和其他服务业	—	—	57.84	55.37	58.58	59.11
教育	67.87	64.78	63.34	63.09	61.83	61.91
卫生和社会工作	56.63	59.20	58.05	58.30	58.73	58.63
文化、体育和娱乐业	60.61	60.72	60.31	61.22	60.39	60.53
综合	60.27	60.79	60.07	61.30	61.01	60.23
合　计	59.05	59.55	59.65	59.65	59.49	59.34

资料来源：南开大学公司治理数据库。

第三节　中国上市公司监事会治理分控股股东性质评价

一、2023 年中国上市公司监事会治理分控股股东性质总体描述

从表 6.6 的数据可以看出，控股股东性质为国有控股的上市公司监事会治理指数为 62.97，集体控股上市公司为 58.86，民营控股上市公司为 57.71，社会团体控股上市公司为 58.04，外资控股上市公司为 57.94，其他类型上市公司为 58.05，无实际控制人上市公司为 61.52。国有控股上市公司监事会治理水平明显高于其他上市公司。

表 6.6 中国上市公司监事会治理指数分控股股东性质描述性统计

控股股东性质	数目	比例（%）	平均值	中位数	标准差	极差	最小值	最大值
国有控股	1327	26.29	62.97	61.00	6.16	44.39	33.57	77.96
集体控股	23	0.46	58.86	58.21	5.56	25.81	42.64	68.45
民营控股	3126	61.94	57.71	57.15	3.89	41.27	34.55	75.82
社会团体控股	7	0.14	58.04	57.86	1.18	3.38	57.09	60.47
外资控股	175	3.47	57.94	57.50	4.15	28.28	43.09	71.37
无实际控制人	308	6.10	61.52	59.54	6.21	27.25	51.79	79.04
其他类型	81	1.60	58.05	57.63	3.63	19.29	52.74	72.04
合　计	5047	100.00	59.34	57.95	5.30	45.47	33.57	79.04

资料来源：南开大学公司治理数据库。

从分指数看，导致国有控股上市公司监事会治理指数高于其他上市公司的原因是国有控股上市公司的规模结构和胜任能力分指数比较高，反映出国有控股上市公司在监事会规模结构和监事会成员胜任能力方面表现较好，可能的原因是国有控股上市公司的最终控制人，更倾向于完善监事会治理水平，见表 6.7。

表 6.7 中国上市公司监事会治理分指数分控股股东性质描述性统计

控股股东性质	数目	比例（%）	监事会治理指数	运行状况	规模结构	胜任能力
国有控股	1327	26.29	62.97	75.55	53.20	61.95
集体控股	23	0.46	58.86	72.61	46.52	59.39
民营控股	3126	61.94	57.71	76.22	42.79	56.75
社会团体控股	7	0.14	58.04	71.43	40.00	64.59
外资控股	175	3.47	57.94	75.37	42.86	58.08
无实际控制人	308	6.10	61.52	76.23	49.32	61.12
其他类型	81	1.60	58.05	76.79	42.35	57.69
合　计	5047	100.00	59.34	76.00	45.94	58.47

资料来源：南开大学公司治理数据库。

二、2018—2023 年中国上市公司监事会治理分控股股东性质比较

表 6.8 列出了 2018—2023 年六年的国有控股和民营控股上市公司的监事会治理指数，从总体上看，六年内国有控股上市公司的监事会治理质量一直优于民营控股上市公司；从监事会运行状况看，民营控股上市公司总体上高于国有控股上市公司，但差距在逐渐缩小；从监事会的规模结构看，国有控股上市公司要明显好于民营控股上市公司，差距一直维持在 10 以上；从监事会胜任能力看，近六年来，国有控股上市公司要好于民营控股上市公司，近三年两者差距维持在 5 以上。

表6.8　中国国有和民营控股上市公司监事会治理指数描述性统计六年比较

年份	控股股东性质	监事会治理指数	运行状况	规模结构	胜任能力
2018	国有	62.51	72.15	56.28	60.47
	民营	57.41	74.68	45.24	54.77
2019	国有	63.42	74.87	56.63	60.39
	民营	57.74	76.34	44.64	54.90
2020	国有	63.20	75.14	55.69	60.48
	民营	57.88	76.03	45.22	54.97
2021	国有	63.37	75.18	54.71	61.90
	民营	57.90	76.25	43.72	56.35
2022	国有	63.22	75.25	54.24	61.89
	民营	57.86	76.09	43.42	56.69
2023	国有	62.97	75.55	53.20	61.95
	民营	57.71	76.22	42.79	56.75

资料来源：南开大学公司治理数据库。

第四节　中国上市公司监事会治理分地区评价

一、2023年中国上市公司监事会治理分地区总体描述

上市公司监事会治理指数排在前三名的是山西省（63.87）、云南省（62.96）和新疆（62.32）的上市公司，监事会治理指数排名后三位的地区是浙江省（57.85）、西藏（58.02）和江苏省（58.22）。详情见表6.9。

表6.9　中国上市公司监事会治理指数分地区描述性统计

地区	数目	比例（％）	平均值	中位数	标准差	极差	最小值	最大值
北京市	455	9.02	60.59	58.90	5.69	39.91	38.05	77.96
天津市	69	1.37	59.72	58.52	5.89	31.71	40.80	72.51
河北省	74	1.47	59.57	57.77	5.39	20.57	52.12	72.69
山西省	40	0.79	63.87	64.63	6.28	23.63	51.66	75.29
内蒙古	25	0.50	60.89	58.44	6.32	21.42	54.08	75.50
辽宁省	85	1.68	60.24	58.69	5.45	23.83	48.94	72.77
吉林省	49	0.97	60.95	59.63	5.91	25.05	53.17	78.22
黑龙江省	39	0.77	60.57	58.69	4.85	16.72	54.15	70.87
上海市	415	8.22	59.50	58.23	5.57	42.50	35.21	77.71
江苏省	632	12.52	58.22	57.09	4.69	38.54	37.03	75.57

续表

地区	数目	比例（%）	平均值	中位数	标准差	极差	最小值	最大值
浙江省	656	13.00	57.85	57.01	4.44	43.70	33.57	77.27
安徽省	161	3.19	60.15	58.48	5.55	33.77	42.29	76.06
福建省	170	3.37	59.12	58.13	5.02	33.41	42.64	76.05
江西省	78	1.55	59.75	57.94	5.43	18.72	52.50	71.22
山东省	290	5.75	59.24	57.85	5.32	34.02	42.32	76.34
河南省	107	2.12	60.73	58.69	5.92	32.17	46.87	79.04
湖北省	136	2.69	59.78	58.53	5.82	32.52	43.69	76.21
湖南省	138	2.73	59.62	58.2	5.18	21.86	50.93	72.79
广东省	829	16.43	58.69	57.79	4.54	42.34	34.55	76.89
广　西	40	0.79	59.56	58.23	4.72	18.34	53.94	72.28
海南省	28	0.55	61.32	58.52	5.85	19.06	55.41	74.47
重庆市	69	1.37	60.79	58.34	7.09	43.37	35.07	78.44
四川省	168	3.33	60.14	58.50	5.43	29.06	47.35	76.41
贵州省	35	0.69	60.51	59.28	5.07	18.41	53.80	72.21
云南省	42	0.83	62.96	59.84	5.99	20.19	54.04	74.23
西　藏	22	0.44	58.02	57.19	4.35	18.77	52.64	71.41
陕西省	75	1.49	60.59	58.41	6.44	33.27	43.09	76.36
甘肃省	35	0.69	61.15	59.77	6.67	30.70	45.14	75.84
青海省	11	0.22	59.03	55.48	6.28	17.32	52.99	70.31
宁　夏	15	0.30	60.76	58.41	5.594	16.41	55.30	71.71
新　疆	59	1.17	62.32	60.38	5.77	19.37	51.60	70.97
合　计	5047	100.00	59.34	57.95	5.30	45.47	33.57	79.04

资料来源：南开大学公司治理数据库。

二、2018—2023 年中国上市公司监事会治理分地区比较

据表 6.10 可以看出，山西省、新疆和云南省等地区的监事会治理状况总体相对较好，而浙江省、西藏和江苏省等地区的监事会治理状况一般。

表 6.10　中国上市公司监事会治理指数分地区描述性统计六年比较

地区	2018 年	2019 年	2020 年	2021 年	2022 年	2023 年
北京市	60.01	60.86	61.04	60.89	60.74	60.59
天津市	59.23	60.98	60.21	60.87	59.90	59.72
河北省	60.23	59.99	60.45	61.34	59.88	59.57
山西省	61.67	62.90	63.71	62.88	64.31	63.87
内蒙古	58.11	60.89	60.11	61.25	59.17	60.89

续表

地区	2018 年	2019 年	2020 年	2021 年	2022 年	2023 年
辽宁省	60.26	60.52	60.31	60.68	60.02	60.24
吉林省	59.52	59.07	60.04	59.94	60.56	60.95
黑龙江省	59.53	58.52	57.84	59.17	59.70	60.57
上海市	59.53	60.02	59.81	59.95	59.85	59.50
江苏省	57.22	58.26	58.37	58.65	58.43	58.22
浙江省	57.35	57.87	57.99	57.87	57.86	57.85
安徽省	60.09	60.01	60.11	60.12	60.15	60.15
福建省	58.97	59.13	59.34	59.30	58.92	59.12
江西省	61.42	61.68	60.87	60.76	60.68	59.75
山东省	58.54	59.17	59.60	59.72	59.59	59.24
河南省	60.94	61.69	60.95	61.53	61.33	60.73
湖北省	60.72	60.67	61.16	60.88	60.17	59.78
湖南省	58.90	59.39	59.90	60.13	59.92	59.62
广东省	58.31	58.63	58.81	58.78	58.93	58.69
广　西	59.80	59.68	59.82	60.41	60.04	59.56
海南省	61.27	60.83	61.66	60.36	60.90	61.32
重庆市	62.29	62.27	61.01	61.61	61.03	60.79
四川省	59.99	60.40	60.20	60.56	60.07	60.14
贵州省	57.28	60.89	60.71	60.69	60.36	60.51
云南省	63.29	63.45	63.09	63.28	63.15	62.96
西　藏	56.93	59.53	57.71	57.72	58.62	58.02
陕西省	61.11	60.09	61.21	61.32	61.61	60.59
甘肃省	59.37	60.23	61.67	61.15	61.73	61.15
青海省	60.06	60.89	61.50	60.18	60.03	59.03
宁　夏	60.92	60.78	61.63	61.14	60.49	60.76
新　疆	62.51	62.65	63.31	62.33	63.59	62.32
合　计	59.05	59.55	59.65	59.65	59.49	59.34

资料来源：南开大学公司治理数据库。

第五节　中国上市公司监事会治理 100 佳评价

一、中国上市公司监事会治理 100 佳比较分析

如表 6.11 所示，监事会治理 100 佳上市公司监事会治理指数平均值为 74.43，

监事会治理运行状况指数、规模结构指数、胜任能力指数的平均值依次为 78.90、76.00 和 69.02；100 佳上市公司的监事会治理水平较为均衡，监事会治理水平的标准差为 1.60，最大值为 79.04，最小值为 72.53，极差为 6.51。

表 6.11 中国上市公司监事会治理 100 佳描述性统计

项目	样本	平均值	中位数	标准差	极差	最小值	最大值
监事会治理指数	100 佳	74.43	74.20	1.60	6.51	72.53	79.04
	样本总体	59.34	57.95	5.30	45.47	33.57	79.04
运行状况	100 佳	78.90	80.00	3.15	10.00	70.00	80.00
	样本总体	76.00	80.00	6.15	80.00	0.00	80.00
规模结构	100 佳	76.00	80.00	4.92	10.00	70.00	80.00
	样本总体	45.94	40.00	11.78	40.00	40.00	80.00
胜任能力	100 佳	69.02	69.20	3.52	17.44	59.83	77.27
	样本总体	58.47	58.30	5.72	57.27	20.00	77.27

资料来源：南开大学公司治理数据库。

二、中国上市公司监事会治理 100 佳公司行业分布

表 6.12 关于上市公司监事会治理 100 佳行业分布表明：从绝对数角度看，入选监事会治理 100 佳上市公司最多的行业是制造业，有 33 家；从相对数角度，金融业最高，占比 23.62%，采矿业次之，占比 10.39%；农、林、牧、渔业，住宿和餐饮业，水利、环境和公共设施管理业，居民服务、修理和其他服务业，教育，卫生和社会工作，文化、体育和娱乐业，综合没有上市公司进入 100 佳。

表 6.12 中国上市公司监事会治理 100 佳公司行业分布

行业	样本总体		100 佳		
	数目	比例（%）	数目	比例（%）	占本行业比例（%）
农、林、牧、渔业	48	0.95	—	—	—
采矿业	77	1.53	8	8.00	10.39
制造业	3337	66.12	33	33.00	0.99
电力、热力、燃气及水生产和供应业	131	2.60	5	5.00	3.82
建筑业	107	2.12	7	7.00	6.54
批发和零售业	189	3.74	1	1.00	0.53
交通运输、仓储和邮政业	112	2.22	3	1.00	2.68
住宿和餐饮业	8	0.16	—	—	—
信息传输、软件和信息技术服务业	422	8.36	4	4.00	0.95

行业	样本总体		100 佳		
	数目	比例（%）	数目	比例（%）	占本行业比例（%）
金融业	127	2.52	30	30.00	23.62
房地产业	112	2.22	5	5.00	4.46
租赁和商务服务业	65	1.29	3	3.00	4.62
科学研究和技术服务业	110	2.18	1	1.00	0.09
水利、环境和公共设施管理业	97	1.92	—	—	—
居民服务、修理和其他服务业	1	0.02	—	—	—
教育	12	0.24	—	—	—
卫生和社会工作	16	0.32	—	—	—
文化、体育和娱乐业	63	1.25	—	—	—
综合	13	0.26	—	—	—
合　计	5047	100.00	100	100.00	1.98

资料来源：南开大学公司治理数据库。

三、中国上市公司监事会治理 100 佳公司控股股东性质分布

表 6.13 显示，较高比例的监事会治理 100 佳上市公司控股股东性质为国有控股、民营控股和无实际控制人，其所占比例分别为 73.00%、4.00% 和 23.00%，分别占国有控股上市公司的 5.49%、民营控股上市公司的 0.13% 和无实际控制人上市公司的 5.90%。

表 6.13　中国上市公司监事会治理 100 佳公司控股股东分布

控股股东性质	样本总体		100 佳		
	数目	比例（%）	数目	比例（%）	占本组比例（%）
国有控股	1327	26.29	73	73.00	5.49
集体控股	23	0.46	—	—	—
民营控股	3126	61.94	4	4.00	0.13
社会团体控股	7	0.14	—	—	—
外资控股	175	3.47	—	—	—
无实际控制人	308	6.10	23	23.00	5.90
其他类型	81	1.60	—	—	—
合　计	5047	100.00	100	100.00	1.98

资料来源：南开大学公司治理数据库。

四、中国上市公司监事会治理 100 佳公司地区分布

在入选监事会治理 100 佳上市公司中，100 佳上市公司占本地区上市公司的比

例位居前三位的是内蒙古、山西省和重庆市，依次为 8.00%、7.50% 和 5.80%。而天津市、黑龙江省、江西省、广西、贵州省、西藏、青海省、宁夏和新疆均没有公司进入 100 佳。见表 6.14。

表 6.14　中国上市公司监事会治理 100 佳公司地区分布

地区	样本总体		100 佳		
	数目	比例（%）	数目	比例（%）	占本地区比例（%）
北京市	455	9.02	18	18.00	3.96
天津市	69	1.37	—	—	—
河北省	74	1.47	1	1.00	1.35
山西省	40	0.79	3	3.00	7.50
内蒙古	25	0.50	2	2.00	8.00
辽宁省	85	1.68	1	1.00	1.18
吉林省	49	0.97	1	1.00	2.04
黑龙江省	39	0.77	—	—	—
上海市	415	8.22	13	13.00	3.13
江苏省	632	12.52	6	6.00	0.95
浙江省	656	13.00	5	5.00	0.76
安徽省	161	3.19	2	2.00	1.24
福建省	170	3.37	1	1.00	0.59
江西省	78	1.55	—	—	—
山东省	290	5.75	6	6.00	2.07
河南省	107	2.12	3	3.00	2.80
湖北省	136	2.69	4	4.00	2.94
湖南省	138	2.73	1	1.00	0.72
广东省	829	16.43	18	18.00	2.17
广　西	40	0.79	—	—	—
海南省	28	0.55	1	1.00	3.57
重庆市	69	1.37	4	4.00	5.80
四川省	168	3.33	4	4.00	2.38
贵州省	35	0.69	—	—	—
云南省	42	0.83	1	1.00	2.38
西　藏	22	0.44	—	—	—
陕西省	75	1.49	4	4.00	5.33
甘肃省	35	0.69	1	1.00	2.86
青海省	11	0.22	—	—	—
宁　夏	15	0.30	—	—	—
新　疆	59	1.17	—	—	—
合　计	5047	100.00	100	100.00	1.98

资料来源：南开大学公司治理数据库。

主要结论

第一，2023 年中国上市公司监事会治理评价样本量为 5047 家，监事会治理指数的平均值为 59.34，标准差为 5.30，监事会治理指数基本服从正态分布。在公司治理的六个维度中仍然处于较低位置。

第二，从 2018－2023 年连续六年监事会治理指数的发展趋势看，其平均值在 2022－2023 年有小幅下降。三个分指数中，运行状况指数自 2019 年基本呈平稳趋势；规模结构指数在 2018 年至 2023 年间呈现下降趋势；胜任能力指数较为平稳且略有上升。

第三，从行业来看金融业，交通运输、仓储和邮政业以及采矿业监事会治理指数相对较高；卫生和社会工作，制造业以及信息传输、软件和信息技术服务业的监事会治理水平相对较低，仍有待提高。

第四，从股权性质来看，2023 年国有控股上市公司监事会治理平均水平明显高于其他上市公司；从三个分指数来看，导致国有控股上市公司监事会治理指数高于其他上市公司的原因是国有控股上市公司的规模结构和胜任能力分指数比较高，反映出国有控股上市公司在监事会规模结构和监事会成员胜任能力方面表现较好，说明国有控股上市公司监事会治理相对比较完善。

第五，从地区来看，2023 年各地区上市公司监事会治理水平较不平衡：山西省、云南省和新疆等地区的监事会治理状况总体相对较好，而浙江省、西藏和江苏省等地区的监事会治理水平相对较低。

第六，中国上市公司监事会治理 100 佳监事会治理水平显著高于全部样本。从 100 佳行业分布来看，制造业的绝对数最多，但金融业的行业内相对占比最高。与往年类似，中国上市公司监事会治理 100 佳上市公司中国有控股上市公司所占比例高于民营控股上市公司。从地区来看，北京市、广东省和上海市的绝对数量较多，内蒙古、山西省和重庆市等地区 100 佳占比较高。

第七章　中国上市公司经理层治理评价

第一节　中国上市公司经理层治理总体分析

一、2023 年中国上市公司经理层治理状况总体描述

2023 年样本上市公司的经理层治理指数最高值为 79.61，最低值为 34.73，平均值为 60.26，标准差为 6.14。从经理层评价的三个主因素来看，样本公司经理层任免制度指数平均值为 64.19，样本标准差为 9.14，极差最大，为 64.80；执行保障指数的平均值为 62.56，样本离散程度较大，标准差为 13.63；激励约束机制指数平均值为 54.65，标准差为 11.49。相比较上一年度，上市公司样本增加了 376 家，样本经理层治理指数与上一年度有所上升，平均值提升 0.48。其中任免制度指数较 2022 年上升了 0.12，执行保障指数的平均值较 2022 年上升了 0.63，激励约束指数的平均值与 2022 年相比上升了 0.67，样本公司经理层总体治理状况呈现上升趋势。见表 7.1。

表 7.1　中国上市公司经理层治理总体状况描述性统计

项目	平均值	中位数	标准差	极差	最小值	最大值
经理层治理指数	60.26	60.27	6.14	44.88	34.73	79.61
任免制度	64.19	69.79	9.14	64.80	19.94	84.74
执行保障	62.56	61.84	13.63	61.84	26.50	88.34
激励约束	54.65	60.31	11.49	49.66	17.74	67.40

资料来源：南开大学公司治理数据库。

二、2018－2023 年中国上市公司经理层治理比较

表 7.2 和图 7.1 列明了 2018 年至 2023 年连续六年中国上市公司经理层治理状况与趋势特征。

从 2018 年至 2023 年连续六年经理层治理指数的发展趋势显示，样本公司经理层治理指数平均值分别为 60.26（2023 年）、59.78（2022 年）、59.32（2021 年）、59.12（2020 年）、58.85（2019 年）和 58.91（2018 年）。六年中经理层治理指数 2019 年为最低，值为 58.85，近六年指数较平稳，总体呈上升趋势。任免制度指数和执行保障指数近三年呈现平稳变化趋势。激励约束指数在 2019 年出现最低点，总体呈现上升趋势。

表 7.2　中国上市公司经理层治理指数描述性统计六年比较

项目	2018 年	2019 年	2020 年	2021 年	2022 年	2023 年
经理层治理指数	58.91	58.85	59.12	59.32	59.78	60.26
任免制度	60.29	62.28	62.52	62.37	64.07	64.19
执行保障	63.73	62.14	62.33	62.08	61.93	62.56
激励约束	53.53	52.86	53.24	54.15	53.98	54.65

资料来源：南开大学公司治理数据库。

图 7.1　中国上市公司经理层治理指数平均值六年折线图比较

资料来源：南开大学公司治理数据库。

第二节　中国上市公司经理层治理分行业评价

一、2023 年中国上市公司经理层治理分行业总体描述

　　表 7.3 显示 2023 年度样本公司在经理层治理评价指数行业分布情况。样本公司的平均值为 60.26，卫生和社会工作，科学研究和技术服务业，住宿和餐饮业，金融业，房地产业，水利、环境和公共设施管理业，制造业，信息传输、软件和信息技术服务业的经理层治理状况高于样本公司的平均水平，指数均值分别为 62.01、61.66、60.78、60.73、60.68、60.50、60.49、60.49。

　　居民服务、修理和其他服务业，文化、体育和娱乐业以及综合的年度经理层平均治理水平列于样本公司平均治理指数的最后三位。在全部上市公司样本中，经理层治理状况最佳的上市公司为制造业，其样本公司的经理层治理指数最大值均为

79.61。经理层治理评价指数平均值最高的大类行业为卫生和社会工作，均值为62.01；而经理层治理评价指数平均值最低的行业则为居民服务、修理和其他服务业，均值为53.77。

表 7.3　中国上市公司经理层治理指数分行业描述性统计

行业	数目	比例（%）	平均值	中位数	标准差	极差	最小值	最大值
农、林、牧、渔业	48	0.95	57.93	58.92	6.27	36.30	42.04	78.34
采矿业	78	1.54	59.79	59.01	6.43	32.05	41.23	73.28
制造业	3343	66.13	60.49	60.32	6.07	44.88	34.73	79.61
电力、热力、燃气及水生产和供应业	131	2.59	58.24	58.47	6.12	32.17	42.47	74.64
建筑业	107	2.12	58.70	59.86	6.63	30.13	40.60	70.73
批发和零售业	189	3.74	60.17	60.23	7.00	35.02	40.60	75.62
交通运输、仓储和邮政业	112	2.22	57.93	57.49	5.77	28.01	42.63	70.64
住宿和餐饮业	8	0.16	60.78	60.59	4.13	12.11	54.54	66.65
信息传输、软件和信息技术服务业	423	8.37	60.49	60.15	5.68	36.43	39.18	75.62
金融业	127	2.51	60.73	60.64	6.66	27.50	46.84	74.34
房地产业	112	2.22	60.68	61.50	6.19	31.36	43.07	74.42
租赁和商务服务业	65	1.29	59.13	59.26	6.54	25.97	47.31	73.28
科学研究和技术服务业	110	2.18	61.66	61.68	6.07	29.16	45.18	74.34
水利、环境和公共设施管理业	97	1.92	60.50	60.45	5.72	25.81	47.47	73.28
居民服务、修理和其他服务业	1	0.02	53.77	53.77	0.00	0.00	53.77	53.77
教育	12	0.24	59.62	58.32	6.26	23.55	48.37	71.92
卫生和社会工作	16	0.32	62.01	59.61	5.51	20.70	53.64	74.34
文化、体育和娱乐业	63	1.25	56.93	56.28	5.52	21.24	46.85	68.09
综合	13	0.26	57.57	60.10	7.19	21.77	46.19	67.96
合　计	5055	100.00	60.26	60.27	6.14	44.88	34.73	79.61

资料来源：南开大学公司治理数据库。

表 7.4 显示样本公司在经理层治理评价三个维度分指数行业分布情况。任免制度指数平均值为64.19，排在前三位的行业是住宿和餐饮业，金融业，交通运输、仓储和邮政业，任免指数均值分别为69.79、67.43、67.03。采矿业，房地产业，电力、热力、燃气及水生产和供应业，文化、体育和娱乐业，综合，卫生和社会工作，建筑业，水利、环境和公共设施管理业，批发和零售业，科学研究和技术服务业，教育也处于平均水平以上。任免制度指数最低的三个行业为租赁和商务服务业，信息传输、软件和信息技术服务业，居民服务、修理和其他服务业，指数均值分别仅为63.73、

62.67 和 54.84，这些相关行业在高管行政任职、高管变更等方面均有改进空间。

样本上市公司在执行保障维度表现较好的行业依次是采矿业，卫生和社会工作，金融业，房地产业，电力、热力、燃气及水生产和供应业，科学研究和技术服务业，农、林、牧、渔业，批发和零售业，住宿和餐饮业，教育，水利、环境和公共设施管理业，执行保障指数平均值都高于样本总体平均水平 62.56。制造业，租赁和商务服务业，交通运输、仓储和邮政业，信息传输、软件和信息技术服务业，综合，建筑业，文化、体育和娱乐业，居民服务、修理和其他服务业均低于样本平均水平，这些相关行业在执行保障维度上还有较大的改善空间。

激励约束指数平均值排名前四位的行业分别为信息传输、软件和信息技术服务业，科学研究和技术服务业，制造业，卫生和社会工作，高于全部上市公司样本激励约束指数的平均水平，即 54.65，其他行业均低于平均水平。

表 7.4　中国上市公司经理层治理分指数分行业描述性统计

行业	数目	比　例（%）	经理层治理指数	任免制度	执行保障	激励约束
农、林、牧、渔业	48	0.95	57.93	63.77	64.33	47.08
采矿业	78	1.54	59.79	66.91	67.39	46.71
制造业	3343	66.13	60.49	63.77	62.27	55.93
电力、热力、燃气及水生产和供应业	131	2.59	58.24	66.10	65.35	44.90
建筑业	107	2.12	58.70	65.36	59.12	52.18
批发和零售业	189	3.74	60.17	64.91	64.13	52.41
交通运输、仓储和邮政业	112	2.22	57.93	67.03	61.57	46.40
住宿和餐饮业	8	0.16	60.78	69.79	64.05	49.66
信息传输、软件和信息技术服务业	423	8.37	60.49	62.67	61.34	57.74
金融业	127	2.51	60.73	67.43	66.15	49.89
房地产业	112	2.22	60.68	66.90	65.71	50.65
租赁和商务服务业	65	1.29	59.13	63.73	61.91	52.50
科学研究和技术服务业	110	2.18	61.66	64.58	64.45	56.57
水利、环境和公共设施管理业	97	1.92	60.50	65.16	63.12	53.94
居民服务、修理和其他服务业	1	0.02	53.77	54.84	57.42	49.66
教育	12	0.24	59.62	64.39	63.68	51.73
卫生和社会工作	16	0.32	62.01	65.43	66.26	55.21
文化、体育和娱乐业	63	1.25	56.93	66.07	59.11	46.62
综合	13	0.26	57.57	65.57	59.12	48.85
合　计	5055	100.00	60.26	64.19	62.56	54.65

资料来源：南开大学公司治理数据库。

二、2018－2023 年中国上市公司经理层治理分行业比较

表 7.5 显示样本公司在经理层治理评价自 2018 年至 2023 年行业分布及发展趋势情况。自 2018 年至 2023 年的六年间，经理层治理状况较好的行业为科学研究和技术服务业，卫生和社会工作，房地产业，水利、环境和公共设施管理业，信息传输、软件和信息技术服务业，金融业，批发和零售业，制造业，高于平均水平；而经理层治理指数较低的行业为居民服务、修理和其他服务业，电力、热力、燃气及水生产和供应业，交通运输、仓储和邮政业。近六年来，所有行业上市公司经理层治理指数平均水平基本呈平稳提升趋势，2023 年平均值为 60.26，2018 年至 2023 年，年度经理层治理指数均值达到 59.37。

表 7.5　中国上市公司经理层治理指数分行业描述性统计六年比较

行业	2018 年	2019 年	2020 年	2021 年	2022 年	2023 年
农、林、牧、渔业	57.16	58.22	58.38	57.11	58.39	57.93
采矿业	55.70	60.81	57.11	58.95	59.81	59.79
制造业	59.25	58.47	59.05	59.49	59.91	60.49
电力、热力、燃气及水生产和供应业	54.18	58.26	58.31	57.34	58.02	58.24
建筑业	57.81	60.47	61.05	58.52	58.85	58.70
批发和零售业	59.64	59.23	58.51	59.41	60.18	60.17
交通运输、仓储和邮政业	54.40	58.40	58.36	56.45	56.81	57.93
住宿和餐饮业	58.92	61.13	54.33	61.30	59.56	60.78
信息传输、软件和信息技术服务业	61.21	58.49	59.82	59.40	60.23	60.49
金融业	54.44	62.29	60.07	60.11	60.19	60.73
房地产业	59.77	61.60	59.24	60.40	60.82	60.68
租赁和商务服务业	60.61	58.48	60.27	58.53	58.62	59.13
科学研究和技术服务业	61.67	59.16	59.75	60.84	61.39	61.66
水利、环境和公共设施管理业	60.20	59.68	59.83	59.68	59.96	60.50
居民服务、修理和其他服务业	—	—	60.77	59.04	57.76	53.77
教育	55.28	60.10	62.04	59.68	59.34	59.62
卫生和社会工作	62.00	59.57	56.97	62.32	61.23	62.01
文化、体育和娱乐业	57.86	59.65	60.65	58.56	57.55	56.93
综　合	57.14	56.06	56.29	55.99	57.20	57.57
合　计	58.91	58.85	59.12	59.32	59.78	60.26

资料来源：南开大学公司治理数据库。

第三节　中国上市公司经理层治理分控股股东性质评价

一、2023 年中国上市公司经理层治理分控股股东性质总体描述

表 7.6 和表 7.7 给出了按控股股东性质分类的 2023 年评价中各组样本公司的经理层治理指数统计指标。控股股东性质为社会团体控股、无实际控制人、其他类型的上市公司经理层治理指数平均值最高，分别为 63.06、61.66 和 60.53。其次是民营控股、外资控股的上市公司，其经理层治理指数为 60.46 和 60.36。最低的为国有控股、集体控股的上市公司，其经理层治理指数为 59.43 和 59.13，处于平均水平之下。

表 7.6　中国上市公司经理层治理指数分控股股东性质描述性统计

控股股东性质	数目	比例（%）	平均值	中位数	标准差	极差	最小值	最大值
国有控股	1330	26.31	59.43	59.81	6.55	44.88	34.73	79.61
集体控股	23	0.45	59.13	60.56	5.90	23.04	46.33	69.37
民营控股	3128	61.88	60.46	60.27	5.88	39.15	39.18	78.34
社会团体控股	7	0.14	63.06	65.67	8.45	24.32	48.75	73.07
外资控股	175	3.46	60.36	60.40	6.55	32.30	45.95	78.25
无实际控制人	311	6.15	61.66	61.38	6.34	38.93	36.69	75.62
其他类型	81	1.60	60.53	59.94	5.86	29.96	44.67	74.64
合　计	5055	100.00	60.26	60.27	6.14	44.88	34.73	79.61

资料来源：南开大学公司治理数据库。

表 7.7　中国上市公司经理层治理分指数分控股股东性质描述性统计

控股股东性质	数目	比例（%）	经理层治理指数	任免制度	执行保障	激励约束
国有控股	1330	26.31	59.43	66.96	65.40	47.37
集体控股	23	0.45	59.13	64.37	61.65	52.13
民营控股	3128	61.88	60.46	62.81	61.36	57.51
社会团体控股	7	0.14	63.06	71.93	74.46	45.10
外资控股	175	3.46	60.36	65.32	60.20	55.91
无实际控制人	311	6.15	61.66	65.98	63.83	55.81
其他类型	81	1.60	60.53	62.04	61.62	58.21
合　计	5055	100.00	60.26	64.19	62.56	54.65

资料来源：南开大学公司治理数据库。

二、2018－2023 年中国上市公司经理层治理分控股股东性质比较

见表 7.8，2018 年至 2023 年，国有控股上市公司样本经理层治理均值分别为

56.84、60.65、59.63、58.70、59.41 和 59.43，民营控股上市公司经理层治理均值分别为 59.92、57.95、58.94、59.50、59.93 和 60.46。

表 7.8　中国国有和民营控股公司经理层治理指数描述性统计六年比较

年份	控股股东性质	经理层治理指数	任免制度	执行保障	激励约束
2018	国有	56.84	61.26	64.22	46.43
	民营	59.92	59.87	63.49	56.90
2019	国有	60.65	68.88	63.07	50.97
	民营	57.95	59.10	61.73	53.65
2020	国有	59.63	68.85	64.40	47.02
	民营	58.94	59.63	61.46	56.15
2021	国有	58.70	64.21	65.76	47.57
	民营	59.50	61.41	60.27	57.06
2022	国有	59.41	67.51	65.36	46.84
	民营	59.93	62.40	60.62	57.05
2023	国有	59.43	66.96	65.40	47.37
	民营	60.46	62.81	61.36	57.51

资料来源：南开大学公司治理数据库。

2018 年、2021 年、2022 年和 2023 年，民营样本上市公司的经理层治理指数比国有上市公司高，分别高出 3.08、0.8、0.52 和 1.03，2019 年和 2020 年国有样本上市公司的经理层治理指数比民营上市公司高，分别高出 2.7 和 0.69。民营样本上市公司和国有上市公司的任免制度指数近三年发展趋势较平稳，国有上市公司任免制度指数在 2018 年至 2023 年均高于民营控股公司；国有上市公司执行保障指数发展呈平稳趋势，民营上市公司的执行保障制度较国有上市公司相比有很大的上升空间，民营上市公司执行保障制度指数在 2018 年、2019 年、2020 年、2021 年、2022 年和 2023 年分别低于国有控股公司 0.73、1.34、2.94、5.49、4.74 和 4.04；2023 年，民营样本上市公司激励约束指数高于国有上市公司 10.14，2018 年、2019 年、2020 年、2021 年、2022 年分别高出国有上市公司 10.47、2.68、9.13、9.49 和 10.21。民营样本上市公司激励约束指数一般高于国有控股，国有上市公司的激励约束指数普遍低于民营样本上市公司。

综上所述，民营样本上市公司在经理层治理总体状况和激励约束机制方面总体超过国有样本公司，民营上市公司在任免制度、执行保障方面较国有上市公司还需要进一步加强。

第四节　中国上市公司经理层治理分地区评价

一、2023 年中国上市公司经理层治理分地区总体描述

表 7.9 显示，经理层治理指数各地区有一定差异，平均值最高的开曼群岛和最低的青海省指数相差 5.31，治理指数均值排名前十三名的地区依次为开曼群岛、海南省、北京市、四川省、重庆市、河南省、辽宁省、上海市、山东省、内蒙古、安徽省、广东省、江苏省，各地区经理层治理指数平均值分别为 62.77、61.80、61.05、60.85、60.76、60.67、60.60、60.59、60.52、60.51、60.51、60.42 和 60.38，这些地区的上市公司经理层治理指数高于上市公司总体样本指数均值 60.26。2023 年指数最低的五个地区分别是宁夏、甘肃省、黑龙江省、山西省、青海省，经理层治理指数平均值分别为 58.79、58.44、58.31、58.28 和 57.46。

表 7.9　中国上市公司经理层治理指数分地区描述性统计

省份	数目	比例（%）	平均值	中位数	标准差	极差	最小值	最大值
北京市	455	9.00	61.05	61.22	6.40	39.15	39.18	78.34
天津市	69	1.36	59.03	58.79	5.06	23.42	48.50	71.92
河北省	74	1.46	59.92	59.94	6.90	29.50	45.14	74.64
山西省	40	0.79	58.28	59.01	6.17	24.69	44.67	69.37
内蒙古	25	0.49	60.51	61.14	6.23	29.80	43.48	73.28
辽宁省	85	1.68	60.60	60.43	7.34	36.38	40.60	76.98
吉林省	49	0.97	59.82	60.62	6.10	23.42	47.31	70.73
黑龙江省	39	0.77	58.31	59.16	7.07	32.55	40.52	73.07
上海市	415	8.21	60.59	60.43	6.31	31.84	45.05	76.90
江苏省	632	12.50	60.38	60.15	6.04	37.66	40.60	78.25
浙江省	656	12.98	60.03	60.00	5.78	31.03	44.59	75.62
安徽省	161	3.18	60.51	60.43	6.07	32.47	45.78	78.25
福建省	170	3.36	59.68	59.86	5.73	27.17	46.71	73.88
江西省	78	1.54	59.65	59.82	6.97	30.95	44.67	75.62
山东省	290	5.74	60.52	60.40	6.47	34.86	42.04	76.90
河南省	107	2.12	60.67	60.40	5.80	30.95	45.95	76.90
湖北省	136	2.69	59.61	60.06	6.12	31.40	40.52	71.92
湖南省	138	2.73	59.75	59.88	6.11	31.79	42.63	74.42
广东省	829	16.40	60.42	60.15	5.63	34.86	40.68	75.54
广　西	40	0.79	59.20	58.85	7.35	33.83	45.78	79.61
海南省	28	0.55	61.80	62.42	5.66	28.23	48.67	76.90

续表

省份	数目	比例（%）	平均值	中位数	标准差	极差	最小值	最大值
重庆市	69	1.36	60.76	61.68	6.18	27.58	44.43	72.00
四川省	168	3.32	60.85	60.43	6.37	33.75	41.87	75.62
贵州省	35	0.69	59.45	61.79	8.59	33.66	36.69	70.35
云南省	42	0.83	59.71	60.29	6.79	27.62	45.65	73.28
西 藏	22	0.44	58.94	60.83	8.06	27.58	45.18	72.77
陕西省	75	1.48	59.81	59.07	6.77	28.69	45.95	74.64
甘肃省	35	0.69	58.44	59.86	7.75	39.61	34.73	74.34
青海省	11	0.22	57.46	56.79	5.96	18.23	47.31	65.54
宁 夏	15	0.30	58.79	58.47	5.98	21.81	50.11	71.92
新 疆	59	1.17	58.93	58.91	4.97	24.48	47.31	71.79
香 港	2	0.04	59.59	59.59	8.64	12.22	53.48	65.70
开曼群岛	6	0.12	62.77	63.15	4.88	12.80	55.29	68.09
合 计	5055	100.00	60.26	60.27	6.14	44.88	34.73	79.61

资料来源：南开大学公司治理数据库。

二、2018－2023 年中国上市公司经理层治理分地区比较

表 7.10 反映了各省市经理层治理指数均值自 2018 年至 2023 年的变化趋势。自 2018 年至 2023 年六年间，经理层治理状况连续年度较好的是广东省、北京市、宁夏、重庆市、四川省、湖北省、河南省、香港、河北省、湖南省、山东省。

开曼群岛、青海省、海南省、辽宁省、云南省、上海市、山西省等地区的上市公司治理状况 2023 年较 2022 年有较好程度的改善，经理层治理指数平均值提升超过 1。

表 7.10 中国上市公司经理层治理指数分地区描述性统计六年比较

地区	2018 年	2019 年	2020 年	2021 年	2022 年	2023 年
北京市	59.61	59.22	59.99	59.8	60.52	61.05
天津市	58.56	59.37	58.53	57.3	58.79	59.03
河北省	59.09	61.62	58.13	59.24	59.49	59.92
山西省	55.54	59.19	58.05	56.24	57.28	58.28
内蒙古	57.25	58.87	58.07	57.07	60.65	60.51
辽宁省	57.75	58.48	59.13	58.42	58.78	60.60
吉林省	59.07	60.68	56.45	59.37	59.37	59.82
黑龙江省	55.27	56.34	58.29	57.26	59.04	58.31
上海市	59.43	58.38	58.43	59.2	59.58	60.59

地区	2018 年	2019 年	2020 年	2021 年	2022 年	2023 年
江苏省	58.88	58.02	59.17	59.44	59.85	60.38
浙江省	58.98	57.75	59.60	59.22	59.46	60.03
安徽省	59.32	57.56	59.50	58.93	60.03	60.51
福建省	58.05	56.88	57.90	58.82	59.39	59.68
江西省	54.12	60.16	60.60	59.94	60.05	59.65
山东省	58.11	60.00	57.77	59.47	60.40	60.52
河南省	58.48	60.18	59.65	59.39	59.88	60.67
湖北省	60.61	59.84	59.12	59.57	59.71	59.61
湖南省	59.32	59.13	59.16	59.57	59.74	59.75
广东省	60.72	59.38	60.35	60.01	59.96	60.42
广　西	56.22	55.14	56.58	57.86	58.93	59.20
海南省	56.13	61.47	55.84	58.11	59.94	61.80
重庆市	59.65	58.85	59.34	59.94	60.79	60.76
四川省	58.04	60.23	59.80	59.46	60.20	60.85
贵州省	56.73	59.75	58.68	59.32	59.71	59.45
云南省	56.30	60.18	60.11	58.77	58.01	59.71
西　藏	54.59	55.77	56.29	60.63	59.36	58.94
陕西省	56.10	58.56	57.35	58.97	60.07	59.81
甘肃省	56.55	60.72	56.45	58.11	58.15	58.44
青海省	52.98	53.72	53.68	55.14	53.20	57.46
宁　夏	59.39	58.83	61.26	60.29	61.36	58.79
新　疆	58.34	61.14	56.91	58.86	59.90	58.93
香　港	—	—	—	—	—	59.59
开曼群岛	—	—	—	55.36	57.00	62.77
合　计	58.91	58.85	59.12	59.32	59.78	60.26

资料来源：南开大学公司治理数据库。

第五节　中国上市公司经理层治理 100 佳评价

一、中国上市公司经理层治理 100 佳比较分析

表 7.11 是样本公司和 100 佳公司经理层治理指数以及各分项指标的描述统计结果，经理层治理 100 佳上市公司经理层治理指数平均值为 74.48，任免制度、执行保

障和激励约束指数的均值依次为 78.66、81.76 和 64.39。100 佳公司各项指标的平均水平显著高于全体样本。

表 7.11   中国上市公司经理层治理指数 100 佳描述性统计

项目	样本	平均值	中位数	标准差	极差	最小值	最大值
经理层治理指数	100 佳	74.48	74.26	1.57	6.79	72.82	79.61
	样本总体	60.26	60.27	6.14	44.88	34.73	79.61
任免制度	100 佳	78.66	84.75	7.31	14.96	69.79	84.75
	样本总体	64.19	69.79	9.14	64.8	19.94	84.74
执行保障	100 佳	81.76	83.93	5.00	22.09	66.26	88.34
	样本总体	62.56	61.84	13.63	61.84	26.5	88.34
激励约束	100 佳	64.39	67.40	4.29	14.19	53.21	67.40
	样本总体	54.65	60.31	11.49	49.66	17.74	67.4

资料来源：南开大学公司治理数据库。

二、中国上市公司经理层治理 100 佳公司行业分布

表 7.12 显示，经理层治理 100 佳上市公司的行业分布有较大的差异。制造业有 74 家，即行业中的 2.21%上市公司进入 100 佳。紧跟其后的是信息传输、软件和信息技术服务业，有 6 家即行业的 1.42%的样本公司入选 100 佳。批发和零售业有 5 家即行业的 2.65%的样本公司入选 100 佳。房地产业、科学研究和技术服务业各有 3 家入选经理层治理 100 佳。金融业，水利、环境和公共设施管理业各有 2 家入选经理层治理 100 佳。农、林、牧、渔业，采矿业，电力、热力、燃气及水生产和供应业，租赁和商务服务业，卫生和社会工作各有 1 家公司入选。

卫生和社会工作有 6.25%的上市公司进入了全部样本公司的 100 佳行列，是入选的 100 佳上市公司占本行业百分比最高的行业。建筑业，交通运输、仓储和邮政业，住宿和餐饮业，居民服务、修理和其他服务业，教育，文化、体育和娱乐业，综合行业没有入选 100 佳的公司。

表 7.12   中国上市公司经理层治理 100 佳公司行业分布

行业	样本总体		100 佳		
	数目	比例（%）	数目	比例（%）	占本行业比例（%）
农、林、牧、渔业	48	0.95	1	1.00	2.08
采矿业	78	1.54	1	1.00	1.28
制造业	3343	66.13	74	74.00	2.21
电力、热力、燃气及水生产和供应业	131	2.59	1	1.00	0.76
建筑业	107	2.12	—	—	—

行业	样本总体		100 佳		
	数目	比例（%）	数目	比例（%）	占本行业比例（%）
批发和零售业	189	3.74	5	5.00	2.65
交通运输、仓储和邮政业	112	2.22	—	—	—
住宿和餐饮业	8	0.16	—	—	—
信息传输、软件和信息技术服务业	423	8.37	6	6.00	1.42
金融业	127	2.51	2	2.00	1.57
房地产业	112	2.22	3	3.00	2.68
租赁和商务服务业	65	1.29	1	1.00	1.54
科学研究和技术服务业	110	2.18	3	3.00	2.73
水利、环境和公共设施管理业	97	1.92	2	2.00	2.06
居民服务、修理和其他服务业	1	0.02	—	—	—
教育	12	0.24	—	—	—
卫生和社会工作	16	0.32	1	1.00	6.25
文化、体育和娱乐业	63	1.25	—	—	—
综合	13	0.26	—	—	—
合　计	5055	100.00	100	100.00	1.98

资料来源：南开大学公司治理数据库。

三、中国上市公司经理层治理 100 佳公司控股股东性质分布

表 7.13 显示，经理层治理 100 佳上市公司中比例较高的是控股股东性质为民营控股和国有控股的上市公司，其所占比例分别为 56% 和 32%，与 2022 年的数据相比，国有控股的上市公司中进入 100 佳的公司减少了 9 家，而民营控股的 100 佳上市公司增加了 9 家。外资控股、职工控股会控股公司各有 5 家上市公司进入 100 佳，社会团体控股、其他类型公司各有 1 家上市公司进入 100 佳，集体控股没有公司进入 100 佳。

表 7.13　中国上市公司经理层治理 100 佳公司控股股东性质分布

控股股东性质	样本总体		100 佳		
	数目	比例（%）	数目	比例（%）	占本组比例（%）
国有控股	1330	26.31	32	32.00	2.41
集体控股	23	0.45	—	—	—
民营控股	3128	61.88	56	56.00	1.79
社会团体控股	7	0.14	1	1.00	14.29
外资控股	175	3.46	5	5.00	2.86

控股股东性质	样本总体		100 佳		
	数目	比例（%）	数目	比例（%）	占本组比例（%）
职工控股会控股	311	6.15	5	5.00	1.61
其他类型	81	1.60	1	1.00	1.23
合　计	5055	100.00	100	100.00	1.98

资料来源：南开大学公司治理数据库。

四、中国上市公司经理层治理 100 佳公司地区分布

表 7.14 表明，北京市样本公司中入选经理层治理 100 佳的公司数量最多，有 14 家公司入选，占该地区上市公司样本的 3.08%。其次是上海市和江苏省，有 13 家上市公司入选经理层治理 100 佳，分别占各自省市上市公司样本的 3.13% 和 2.06%。天津市、山西省、吉林省、湖北省、重庆市、贵州省、西藏、青海省、宁夏、新疆、香港、开曼群岛没有上市公司入选治理 100 佳。广西和辽宁省有超过本省 5% 的上市公司进入了全部样本公司的 100 佳行列，是入选的 100 佳上市公司占本地区百分比较高的地区，入选比例分别为 7.50% 和 5.88%。

表 7.14　中国上市公司经理层治理 100 佳公司地区分布

地区	样本总体		100 佳		
	数目	比例（%）	数目	比例（%）	占本地区比例（%）
北京市	455	9	14	14.00	3.08
天津市	69	1.36	—	—	—
河北省	74	1.46	2	2.00	2.70
山西省	40	0.79	—	—	—
内蒙古	25	0.49	1	1.00	4.00
辽宁省	85	1.68	5	5.00	5.88
吉林省	49	0.97	—	—	—
黑龙江省	39	0.77	1	1.00	2.56
上海市	415	8.21	13	13.00	3.13
江苏省	632	12.5	13	13.00	2.06
浙江省	656	12.98	10	10.00	1.52
安徽省	161	3.18	1	1.00	0.62
福建省	170	3.36	2	2.00	1.18
江西省	78	1.54	1	1.00	1.28
山东省	290	5.74	10	10.00	3.45
河南省	107	2.12	3	3.00	2.80

地区	样本总体		100 佳		
	数目	比例（%）	数目	比例（%）	占本地区比例（%）
湖北省	136	2.69	—	—	—
湖南省	138	2.73	1	1.00	0.72
广东省	829	16.4	12	12.00	1.45
广　西	40	0.79	3	3.00	7.50
海南省	28	0.55	1	1.00	3.57
重庆市	69	1.36	—	—	—
四川省	168	3.32	4	4.00	2.38
贵州省	35	0.69	—	—	—
云南省	42	0.83	1	1.00	2.38
西　藏	22	0.44	—	—	—
陕西省	75	1.48	1	1.00	1.33
甘肃省	35	0.69	1	1.00	2.86
青海省	11	0.22	—	—	—
宁　夏	15	0.3	—	—	—
新　疆	59	1.17	—	—	—
香　港	2	0.04	—	—	—
开曼群岛	6	0.12	—	—	—
合　计	5055	100.00	100	100.00	1.98

资料来源：南开大学公司治理数据库。

主要结论

第一，2023 年样本上市公司的经理层治理指数最大值为 79.61，最小值为 34.73，平均值为 60.26，标准差为 6.14。从经理层评价的三个主因素层面来看，样本公司经理层任免制度指数平均值为 64.19，样本标准差为 9.14，极差最大，为 64.80；执行保障指数的平均值为 62.56，样本离散程度较大，标准差为 13.63；激励约束指数平均值为 54.65，标准差为 11.49。相比较上一年度，上市公司样本增加了 376 家，样本经理层治理指数与上一年度有所上升，平均值提升 0.48。其中任免制度指数较 2022 年上升了 0.12，执行保障指数的平均值较 2022 年上升了 0.63，激励约束指数的平均值与 2022 年相比上升了 0.67，样本公司经理层总体治理状况呈现上升趋势。

第二，从 2018 年至 2023 年连续六年经理层治理指数的发展趋势显示，样本公司经理层治理指数平均值分别为 60.26（2023 年）、59.78（2022 年）、59.32（2021 年）、59.12（2020 年）、58.85（2019 年）和 58.91（2018 年）。六年中经理层治理指数 2019 年为最低，值为 58.85，近六年指数较平稳，总体呈上升趋势。任免制度指数和执行保障指数近三年呈现平稳变化趋势。激励约束指数在 2019 年出现最低点，总体呈现上升趋势。

第三，2023 年度样本公司经理层治理评价指数行业分布情况。样本公司的平均值为 60.26，卫生和社会工作，科学研究和技术服务业，住宿和餐饮业，金融业，房地产业，水利、环境和公共设施管理业，制造业，信息传输、软件和信息技术服务业的经理层治理状况高于样本公司的平均水平，指数均值分别为 62.01、61.66、60.78、60.73、60.68、60.50、60.49 和 60.49。

自 2018 年至 2023 年行业分布及发展趋势情况：自 2018 年至 2023 年的六年间，经理层治理状况较好的行业为科学研究和技术服务业，卫生和社会工作，房地产业，水利、环境和公共设施管理业，信息传输、软件和信息技术服务业，金融业，批发和零售业，制造业，高于平均水平；而经理层治理指数较低的行业为居民服务、修理和其他服务业，电力、热力、燃气及水生产和供应业，交通运输、仓储和邮政业。近六年来，所有行业上市公司经理层治理指数平均水平基本呈平稳提升趋势，2023 年平均值为 60.26，2018 年至 2023 年，年度经理层治理指数均值达到 59.37。

第四，2023 年评价各组样本公司的经理层治理指数统计指标中，控股股东性质为社会团体控股、无实际控制人、其他类型的上市公司经理层治理指数平均值最高，分别为 63.06、61.66 和 60.53。其次是民营控股、外资控股的上市公司，其经理层治理指数为 60.46 和 60.36。最低的为国有控股、集体控股的上市公司，其经理层治理指数为 59.43 和 59.13，处于平均水平之下。

从 2018 年至 2023 年不同控股股东性质的上市公司样本经理层治理趋势看，民营样本上市公司在经理层治理总体状况和激励约束机制方面超过国有样本公司，民营上市公司在任免制度、执行保障方面较国有上市公司还需要进一步加强。

第五，经理层治理指数各地区有一定差异，平均值最高的开曼群岛和最低的青海省指数相差 5.31，治理指数均值排名前十三名的地区依次为开曼群岛、海南省、北京市、四川省、重庆市、河南省、辽宁省、上海市、山东省、内蒙古、安徽省、广东省、江苏省，各地区经理层治理指数平均值分别为 62.77、61.80、61.05、60.85、60.76、60.67、60.60、60.59、60.52、60.51、60.51、60.42 和 60.38，这些地区的上市公司经理层治理指数高于上市公司总体样本指数均值 60.26。2023 年指数最低的五个地区分别是宁夏、甘肃省、黑龙江省、山西省、青海省，经理层治理指数平均值分别为 58.79、58.44、58.31、58.28 和 57.46。

自 2018 年至 2023 年六年间，经理层治理状况连续年度较好的是广东省、北京市、宁夏、重庆市、四川省、湖北省、河南省、香港、河北省、湖南省、山东省。开曼群岛、青海省、海南省、辽宁省、云南省、上海市、山西省等地区的上市公司治理状况 2023 年较 2022 年有较好程度的改善，经理层治理指数平均值提升超过 1。

第六，经理层治理 100 佳上市公司经理层治理指数平均值为 74.48，任免制度、执行保障和激励约束指数的均值依次为 78.66、81.76 和 64.39。100 佳公司各项指标的平均水平显著高于全体样本。

经理层治理 100 佳上市公司的行业分布有较大的差异。制造业有 74 家，即行业中的 2.21% 上市公司进入 100 佳。紧跟其后的是信息传输、软件和信息技术服务业，有 6 家即行业的 1.42% 的样本公司入选 100 佳。批发和零售业有 5 家即行业的 2.65% 的样本公司入选 100 佳。房地产业、科学研究和技术服务业各有 3 家入选经理层治理 100 佳。金融业，水利、环境和公共设施管理业各有 2 家入选经理层治理 100 佳。农、林、牧、渔业，采矿业，电力、热力、燃气及水生产和供应业，租赁和商务服务业，卫生和社会工作都各有 1 家公司入选。

卫生和社会工作有 6.25% 的上市公司进入了全部样本公司的 100 佳行列，是入选的 100 佳上市公司占本行业百分比最高的行业。建筑业，交通运输、仓储和邮政业，住宿和餐饮业，居民服务、修理和其他服务业，教育，文化、体育和娱乐业，综合行业没有入选 100 佳的公司。

经理层治理 100 佳上市公司中比例较高的是控股股东性质为民营控股和国有控股的上市公司，其所占比例分别为 56% 和 32%，与 2022 年的数据相比，国有控股的上市公司中进入 100 佳的公司减少了 9 家，而民营控股的 100 佳上市公司增加了 9 家。外资控股、职工控股会控股公司各有 5 家上市公司进入 100 佳，社会团体控股、其他类型公司各有 1 家上市公司进入 100 佳，集体控股没有公司进入 100 佳。

北京市样本公司中入选经理层治理 100 佳的公司数量最多，有 14 家公司入选，占该地区上市公司样本的 3.08%。其次是上海市和江苏省，有 13 家上市公司入选经理层治理 100 佳，分别占各自省市上市公司样本的 3.13% 和 2.06%。天津市、山西省、吉林省、湖北省、重庆市、贵州省、西藏、青海省、宁夏、新疆、香港、开曼群岛没有上市公司入选治理 100 佳。广西和辽宁省有超过本省 5% 的上市公司进入了全部样本公司的 100 佳行列，是入选的 100 佳上市公司占本地区百分比较高的地区，入选比例分别为 7.50% 和 5.88%。

第七，经理层治理指数各市场板块之间有一定差距。平均值最高是北交所板块，经理层治理指数均值为 63.39；其次为科创板和创业板，均值分别为 63.01 和 60.34；最低为主板板块，经理层治理指数均值为 59.63，与北交所板块相差 3.76。主板板块的经理层治理指数标准差较大，最大值、最小值均在主板板块，主板板块上市公司之间的经理层治理指数差距较大。

2023 年相较于 2022 年，主板和科创板经理层治理指数提高了，分别提高了 0.13 和 3.7，科创板的经理层治理指数提升明显。创业板和北交所的经理层治理指数有所下降，分别下降了 0.02 和 1.64。

第八章 中国上市公司信息披露评价

第一节 中国上市公司信息披露总体分析

一、2023年中国上市公司信息披露总体描述

2023年中国上市公司样本量为5055家，信息披露指数的平均值为66.18，标准差为11.83。从标准差来看，信息披露总体水平较为集中，上市公司之间的信息披露存在一定差距，但不是很大；从极差60.06来看，信息披露最好和最差的公司存在较大差距。见表8.1。

表 8.1 中国上市公司信息披露总体状况描述性统计

项目	平均值	中位数	标准差	极差	最小值	最大值
信息披露指数	66.18	67.27	11.83	60.06	28.31	88.37
真实性	65.86	66.72	17.19	64.90	28.85	93.75
相关性	65.79	65.66	6.08	66.05	22.41	88.46
及时性	67.55	67.85	15.07	61.69	32.28	93.97

资料来源：南开大学公司治理数据库。

从信息披露的三个分指数来看，中国上市公司信息披露的真实性、相关性和及时性指数的平均值依次为65.86、65.79和67.55，各指标之间的差异不大，其中及时性表现最好。从标准差来看，真实性、相关性和及时性指数的标准差依次为17.19、6.08和15.07，真实性和及时性的分散程度较大，上市公司信息披露的真实和及时程度存在较大差异。从极差来看，中国上市公司信息披露的真实性、相关性和及时性的极差依次为64.90、66.05和61.69，信息披露最好和最差的公司在真实性、相关性和及时性方面都存在非常大的差距。

二、2018－2023年中国上市公司信息披露比较

表8.2和图8.1列示了2018－2023年连续六年中国上市公司治理信息披露状况与趋势特征。2018－2019年，信息披露指数平均值呈现出逐年上升的趋势，从2018年的65.31提高到2019年的65.35，但2020年下降至65.27，2021－2023年又呈现上升趋势，从65.60提升至66.18。三个分指数中，真实性指数从2018年的65.11提

高到 2019 年的 65.13，又在 2020 年下降至 64.95，2021－2023 年又逐年上升，从 65.22 提升至 65.86，变化趋势与信息披露总指数类似。相关性指数六年间呈现出逐年上升的趋势，从 2018 年的 64.92 提高到 2023 年的 65.79，提高了 0.87。及时性指数从 2018 年 66.87 提高到 2019 年 66.91，但 2020 年下降至 66.49，2021 年回升到 67.15 后，2022 年下降到 67.08，在 2023 年又升至 67.55。及时性指数虽然在六年间呈波动变化，但总体趋势是上升的。

从信息披露指数的横向比较来看，上市公司在信息披露的及时性方面做得最好，2018－2023 年连续六年都是及时性指数最大，真实性次之，相关性最低。

表 8.2　中国上市公司信息披露指数描述性统计六年比较

项目	2018 年	2019 年	2020 年	2021 年	2022 年	2023 年
信息披露指数	65.31	65.35	65.27	65.60	65.74	66.18
真实性	65.11	65.13	64.95	65.22	65.37	65.86
相关性	64.92	64.98	64.99	65.19	65.44	65.79
及时性	66.87	66.91	66.49	67.15	67.08	67.55

资料来源：南开大学公司治理数据库。

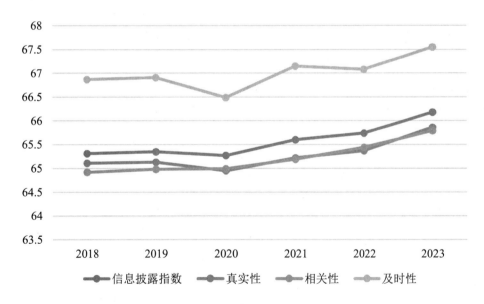

图 8.1　中国上市公司信息披露指数平均值六年折线图比较

资料来源：南开大学公司治理数据库。

第二节　中国上市公司信息披露分行业评价

一、2023 年中国上市公司信息披露分行业总体描述

表 8.3 显示了 2023 年度样本上市公司信息披露指数的分行业分布情况。从各行业的平均值可以看出，各行业的信息披露水平存在较大差异，最高与最低指数相差 22.26。19 个行业分类中，信息披露指数水平大于总体平均值的行业有 6 个，每个行业的指数都高于 65 分。其中信息披露指数平均值居于前三位的为交通运输、仓储和邮政业，科学研究和技术服务业以及金融业，分别为 70.28、69.21 及 68.75。平均值最低的三个行业是房地产业、教育以及居民服务、修理和其他服务业，指数均低于 60 分，分别为 58.40、57.61 和 48.02。

表 8.3　中国上市公司信息披露指数分行业描述性统计

行业	数目	比例（%）	平均值	中位数	标准差	极差	最小值	最大值
农、林、牧、渔业	48	0.95	65.78	66.98	12.78	49.08	37.32	86.40
采矿业	78	1.54	65.80	66.75	13.54	49.89	38.48	88.37
制造业	3343	66.13	66.92	67.86	11.44	60.06	28.31	88.37
电力、热力、燃气及水生产和供应业	131	2.59	67.44	66.95	11.04	51.24	36.80	88.04
建筑业	107	2.12	61.21	65.13	13.18	49.30	35.75	85.05
批发和零售业	189	3.74	64.62	66.75	13.06	50.47	33.43	83.90
交通运输、仓储和邮政业	112	2.22	70.28	72.64	9.48	43.73	40.92	84.65
住宿和餐饮业	8	0.16	68.08	71.94	11.40	36.05	42.80	78.85
信息传输、软件和信息技术服务业	423	8.37	64.25	66.21	12.49	52.66	32.95	85.61
金融业	127	2.51	68.75	68.73	8.40	48.39	34.13	82.52
房地产业	112	2.22	58.40	57.20	13.84	48.69	33.52	82.21
租赁和商务服务业	65	1.29	61.95	64.28	12.83	51.23	33.82	85.05
科学研究和技术服务业	110	2.18	69.21	70.11	10.49	48.57	38.69	87.26
水利、环境和公共设施管理业	97	1.92	62.91	65.58	12.11	55.18	31.33	86.51
教育	12	0.24	57.61	57.70	13.19	39.97	39.44	79.41
卫生和社会工作	16	0.32	61.88	66.31	11.57	41.17	37.20	78.37
文化、体育和娱乐业	63	1.25	60.49	63.83	11.85	46.64	33.76	80.40
居民服务、修理和其他服务业	1	0.02	48.02	48.02	0.00	0.00	48.02	48.02
综合	13	0.26	61.06	66.90	14.53	41.62	42.27	83.89
合　计	5055	100.00	66.18	67.27	11.83	60.06	28.31	88.37

资料来源：南开大学公司治理数据库。

从表 8.4 可以看出，真实性、相关性与及时性指数平均值分别为 65.86、65.79 和 67.55。交通运输、仓储和邮政业的信息披露水平最好，是由于真实性指数远高于平均值，高出 8.53。科学研究和技术服务业信息披露水平位列第二，得益于三个分指数都较高，分别为 71.10、66.28 和 68.92，均高于相应平均值。金融业信息披露水平位于前列的主要因素在于其真实性指数和及时性指数较高，比平均值分别高出 5.44 和 3.97。

导致房地产业、教育以及居民服务、修理和其他服务业信息披露指数垫底的原因是三个行业的真实性、相关性以及及时性指标都低于平均值，其中三个行业与真实性平均值差异最大，分别低于平均值 8.86、12.35 以及 26.19；其次较大程度低于及时性平均值，分别低出 6.74、8.32 以及 13.95；而居民服务、修理和其他服务业相关性表现较差，低于平均值 7.59。

表 8.4 中国上市公司信息披露分指数分行业描述性统计

行业	数目	比例（%）	信息披露指数	真实性	相关性	及时性
农、林、牧、渔业	48	0.95	65.78	66.65	64.90	64.93
采矿业	78	1.54	65.80	65.23	64.87	68.62
制造业	3343	66.13	66.92	66.51	66.67	68.30
电力、热力、燃气及水生产和供应业	131	2.59	67.44	68.61	63.97	69.69
建筑业	107	2.12	61.21	59.29	64.52	61.07
批发和零售业	189	3.74	64.62	64.63	63.54	66.18
交通运输、仓储和邮政业	112	2.22	70.28	74.39	63.92	69.54
住宿和餐饮业	8	0.16	68.08	69.84	64.65	68.81
信息传输、软件和信息技术服务业	423	8.37	64.25	62.72	65.56	66.13
金融业	127	2.51	68.75	71.30	62.67	71.52
房地产业	112	2.22	58.40	57.00	59.12	60.81
租赁和商务服务业	65	1.29	61.95	60.95	62.88	63.05
科学研究和技术服务业	110	2.18	69.21	71.10	66.28	68.92
水利、环境和公共设施管理业	97	1.92	62.91	61.14	65.13	64.01
教育	12	0.24	57.61	53.51	63.37	59.23
卫生和社会工作	16	0.32	61.88	59.79	64.21	63.59
文化、体育和娱乐业	63	1.25	60.49	60.11	61.76	59.53
居民服务、修理和其他服务业	1	0.02	48.02	39.67	58.20	53.60
综合	13	0.26	61.06	57.92	62.31	67.07
合 计	5055	100.00	66.18	65.86	65.79	67.55

资料来源：南开大学公司治理数据库。

二、2018－2023 年中国上市公司信息披露分行业比较

从表 8.5 的统计数据可以看出，整体而言，六年各行业信息披露水平差异较大，各行业的信息披露指数平均值在各年度间波动较大。制造业在六年间表现较好，各年信息披露指数均大于整体平均值。与 2022 年相比，2023 年信息披露指数平均水平总体上略有提高，上升了 0.44。

分行业来看，2023 年多数行业的信息披露指数均有上升，总体趋势较好。指数平均值增长的行业有 14 个，增长明显的有金融业，农、林、牧、渔业以及批发和零售业，平均值较上年增长分别为 9.23、5.99 和 4.00。而信息披露指数平均值下降的行业有 5 个，其中下降幅度较大的是居民服务、修理和其他服务业以及文化、体育和娱乐业，分别下降了 18.86 和 2.43。

表 8.5   中国上市公司信息披露指数分行业描述性统计六年比较

行业	2018 年	2019 年	2020 年	2021 年	2022 年	2023 年
农、林、牧、渔业	64.07	62.33	63.73	61.38	59.79	65.78
采矿业	57.40	64.54	64.77	62.23	63.44	65.80
制造业	66.48	65.87	65.78	66.62	67.54	66.92
电力、热力、燃气及水生产和供应业	62.95	64.91	66.41	66.00	63.51	67.44
建筑业	59.12	65.72	64.79	63.88	60.90	61.21
批发和零售业	62.97	64.18	64.18	62.82	60.62	64.62
交通运输、仓储和邮政业	63.93	65.78	65.96	66.04	66.44	70.28
住宿和餐饮业	66.40	65.90	69.84	58.94	65.88	68.08
信息传输、软件和信息技术服务业	66.89	64.63	63.96	64.61	63.29	64.25
金融业	60.89	63.31	64.16	62.45	59.52	68.75
房地产业	61.32	64.05	63.60	62.17	57.23	58.40
租赁和商务服务业	62.06	62.14	62.02	59.64	60.42	61.95
科学研究和技术服务业	66.32	64.80	66.78	68.87	70.89	69.21
水利、环境和公共设施管理业	65.79	65.54	64.57	64.92	62.39	62.91
教育	58.40	61.89	61.07	55.54	55.62	57.61
卫生和社会工作	65.43	66.06	59.38	61.93	59.00	61.88
文化、体育和娱乐业	65.62	63.97	63.14	63.10	62.92	60.49
居民服务、修理和其他服务业	—	—	50.41	59.87	66.88	48.02
综合	64.24	62.86	63.54	62.64	61.46	61.06
合　计	65.31	65.35	65.27	65.60	65.74	66.18

资料来源：南开大学公司治理数据库。

第三节　中国上市公司信息披露分控股股东性质评价

一、2023 年中国上市公司信息披露分控股股东性质总体描述

表8.6 给出了按控股股东性质分类的2023 年评价中各组样本公司的信息披露指数统计指标。控股股东性质为国有控股的上市公司信息披露指数为67.29、集体控股为68.43、民营控股为65.71、社会团体控股为66.85、外资控股为66.57、无实际控制人为65.61 和其他类型为66.84。我国控股股东性质主要为国有控股和民营控股，占样本企业总比例达88.19%。其中，国有控股和民营控股上市公司的信息披露指数最高值均为88.37，极差分别为56.03 和60.06，标准差分别为11.10 和12.03，以上数据表明国有控股上市公司信息披露水平略高于民营控股上市公司信息披露水平，且公司之间差异较大。而在所有样本上市公司中，集体控股上市公司信息披露水平最高。

表 8.6　中国上市公司信息披露指数分控股股东性质描述性统计

控股股东性质	数目	比例（%）	平均值	中位数	标准差	极差	最小值	最大值
国有控股	1330	26.31	67.29	68.23	11.10	56.03	32.34	88.37
集体控股	23	0.45	68.43	69.32	11.18	35.88	49.62	85.50
民营控股	3128	61.88	65.71	66.88	12.03	60.06	28.31	88.37
社会团体控股	7	0.14	66.85	68.30	12.16	39.80	41.86	81.66
外资控股	175	3.46	66.57	68.25	11.77	47.43	37.12	84.55
无实际控制人	311	6.15	65.61	66.50	12.80	54.60	33.52	88.12
其他类型	81	1.60	66.84	67.35	11.10	43.53	40.86	84.39
合　计	5055	100.00	66.18	67.27	11.83	60.06	28.31	88.37

资料来源：南开大学公司治理数据库。

从表 8.7 的分指数看，集体控股上市公司信息披露水平最好，其真实性和及时性水平均高于各自平均值，其真实性水平高于国有控股上市公司 0.97，高于民营控股上市公司 3.89；其及时性水平高于国有控股上市公司 3.07，高于民营控股上市公司 5.55。其次，国有控股上市公司信息披露指数排名第二，主要真实性和及时性水平均高于各自平均值，其中真实性和及时性分别高于民营控股上市公司 2.92 和 2.48，但是在相关性方面，民营控股上市公司高于国有控股上市公司 1.25，反映出集体控股上市公司和国有控股上市公司信息披露水平总体较好。

表 8.7 中国上市公司信息披露分指数分控股股东性质描述性统计

控股股东性质	信息披露指数	真实性	相关性	及时性
国有控股	67.29	67.93	64.91	69.25
集体控股	68.43	68.90	65.06	72.32
民营控股	65.71	65.01	66.16	66.77
社会团体控股	66.85	64.03	66.32	74.67
外资控股	66.57	65.64	66.74	68.62
无实际控制人	65.61	65.29	65.27	66.92
其他类型	66.84	66.76	66.14	68.08
合　计	66.18	65.86	65.79	67.55

资料来源：南开大学公司治理数据库。

二、2018－2023 年中国上市公司信息披露分控股股东性质比较

表 8.8 主要呈现了国有控股和民营控股性质的上市公司信息披露指数在 2018－2023 年之间的变动。从信息披露指数总体来看，国有控股上市公司六年内信息披露指数整体提升。2018－2020 年，信息披露指数从 64.07 稳步提高到 66.33，虽然在 2021 和 2022 两年有所下降，但在 2023 年又有较大提升，升至 67.29。民营控股上市公司信息披露水平在六年间比较稳定，维持在 65.50 左右，在 2019 年和 2020 年有所下降，经历了 2021 和 2022 两年的回升后，在 2023 年又下降至 65.71。横向比较来看，2018 年，民营控股上市公司信息披露水平高于国有控股上市公司；但从 2019 年开始，国有控股上市公司信息披露水平实现反超，且 2020 年差距进一步扩大，在 2021 年，虽然国有控股上市公司依然处于领先地位，但二者的差距开始缩小，信息披露指数接近，直至 2022 年国有控股上市公司被民营控股上市公司反超。而在 2023 年，国有控股上市公司的信息披露水平又高于民营控股上市公司。

表 8.8 中国国有和民营控股公司信息披露指数描述性统计六年比较

年份	控股股东性质	信息披露指数	真实性	相关性	及时性
2018	国有	64.07	64.00	61.98	69.17
	民营	65.92	65.60	66.45	65.77
2019	国有	65.76	65.19	65.41	68.43
	民营	65.15	65.10	64.82	66.09
2020	国有	66.33	66.70	63.77	69.25
	民营	64.85	64.17	65.81	65.09
2021	国有	65.70	64.60	65.59	68.60
	民营	65.69	65.75	65.11	66.40

续表

年份	控股股东性质	信息披露指数	真实性	相关性	及时性
2022	国有	65.16	65.13	63.16	68.22
	民营	66.07	65.66	66.51	66.45
2023	国有	67.29	67.93	64.91	69.25
	民营	65.71	65.01	66.16	66.77

资料来源：南开大学公司治理数据库。

第四节 中国上市公司信息披露分地区评价

一、2023 年中国上市公司信息披露分地区总体描述

表 8.9 显示，2023 年中国上市公司信息披露各地市的指数平均值除青海省以外，均高于 60.00。在 33 个地区中，上市公司信息披露指数高于总体平均值的地区有 11 个。排在前五位的是香港（79.56）、河南省（69.48）、开曼群岛（68.02）、天津市（67.95）和四川省（67.90）的上市公司。信息披露指数排名后五位的是吉林省（61.20）、西藏（60.79）、海南省（60.55）、贵州省（60.20）和青海省（55.36）的上市公司。关注各地区的指数极差和标准差可以发现，各地区信息披露指数的极差和标准差较大，说明各地区上市公司信息披露水平分布不平衡。

表 8.9　中国上市公司信息披露指数分地区描述性统计

地区	数目	比例（%）	平均值	中位数	标准差	极差	最小值	最大值
北京市	455	9.00	67.08	68.46	11.83	54.92	32.34	87.26
天津市	69	1.36	67.95	66.64	10.11	43.32	41.28	84.60
河北省	74	1.46	65.95	67.12	12.69	48.10	37.25	85.35
山西省	40	0.79	61.51	63.59	10.69	40.70	42.70	83.40
内蒙古	25	0.49	65.94	68.54	11.99	45.57	38.03	83.60
辽宁省	85	1.68	61.27	64.55	12.91	47.10	36.80	83.90
吉林省	49	0.97	61.20	65.09	13.37	43.32	37.18	80.50
黑龙江省	39	0.77	64.44	65.02	12.60	41.01	41.83	82.84
上海市	415	8.21	65.65	66.71	11.40	53.87	33.43	87.30
江苏省	632	12.50	67.42	68.36	11.52	52.93	35.34	88.27
浙江省	656	12.98	66.35	67.41	11.76	59.73	28.31	88.04
安徽省	161	3.18	67.76	67.97	10.88	45.28	41.12	86.40
福建省	170	3.36	65.30	66.76	11.79	52.15	33.76	85.91

地区	数目	比例（%）	平均值	中位数	标准差	极差	最小值	最大值
江西省	78	1.54	65.95	67.92	12.19	44.96	38.09	83.05
山东省	290	5.74	67.25	68.17	11.39	54.31	31.33	85.64
河南省	107	2.12	69.48	70.04	10.91	49.80	38.57	88.37
湖北省	136	2.69	65.59	66.08	11.82	53.49	34.00	87.49
湖南省	138	2.73	65.09	67.74	12.22	54.04	34.13	88.17
广东省	829	16.40	66.45	67.45	11.93	55.42	32.95	88.37
广　西	40	0.79	61.83	64.13	11.62	44.96	38.94	83.90
海南省	28	0.55	60.55	62.89	11.22	43.11	38.17	81.28
重庆市	69	1.36	65.58	68.22	10.64	42.94	38.83	81.77
四川省	168	3.32	67.90	68.48	11.34	47.46	38.04	85.50
贵州省	35	0.69	60.20	65.76	14.22	43.97	37.93	81.90
云南省	42	0.83	62.11	65.19	9.76	46.08	37.54	83.62
西　藏	22	0.44	60.79	64.03	12.17	42.78	38.08	80.86
陕西省	75	1.48	64.26	65.68	12.00	45.44	38.67	84.11
甘肃省	35	0.69	66.47	69.34	14.16	45.36	39.55	84.91
青海省	11	0.22	55.36	51.33	15.12	43.68	34.13	77.81
宁　夏	15	0.30	67.18	67.73	14.18	46.01	37.15	83.16
新　疆	59	1.17	62.28	65.42	12.00	43.91	40.65	84.56
香　港	2	0.04	79.56	79.56	2.56	3.62	77.75	81.37
开曼群岛	6	0.12	68.02	67.26	13.63	33.27	49.12	82.39
合　计	5055	100.00	66.18	67.27	11.83	60.06	28.31	88.37

资料来源：南开大学公司治理数据库。

二、2018－2023 年中国上市公司信息披露分地区比较

从表 8.10 中国分地区信息披露指数平均值的六年比较中可以看出，天津市、安徽省、浙江省、江苏省和河南省上市公司信息披露质量持续表现较好，六年间的指数平均值都高于总体平均值。广东省、江西省、四川省和山东省的上市公司信息披露指数有五年高于总体平均值。从地区排名上来看，天津市上市公司信息披露水平在 2019 年、2020 年位列前三，并且在 2019 年排名第一，2023 年位列第四。安徽省上市公司信息披露水平 2021－2022 年排名第一，江苏省上市公司 2018 年和 2022 年位列前三，其余年份在均值之上。浙江省经历了 2018－2019 年的小幅降落后自 2020年后又逐步上升，2022 年排名第二，但是在 2023 年其信息披露指数又有所下降。河南省上市公司的信息披露水平 2018－2019 年逐年提高，经历了 2020 年的下降后，从 2021 年开始有所回升，并且 2021－2023 年逐年提高至 69.48，位列第二。广东省

和江西省的信息披露水平在 2018－2023 年虽然有五年高于总体平均值，但总体呈下降趋势。而四川省六年间总体呈现上升趋势，从 2018 年的 65.26 上升到 2023 年的 67.90，提高了 2.64。山东省上市公司信息披露水平连续六年都没有进入前五，但该地区上市公司信息披露各年平均值都高于或非常接近总体平均值。

相比较而言，青海省的信息披露水平最差，六个年度当中有五年排在最后五名，并且有三年排在最后。海南省的信息披露水平也较差，六个年度当中有五年排在最后五名，其中有两年排在最后一名。此外，内蒙古和山西省的信息披露水平在六个年度当中有三年排在最后五名。青海省六年中的信息披露水平保持低位徘徊，2022 年下降较大，比上年度下降 5.22。海南省自 2019 年进入最后五名名单，2019－2020 年小幅上升，2021－2022 年逐年下降，2023 年又有所回升。山西省信息披露水平虽然在 2018 年、2019 年和 2022 年的排名均处于末尾五位，信息披露水平较差，但是六年间的总体趋势是上升的，从 2018 年的 58.07 上升到 2023 年的 61.51。内蒙古自 2020 年起信息披露水平提高，走出了最后五名名单。

通过以上分地区分析可以看出，上市公司信息披露水平与相应地区经济社会的发展水平有一定的关联。

表 8.10　中国上市公司信息披露指数分地区描述性统计六年比较

地区	2018 年	2019 年	2020 年	2021 年	2022 年	2023 年
北京市	65.33	65.84	65.09	66.00	65.29	67.08
天津市	65.56	67.14	66.86	66.28	66.16	67.95
河北省	65.17	65.06	67.36	65.61	66.29	65.95
山西省	58.07	62.63	65.19	63.14	60.66	61.51
内蒙古	61.87	65.23	63.57	61.50	63.20	65.94
辽宁省	63.44	63.99	64.07	62.77	61.78	61.27
吉林省	64.15	64.39	62.64	61.28	62.87	61.20
黑龙江省	63.49	62.87	63.63	61.27	63.11	64.44
上海市	63.53	64.87	65.41	66.85	65.35	65.65
江苏省	66.40	65.35	65.90	66.52	67.05	67.42
浙江省	65.83	65.44	65.63	66.39	67.10	66.35
安徽省	65.73	65.85	66.14	67.63	67.77	67.76
福建省	65.30	66.14	65.61	65.82	64.90	65.30
江西省	66.22	66.89	65.69	65.97	66.07	65.95
山东省	65.35	65.49	65.23	66.37	66.48	67.25
河南省	65.96	66.13	65.69	65.79	67.04	69.48
湖北省	64.07	64.20	63.88	63.02	65.52	65.59
湖南省	66.15	64.74	64.63	64.36	64.63	65.09
广东省	66.67	66.14	65.23	65.75	66.01	66.45

地区	2018 年	2019 年	2020 年	2021 年	2022 年	2023 年
广　西	65.90	63.15	64.55	61.59	62.91	61.83
海南省	63.28	61.51	62.18	58.36	57.52	60.55
重庆市	62.89	63.09	64.15	63.08	62.79	65.58
四川省	65.26	65.71	66.00	65.86	66.85	67.90
贵州省	65.04	64.83	64.91	63.15	64.68	60.20
云南省	64.64	66.55	66.95	64.98	63.70	62.11
西　藏	65.04	67.08	64.99	66.71	63.23	60.79
陕西省	65.76	65.22	64.28	65.96	64.12	64.26
甘肃省	64.28	63.19	64.44	63.42	64.72	66.47
青海省	60.96	63.30	61.55	61.05	55.83	55.36
宁　夏	61.07	62.99	64.48	65.18	64.68	67.18
新　疆	63.65	64.38	63.89	62.23	62.24	62.28
香　港	63.65	64.38	63.89	62.23	—	79.56
开曼群岛	—	—	—	65.36	—	68.02
合　计	65.31	65.35	65.27	65.60	65.74	66.18

资料来源：南开大学公司治理数据库。

第五节　中国上市公司信息披露 100 佳评价

一、中国上市公司信息披露 100 佳比较分析

表 8.11 是样本公司和 100 佳公司信息披露指数以及各分项指标的描述统计结果。信息披露 100 佳上市公司信息披露评价指数平均值为 85.53，比样本总体平均值高出 19.35。信息披露真实性、相关性和及时性的平均值依次为 89.10、76.13 和 90.67，分别高出全部样本 23.24、10.34 和 23.12。100 佳公司的信息披露三项分指数指标，均比样本总体平均值高。样本总体的信息披露水平的标准差为 11.83，极差为 60.06，100 佳上市公司信息披露水平的标准差为 1.11，极差为 4.13，说明 100 佳上市公司的信息披露水平相比样本总体来说更为集中。

表 8.11　中国上市公司信息披露 100 佳描述性统计

项目	样本	平均值	中位数	标准差	极差	最小值	最大值
信息披露指数	100 佳	85.53	85.22	1.11	4.13	84.24	88.37
	样本总体	66.18	67.27	11.83	60.06	28.31	88.37

续表

项目	样本	平均值	中位数	标准差	极差	最小值	最大值
真实性	100 佳	89.10	88.24	2.06	7.79	85.96	93.75
	样本总体	65.86	66.72	17.19	64.90	28.85	93.75
相关性	100 佳	76.13	75.68	4.83	22.79	65.67	88.46
	样本总体	65.79	65.66	6.08	66.05	22.41	88.46
及时性	100 佳	90.67	92.79	4.22	18.84	74.97	93.81
	样本总体	67.55	67.85	15.07	61.69	32.28	93.97

资料来源：南开大学公司治理数据库。

二、中国上市公司信息披露 100 佳公司行业分布

表 8.12 关于上市公司信息披露 100 佳行业分布表明，信息披露最好的上市公司分布主要集中在制造业，其他行业涉及数量较少。从绝对数角度来看，入选信息披露 100 佳上市公司最多的行业是制造业，有 79 家，占制造业的 2.36%；信息传输、软件和信息技术服务业以及科学研究和技术服务业次之，均为 5 家，分别占本行业比例 1.18% 和 4.54%。从相对数角度来看，科学研究和技术服务业入选 100 佳占该行业比例 4.54%，是相对比例最高的行业。批发和零售业，住宿和餐饮业，金融业，房地产业，教育，卫生和社会工作，文化、体育和娱乐业，居民服务、修理和其他服务业以及综合类 9 个行业没有 1 家入选 100 佳公司。

表 8.12 中国上市公司信息披露 100 佳公司行业分布

行业	样本总体		100 佳		
	数目	比例（%）	数目	比例（%）	占本行业比例（%）
农、林、牧、渔业	48	0.95	2	2.00	4.17
采矿业	78	1.54	2	2.00	2.56
制造业	3343	66.13	79	79.00	2.36
电力、热力、燃气及水生产和供应业	131	2.59	2	2.00	1.53
建筑业	107	2.12	1	1.00	0.93
批发和零售业	189	3.74	—	—	—
交通运输、仓储和邮政业	112	2.22	1	1.00	0.89
住宿和餐饮业	8	0.16	—	—	—
信息传输、软件和信息技术服务业	423	8.37	5	5.00	1.18
金融业	127	2.51	—	—	—
房地产业	112	2.22	—	—	—
租赁和商务服务业	65	1.29	1	1.00	1.54

行业	样本总体		100 佳		
	数目	比例（%）	数目	比例（%）	占本行业比例（%）
科学研究和技术服务业	110	2.18	5	5.00	4.54
水利、环境和公共设施管理业	97	1.92	2	2.00	2.06
教育	12	0.24	—	—	—
卫生和社会工作	16	0.32	—	—	—
文化、体育和娱乐业	63	1.25	—	—	—
居民服务、修理和其他服务业	1	0.02	—	—	—
综合	13	0.26	—	—	—
合　计	5055	100.00	100	100.00	1.98

资料来源：南开大学公司治理数据库。

三、中国上市公司信息披露 100 佳公司控股股东性质分布

表 8.13 显示，按控股股东性质分，入选信息披露 100 佳的上市公司大多数为民营控股股东性质的公司，有 73 家，占民营控股企业的 2.33%。国有控股股东性质的公司次之，有 17 家，占国有控股企业的 1.28%。另外，无实际控制人类上市公司有 7 家入选，占无实际控制人类企业的 2.25%。集体控股、外资控股和其他类型的上市公司各有 1 家入选，分别占集体控股企业、外资控股企业和其他类型企业的 4.35%、0.57% 和 1.23%。社会团体控股未有公司入选 100 佳。

表 8.13　中国上市公司信息披露 100 佳公司控股股东分布

控股股东性质	样本总体		100 佳		
	数目	比例（%）	数目	比例（%）	占本组比例（%）
国有控股	1330	26.31	17	17.00	1.28
集体控股	23	0.45	1	1.00	4.35
民营控股	3128	61.88	73	73.00	2.33
社会团体控股	7	0.14	—	0.00	0.00
外资控股	175	3.46	1	1.00	0.57
无实际控制人	311	6.15	7	7.00	2.25
其他类型	81	1.60	1	1.00	1.23
合　计	5055	100.00	100	100.00	1.98

资料来源：南开大学公司治理数据库。

四、中国上市公司信息披露 100 佳公司地区分布

由表 8.14 可以看出，公司信息披露水平高的企业具有区域集中的特征。而且，

100 佳公司地区分布与分地区信息披露质量分析结果一致。在入选信息披露 100 佳上市公司中,来自广东省、江苏省、浙江省和北京市 4 个地区的上市公司共占到 63%,依次有 22 家、18 家、10 家、13 家,分别占各地区样本的 2.65%、2.85%、1.52%、2.86%。

另外,从占本地区相对数比例来看,比例居前三位的是甘肃省、安徽省和北京市,分别为 5.71%、4.35% 和 2.86%,绝对数为 2 家、7 家和 13 家。而山西省、内蒙古、辽宁省、吉林省、黑龙江省、江西省、广西、海南省、重庆市、贵州省、云南省、陕西省、西藏、青海省、宁夏、香港以及开曼群岛,没有一家公司入选 100 佳公司。

表 8.14　中国上市公司信息披露 100 佳公司地区分布

地区	样本总体		100 佳		
	数目	比例（%）	数目	比例（%）	占本地区比例（%）
北京市	455	9.00	13	13.00	2.86
天津市	69	1.36	1	1.00	1.45
河北省	74	1.46	1	1.00	1.35
山西省	40	0.79	—	—	—
内蒙古	25	0.49	—	—	—
辽宁省	85	1.68	—	—	—
吉林省	49	0.97	—	—	—
黑龙江省	39	0.77	—	—	—
上海市	415	8.21	5	5.00	1.20
江苏省	632	12.50	18	18.00	2.85
浙江省	656	12.98	10	10.00	1.52
安徽省	161	3.18	7	7.00	4.35
福建省	170	3.36	3	3.00	1.76
江西省	78	1.54	—	—	—
山东省	290	5.74	6	6.00	2.07
河南省	107	2.12	3	3.00	2.80
湖北省	136	2.69	2	2.00	1.47
湖南省	138	2.73	2	2.00	1.45
广东省	829	16.40	22	22.00	2.65
广　西	40	0.79	—	—	—
海南省	28	0.55	—	—	—
重庆市	69	1.36	—	—	—
四川省	168	3.32	4	4.00	2.38
贵州省	35	0.69	—	—	—

续表

地区	样本总体		100 佳		
	数目	比例（%）	数目	比例（%）	占本地区比例（%）
云南省	42	0.83	—	—	—
西　藏	22	0.44	—	—	—
陕西省	75	1.48	—	—	—
甘肃省	35	0.69	2	2.00	5.71
青海省	11	0.22	—	—	—
宁　夏	15	0.30	—	—	—
新　疆	59	1.17	1	1.00	1.69
香　港	2	0.04	—	—	—
开曼群岛	6	0.12	—	—	—
合　计	5055	100.00	100	100.00	1.98

资料来源：南开大学公司治理数据库。

主要结论

过去的六年里，在经济全球化背景之下，世界经济的变化影响到中国经济，进一步导致中国上市公司的治理情况也随之发生一些改变。在信息披露方面整体有以下结论。

第一，2023 年中国上市公司样本量为 5055 家，信息披露指数的平均值为 66.18，标准差为 11.83。其中真实性、相关性和及时性指数的平均值依次为 65.86、65.79 和 67.55，标准差依次为 17.19、6.08 和 15.07，极差依次为 64.90、66.05 和 61.69。相比 2022 年，2023 年信息披露指数值以及真实性、相关性和及时性分指数都有所上升。

第二，从连续六年信息披露指数的发展趋势看，样本公司信息披露指数平均值在 2018－2019 年呈现出逐年上升的趋势，2020 年有所下降，2021－2023 年又呈现上升趋势。三个分指数中，真实性指数在 2018 年和 2019 年持续上升，又在 2020 年下降，2021 年－2023 年又回升，变化趋势与信息披露总指数类似。相关性指数六年间呈现出逐年上升的趋势。及时性指数在 2018－2023 年六年间呈现波动变化趋势，但变化幅度较小，2023 年相比 2022 年提高了 0.47。

第三，从信息披露指数的横向比较来看，上市公司在信息披露的及时性方面做得最好，2018－2023 年连续六年都是及时性指数最大，真实性次之，相关性最低，但 2020 年后真实性和相关性几乎持平。

第四，从行业来看，2023 年信息披露指数平均值居于前三位的为交通运输、仓储和邮政业，科学研究和技术服务业以及金融业，分别为 70.28、69.21 及 68.75。平均值最低的三个行业是房地产业、教育以及居民服务、修理和其他服务业，指数均低于 60 分，分别为 58.40、57.61 和 48.02。从长期角度看，整体而言，六年各行业信息披露水平差异较大，各行业的信息披露指数平均值在各年度间波动较大。制造业在六年间表现较好，各年信息披露指数均大于整体平均值。与 2022 年相比，2023年信息披露指数平均水平总体上略有提高，上升了 0.44。从分行业来看，2023 年多数行业的信息披露指数均有上升，总体趋势较好。增长明显的有金融业，农、林、牧、渔业以及批发和零售业。而居民服务、修理和其他服务业以及文化、体育和娱乐业的信息披露指数平均值下降幅度较大。

第五，从股权性质来看，上市公司的信息披露水平，因公司股权性质不同而呈现一定的差异。2023 年，我国控股股东性质主要为国有控股和民营控股，占样本企业总比例达 88.19%。其中国有控股上市公司信息披露指数平均值为 67.29，民营控股为 65.71，表明国有控股上市公司信息披露水平高于民营控股上市公司信息披露水平，主要原因是国有控股上市公司的真实性和及时性分指数都较高，分别高出民营控股上市公司 2.92 和 2.48。从长期来看，国有控股上市公司六年内信息披露指数整体提升，2018－2020 年，信息披露指数从 64.07 稳步提高到 66.33，虽然在 2021 和2022 两年有所下降，但在 2023 年又有较大提升，升至 67.29。民营控股上市公司信息披露水平在六年间比较稳定，维持在 65.50 左右，但在 2019 年和 2020 年有所下降，经历了 2021 和 2022 两年的回升后，在 2023 年又下降至 65.71。此外，集体控股上市公司信息披露水平最好，其真实性和及时性水平均高于各自平均值，其真实性水平高于国有控股上市公司 0.97，高于民营控股上市公司 3.89；其及时性水平高于国有控股上市公司 3.07，高于民营控股上市公司 5.55。

第六，从地区来看，2023 年上市公司信息披露指数排在前五名的地区分别是香港、开曼群岛、河南省、天津市和四川省。信息披露指数排名后五位的地区分别是吉林省、西藏、海南省、贵州省和青海省。关注各地区的指数极差和标准差可以发现，各地区信息披露指数的极差和标准差较大，说明各地区上市公司信息披露水平分布不平衡。从长期角度看，天津市、安徽省、浙江省、江苏省、河南省、四川省、广东省、江西省和山东省的信息披露状况表现较好，青海省、海南省、山西省和内蒙古的信息披露水平较差，山西省信息披露水平在 2018 年、2019 年和 2022 年的排名均处于末尾五位。青海省在六年中有五年排在最后五名，并且有三年排在最后。2022 年，青海省的上市公司信息披露水平大幅下降并在 2022 年和 2023 年连续两年垫底。

第七，信息披露 100 佳上市公司信息披露评价指数平均值为 85.53，比样本总体平均值高出 19.35。100 佳公司的信息披露三项分指数指标，均比样本总体平均值高。信息披露 100 佳上市公司行业分布表明，信息披露最好的上市公司分布主要集中在制造业行业，其他行业涉及数量较少。从绝对数角度来看，入选信息披露 100 佳上市公司最多的行业是制造业，信息传输、软件和信息技术服务业以及科学研究和技术服务业次之。从相对数角度，科学研究和技术服务业的相对比例最高，绝对数为 5 家。按控股股东性质分，入选信息披露 100 佳的上市公司绝大多数为民营控股股东性质的公司，国有控股股东性质的公司次之。另外，无实际控制人类型上市公司有 7 家入选，社会团体控股未有公司入选 100 佳。公司信息披露水平高的企业具有区域集中的特征，而且 100 佳地区分布与分地区信息披露质量分析结果一致。在入选信息披露 100 佳上市公司中，来自广东省、江苏省、浙江省和北京市 4 个地区的上市公司共占到 63%。另外，从占本地区相对数比例来看，比例居前三位的是甘肃省、安徽省和北京市，而山西省、内蒙古、辽宁省、吉林省、黑龙江省、江西省、广西、海南省、重庆市、贵州省、云南省、陕西省、西藏、青海省、宁夏、香港以及开曼群岛，没有一家公司入选 100 佳公司。

第九章　中国上市公司利益相关者治理评价

第一节　中国上市公司利益相关者治理总体分析

一、2023年中国上市公司利益相关者治理总体描述

2023年中国上市公司利益相关者治理评价样本5055家，较2022年增加376家。利益相关者治理指数的平均值为69.40，最大值为87.62，最小值为34.28，极差为53.35，标准差为7.23。见表9.1。

表9.1　中国上市公司利益相关者治理总体状况描述性统计

项目	平均值	中位数	标准差	极差	最小值	最大值
利益相关者治理指数	69.40	70.45	7.23	53.35	34.28	87.62
参与程度	64.79	67.00	8.61	43.00	39.00	82.00
协调程度	75.05	78.50	11.93	68.50	28.50	97.00

资料来源：南开大学公司治理数据库。

从利益相关者治理指数的两个分指数来看，参与程度分指数的平均值为64.79，最大值为82.00，最小值为39.00，极差为43.00，标准差为8.61；协调程度分指数的平均值为75.05，最大值为97.00，最小值为28.50，极差为68.50，标准差为11.93。协调程度分指数的平均值相对于参与程度分指数的平均值较高，分布也较为分散。

二、2018－2023年中国上市公司利益相关者治理比较

从2018－2023年的数据和折线图来看（见表9.2、图9.1），利益相关者治理指数的平均值总体呈上升趋势，除2019年出现下降外均有上升，2020年涨幅相对较小，2021－2023年提升幅度逐年减少。参与程度分指数的平均值同样呈上升趋势，上升趋势较利益相关者治理指数的平均值更大，除2021年出现下降外均实现增长，2020年的增幅最大，2023年增幅最小。协调程度分指数的平均值则呈现出先下降后上升态势，2021－2023年虽较2020年的低谷有很大提升，但仍未恢复到2018年的水平。

表 9.2　中国上市公司利益相关者治理指数描述性统计六年比较

项目	2018 年	2019 年	2020 年	2021 年	2022 年	2023 年
利益相关者治理指数	63.26	63.00	63.32	66.42	68.13	69.40
参与程度	52.26	55.03	61.78	59.97	63.58	64.79
协调程度	76.72	72.75	65.21	74.31	73.69	75.05

资料来源：南开大学公司治理数据库。

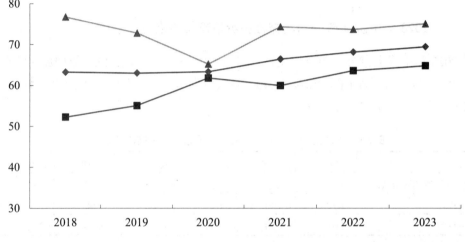

图 9.1　中国上市公司利益相关者治理指数平均值六年折线图比较

资料来源：南开大学公司治理数据库。

2022－2023 年的变化方面，利益相关者治理指数的平均值由 68.13 升至 69.40，增长 1.27。从利益相关者治理的参与程度和协调程度两个因素来看，参与程度分指数的平均值由 63.58 升至 64.79，增长 1.21；协调程度分指数的平均值则由 73.69 升至 75.05，增长 1.36，增幅较参与程度分指数稍大，共同推动了 2023 年利益相关者治理指数平均值的增长。

参与程度方面，员工参与程度得分平均值由 60.62 提高到 60.81。其中，实施员工持股计划的公司比例有所上升，由 18.08% 提升至 18.48%。职工监事超过 1/3 的公司的比例也有所上升，由 20.00% 提升至 21.19%。另外，投资者参与程度得分平均值由 66.54 上升到 68.76。其中，网站更新表现改善，网站更新及时率由 67.00% 升至 68.01%，网址停更率由 11.07% 降至 10.74%。为规范上市公司投资者关系管理工作，

2022 年 4 月中国证监会印发《上市公司投资者关系管理工作指引》，已制定投资者关系管理制度的公司数量由 3328 家升至 4150 家，比例由 71.13%上升至 82.10%。

协调程度方面，社会责任履行得分平均值有所降低，由 64.23 降至 63.73。其中，捐赠支出高于 100 万元的公司比例由 28.06%降至 27.64%。发布社会责任报告的公司由 1375 家增加到 1753 家，比例由 29.34%提升至 34.68%；社会责任报告经第三方审验的公司由 51 家增加到 95 家，比例变化趋势与发布社会责任报告的一致。供应商和客户权益保护方面有些许退步，得分平均值分别下降 0.04 和 4.92，有环保措施的公司比例下降 0.60%。另外，违规和处罚得分平均值由 86.12 升至 92.02，未受到处罚的公司比例由 79.01%扩大到 87.56%。诉讼、仲裁得分均值由 81.17 增至 82.61，涉及重大诉讼的公司比例由 29.92%降至 26.71%。

第二节　中国上市公司分行业利益相关者治理评价

一、2023 年中国上市公司利益相关者治理分行业总体描述

从行业分布状况可以看出，利益相关者治理指数平均值最高的行业分别是金融业，住宿和餐饮业以及交通运输、仓储和邮政业，平均值分别为 71.19、71.17 和 70.60；平均值最低的 3 个行业分别是综合，租赁和商务服务业以及建筑业，平均值分别为 65.22、66.70 和 66.80。见表 9.3。

表 9.3　中国上市公司利益相关者治理指数分行业描述性统计

行业	数目	比例（%）	平均值	中位数	标准差	极差	最小值	最大值
农、林、牧、渔业	48	0.95	67.63	68.83	8.82	36.97	47.50	84.47
采矿业	78	1.54	69.56	70.63	8.00	34.49	52.68	87.17
制造业	3343	66.13	69.82	70.82	7.01	49.07	38.55	87.62
电力、热力、燃气及水生产和供应业	131	2.59	69.04	70.67	7.42	37.67	43.83	81.50
建筑业	107	2.12	66.80	67.75	8.43	41.65	43.05	84.70
批发和零售业	189	3.74	68.12	69.47	7.95	39.90	46.15	86.05
交通运输、仓储和邮政业	112	2.22	70.60	73.41	7.68	33.30	50.00	83.30
住宿和餐饮业	8	0.16	71.17	72.62	3.58	11.24	64.58	75.82
信息传输、软件和信息技术服务业	423	8.37	68.51	70.15	7.11	37.19	45.26	82.45
金融业	127	2.51	71.19	72.90	7.10	38.27	47.10	85.37
房地产业	112	2.22	67.94	68.80	7.53	36.52	48.63	85.15

行业	数目	比例（%）	平均值	中位数	标准差	极差	最小值	最大值
租赁和商务服务业	65	1.29	66.70	68.58	7.99	44.80	39.67	84.47
科学研究和技术服务业	110	2.18	69.43	70.37	7.09	49.24	34.28	83.52
水利、环境和公共设施管理业	97	1.92	67.74	67.67	6.99	39.75	43.55	83.30
居民服务、修理和其他服务业	1	0.02	69.47	69.47	—	0.00	69.47	69.47
教育	12	0.24	68.58	69.79	5.25	19.54	60.38	79.92
卫生和社会工作	16	0.32	67.14	67.91	8.78	35.17	51.10	86.27
文化、体育和娱乐业	63	1.25	67.22	67.63	6.83	27.14	51.83	78.97
综合	13	0.26	65.22	67.97	8.49	24.61	50.26	74.87
合 计	5055	100.00	69.40	70.45	7.23	53.35	34.28	87.62

资料来源：南开大学公司治理数据库。

从利益相关者治理指数的两个分指数来看，参与程度分指数平均值最高的行业是教育，住宿和餐饮业以及金融业，平均值分别为 68.58、67.38 和 67.24，参与程度分指数平均值最低的行业是综合，电力、热力、燃气及水生产和供应业以及科学研究和技术服务业，平均值分别为 61.54、63.38 和 64.03。协调程度分指数平均值最高的行业是交通运输、仓储和邮政业，制造业以及科学研究和技术服务业，平均值分别为 76.75、76.35 和 76.03，协调程度分指数平均值最低的行业是租赁和商务服务业、卫生和社会工作以及建筑业，平均值分别为 68.22、68.31 和 68.37。此外，多个行业在两个分指数的排名方面较为分化，利益相关者指数平均值排名第四位的制造业，其参与程度分指数平均值排名第十五位，而协调程度能排名第二位；利益相关者指数平均值排名第七位的交通运输、仓储和邮政业，其参与程度分指数平均值排名第十七位，而协调程度排名第三位；利益相关者指数平均值排名第九位的教育，其参与程度分指数平均值排名第一位，而协调程度只能排名第十六位。见表9.4。

表 9.4　中国上市公司利益相关者治理分指数分行业描述性统计

行业	数目	比例（%）	利益相关者治理指数	参与程度	协调程度
农、林、牧、渔业	48	0.95	67.63	64.98	70.88
采矿业	78	1.54	69.56	65.32	74.74
制造业	3343	66.13	69.82	64.47	76.35
电力、热力、燃气及水生产和供应业	131	2.59	69.04	63.38	75.98
建筑业	107	2.12	66.80	65.51	68.37
批发和零售业	189	3.74	68.12	65.26	71.62

续表

行业	数目	比例（%）	利益相关者治理指数	参与程度	协调程度
交通运输、仓储和邮政业	112	2.22	70.60	65.57	76.75
住宿和餐饮业	8	0.16	71.17	67.38	75.81
信息传输、软件和信息技术服务业	423	8.37	68.51	65.82	71.79
金融业	127	2.51	71.19	67.24	76.02
房地产业	112	2.22	67.94	66.34	69.90
租赁和商务服务业	65	1.29	66.70	65.45	68.22
科学研究和技术服务业	110	2.18	69.43	64.03	76.03
水利、环境和公共设施管理业	97	1.92	67.74	64.15	72.13
居民服务、修理和其他服务业	1	0.02	69.47	67.00	72.50
教育	12	0.24	68.58	68.58	68.58
卫生和社会工作	16	0.32	67.14	66.19	68.31
文化、体育和娱乐业	63	1.25	67.22	65.87	68.87
综合	13	0.26	65.22	61.54	69.73
合　计	5055	100.00	69.40	64.79	75.05

资料来源：南开大学公司治理数据库。

二、2018－2023 分行业的中国上市公司利益相关者治理比较

如表 9.5 所示，2023 年利益相关者指数平均值同比上升的行业有 16 个，同比下降的行业有 3 个。其中增长最大的行业为居民服务、修理和其他服务业（样本量只有 1 家），住宿和餐饮业以及电力、热力、燃气及水生产和供应业，分别增长 12.42、3.83 和 2.48，其中住宿和餐饮业继 2022 年后再次列位增长前三。下降的行业为卫生和社会工作，综合以及水利、环境和公共设施管理业，分别下降 2.81、0.46 和 0.05。

2023 年相较 2018 年，所有行业的利益相关者指数平均值都有上升，其中增长最大的行业为住宿和餐饮业，房地产业以及金融业，分别增长 12.15、9.74 和 8.66；增长最小的行业为水利、环境和公共设施管理业，农、林、牧、渔业以及卫生和社会工作，分别增长 3.78、4.04 和 4.33。

六年来利益相关者治理指数平均值最高的行业为金融业、教育以及制造业，利益相关者治理平均值为 66.29、66.28 和 66.26，数字上非常接近。六年来利益相关者治理指数平均值最低的行业为综合，居民服务、修理和其他服务业以及房地产业，利益相关者治理指数平均值分别为 60.19、62.14 和 62.60。

表 9.5 中国上市公司利益相关者治理指数分行业描述性统计六年比较

行业	2018 年	2019 年	2020 年	2021 年	2022 年	2023 年
农、林、牧、渔业	63.59	62.40	62.35	66.30	65.70	67.63
采矿业	61.87	58.73	58.81	63.97	67.26	69.56
制造业	64.13	63.70	64.25	67.19	68.57	69.82
电力、热力、燃气及水生产和供应业	60.43	61.40	60.00	64.84	66.57	69.04
建筑业	61.29	60.38	60.23	64.27	66.17	66.80
批发和零售业	59.60	61.22	60.38	63.46	66.06	68.12
交通运输、仓储和邮政业	64.12	63.08	63.65	66.76	69.13	70.60
住宿和餐饮业	59.02	59.25	59.53	62.40	67.34	71.17
信息传输、软件和信息技术服务业	64.07	63.24	63.06	65.79	67.80	68.51
金融业	62.53	64.50	64.39	66.05	69.09	71.19
房地产业	58.20	59.66	60.23	63.17	66.39	67.94
租赁和商务服务业	61.64	60.31	61.35	64.04	66.51	66.70
科学研究和技术服务业	62.99	62.50	63.85	66.60	68.41	69.43
水利、环境和公共设施管理业	63.96	64.08	63.85	66.60	67.79	67.74
居民服务、修理和其他服务业	—	—	64.60	57.44	57.05	69.47
教育	62.50	64.92	64.71	68.76	68.11	68.58
卫生和社会工作	62.81	62.80	63.32	68.07	69.96	67.14
文化、体育和娱乐业	62.02	62.05	62.02	64.51	66.28	67.22
综合	58.17	58.23	54.07	59.74	65.68	65.22
合　计	63.26	63.00	63.32	66.42	69.40	69.40

资料来源：南开大学公司治理数据库。

第三节　中国上市公司利益相关者分控股股东性质治理评价

一、2023 年中国上市公司利益相关者治理分控股股东性质总体描述

利益相关者治理指数平均值由高到低分别为集体控股、国有控股、社会团体控股、无实际控制人、民营控股、外资控股和其他类型上市公司，平均值分别为 72.83、70.18、69.83、69.61、69.08、69.03 和 68.05。国有控股的利益相关者治理平均水平好于民营控股上市公司和外资控股上市公司。见表 9.6。

表 9.6　中国上市公司利益相关者治理指数分控股股东性质描述性统计

控股股东性质	数目	比例（%）	平均值	中位数	标准差	极差	最小值	最大值
国有控股	1330	26.31	70.18	71.45	7.18	44.12	43.05	87.17
集体控股	23	0.45	72.83	72.17	5.76	22.42	63.18	85.60
民营控股	3128	61.88	69.08	70.15	7.13	52.22	34.28	86.50
社会团体控股	7	0.14	69.83	68.12	8.23	21.40	60.10	81.50
外资控股	175	3.46	69.03	69.55	6.45	35.35	47.95	83.30
无实际控制人	311	6.15	69.61	71.72	8.56	49.07	38.55	87.62
其他类型	81	1.60	68.05	69.32	6.84	28.62	51.75	80.37
合　计	5055	100.00	69.40	70.45	7.23	53.35	34.28	87.62

资料来源：南开大学公司治理数据库。

从利益相关者治理指数的两个分指数来看，参与程度分指数平均值由高到低分别为集体控股、无实际控制人、社会团体控股、国有控股、民营控股、外资控股和其他类型上市公司；协调程度分指数平均值由高到低分别为集体控股、其他类型、外资控股、国有控股、民营控股、社会团体控股和无实际控制人上市公司。国有控股上市公司在两个分指数上的表现均优于民营控股上市公司；外资控股上市公司在参与程度分指数上领先国有控股和民营控股上市公司，在协调程度分指数上落后国有控股和民营控股上市公司；无实际控制人上市公司在参与程度分指数上领先外资控股上市公司，在协调程度分指数上落后外资控股上市公司。见表 9.7。

表 9.7　中国上市公司利益相关者治理分指数分控股股东性质描述性统计

控股股东性质	数目	比例（%）	利益相关者治理指数	参与程度	协调程度
国有控股	1330	26.31	70.18	65.54	75.85
集体控股	23	0.45	72.83	68.78	77.78
民营控股	3128	61.88	69.08	64.47	74.72
社会团体控股	7	0.14	69.83	66.43	74.00
外资控股	175	3.46	69.03	62.90	76.54
无实际控制人	311	6.15	69.61	66.50	73.42
其他类型	81	1.60	68.05	60.69	77.05
合　计	5055	100.00	69.40	64.79	75.05

资料来源：南开大学公司治理数据库。

二、2018－2023 年分控股股东性质中国上市公司利益相关者治理比较

表 9.8 列出了 2018－2023 年的国有控股和民营控股上市公司的利益相关者治理指数平均值。2023 年国有控股上市公司的利益相关者治理指数平均值上升 1.36，民

营控股上升 1.20。从利益相关者治理指数的两个分指数来看，国有控股上市公司参与程度分指数平均值上升 1.64，民营控股上升 1.00，国有控股上市公司协调程度分指数平均值上升 1.01，民营控股上升 1.44。

总体上看，2018－2023 年国有控股上市公司的利益相关者治理指数平均值上升 8.03，民营控股上升 5.25，在 2021 年赶超民营控股后保持并扩大领先，反映出近年来国有企业改革三年行动、建立现代企业制度、加快建设世界一流企业等举措成效显著，公司治理不断完善，利益相关者治理水平得到提升。从利益相关者治理指数的两个分指数来看，国有控股上市公司参与程度分指数平均值上升 14.76，民营控股上升 11.43，国有控股上市公司协调程度分指数平均值下降 0.21，民营控股下降 2.32，国有控股上市公司在两个分指数上均表现更好。见表 9.8。

表 9.8 国有和民营控股上市公司利益相关者治理指数描述性统计六年比较

年份	控股股东性质	利益相关者治理指数	参与程度	协调程度
2018	国有	62.15	50.78	76.06
	民营	63.83	53.04	77.04
2019	国有	62.08	53.66	72.38
	民营	63.43	55.67	72.92
2020	国有	62.23	60.70	64.10
	民营	63.87	62.41	65.66
2021	国有	65.66	58.59	74.31
	民营	66.82	60.63	74.40
2022	国有	68.82	63.90	74.83
	民营	67.89	63.47	73.28
2023	国有	70.18	65.54	75.85
	民营	69.08	64.47	74.72

资料来源：南开大学公司治理数据库。

第四节 中国上市公司利益相关者治理分地区评价

一、2023 年中国上市公司利益相关者治理分地区总体描述

上市公司利益相关者治理指数平均值排在前三名的是香港（75.69）、内蒙古（72.10）和河南省（71.71），其中香港只有 2 个样本（中国海油和中国移动），它们的利益相关者治理水平较高并不令人意外，内蒙古提升明显，河南省延续了先前优异的表现。北京市和上海市分别排名第十三和十六，广东省、江苏省、浙江省等通

常意义上经济发达的地区只能排在中下游，分别排名第二十、十九、十八名。上市公司利益相关者治理指数平均值排名后三位的是开曼群岛（66.50）、辽宁省（66.80）和广西（66.81），其中开曼群岛是四个平均值下降的地区之一，跌至排行末位，辽宁省和广西与2022年相同，分列倒数二、第三位。从我国地理分区上看，华北（70.40）、华东（69.79）、华中（69.74）、西南（69.51）地区表现较好，东北（67.29）、华南（67.60）、西北（68.66）表现较差。见表9.9。

表 9.9　中国上市公司分地区利益相关者治理指数描述性统计

地区	数目	比例（%）	平均值	中位数	标准差	极差	最小值	最大值
北京市	455	9.00	69.72	70.60	6.62	40.26	45.56	85.82
天津市	69	1.36	70.76	71.27	6.20	33.54	50.88	84.42
河北省	74	1.46	70.11	71.42	6.29	34.52	49.95	84.47
山西省	40	0.79	69.32	70.89	7.38	29.77	49.98	79.75
内蒙古	25	0.49	72.10	72.62	8.26	40.30	47.32	87.62
辽宁省	85	1.68	66.80	68.42	9.07	36.88	46.42	83.30
吉林省	49	0.97	67.71	69.75	9.20	39.29	43.83	83.12
黑龙江省	39	0.77	67.37	67.90	7.41	30.80	51.15	81.95
上海市	415	8.21	69.42	70.37	6.63	37.42	48.85	86.27
江苏省	632	12.50	69.16	70.15	7.17	45.25	39.67	84.92
浙江省	656	12.98	69.20	70.22	7.36	47.05	39.45	86.50
安徽省	161	3.18	70.00	70.82	6.76	32.15	51.60	83.75
福建省	170	3.36	70.89	72.32	7.11	38.52	45.90	84.42
江西省	78	1.54	68.92	69.98	8.93	39.00	46.15	85.15
山东省	290	5.74	70.96	71.95	6.48	33.85	51.75	85.60
河南省	107	2.12	71.71	72.62	6.63	37.87	46.60	84.47
湖北省	136	2.69	68.71	69.47	8.07	37.20	48.85	86.05
湖南省	138	2.73	68.79	69.52	7.01	35.35	47.95	83.30
广东省	829	16.40	69.03	70.25	7.41	51.09	34.28	85.37
广　西	40	0.79	66.81	66.91	6.04	25.22	53.80	79.02
海南省	28	0.55	66.95	69.73	8.52	28.62	51.30	79.92
重庆市	69	1.36	69.95	69.60	7.71	33.62	51.75	85.37
四川省	168	3.32	69.81	71.10	6.61	39.45	46.60	86.05
贵州省	35	0.69	69.84	71.80	8.45	46.60	39.67	86.27
云南省	42	0.83	69.78	70.22	7.53	34.94	52.23	87.17
西　藏	22	0.44	68.15	68.72	7.18	24.49	53.13	77.62
陕西省	75	1.48	69.55	70.82	6.32	30.52	51.03	81.55
甘肃省	35	0.69	68.97	67.90	7.42	29.27	53.13	82.40

地区	数目	比例（%）	平均值	中位数	标准差	极差	最小值	最大值
青海省	11	0.22	68.16	70.60	6.46	17.51	57.69	75.20
宁　夏	15	0.30	69.58	69.02	7.24	23.27	56.10	79.37
新　疆	59	1.17	67.04	69.30	8.83	31.70	47.50	79.20
香　港	2	0.04	75.69	75.69	4.24	6.00	72.69	78.69
开曼群岛	6	0.12	66.50	66.00	8.80	20.65	56.25	76.90
合　计	5055	100.00	69.40	70.45	7.23	53.35	34.28	87.62

资料来源：南开大学公司治理数据库。

二、2018—2023 年中国上市公司利益相关者治理分地区比较

从表 9.10 可以看出，与 2022 年相比，二十八个地区的利益相关者治理指数平均值实现同比上升，增幅较大的地区为内蒙古、黑龙江省和宁夏，分别提升 4.24、3.25 和 2.52；利益相关者治理指数平均值同比下降的地区为江西省、开曼群岛、安徽省和新疆，分别下降 0.85、0.25、0.21 和 0.15。与 2018 年相比，增幅较大的地区为宁夏、重庆市和内蒙古，分别提升 14.09、10.95 和 10.79；增幅较小的地区为江西省、江苏省和云南省，分别提升 3.57、4.68 和 5.03。河南省、福建省和安徽省六年的利益相关者治理平均状况较好，平均值分别为 67.03、66.93 和 66.84，三甲省份与 2022 年一致，仅安徽省和福建省调换了次序，可见河南省、安徽省和福建省的利益相关者治理水平一直处于全国前列；而黑龙江省、宁夏和海南省的六年的利益相关者治理平均状况较差，平均值分别为 61.50、61.56 和 32.03，这三个地区和次序与 2022 年完全一致，虽然黑龙江省 2023 年进步显著，但前期欠债较多，仍列末位。

表 9.10　中国上市公司利益相关者治理指数分地区描述性统计六年比较

地区	2018 年	2019 年	2020 年	2021 年	2022 年	2023 年
北京市	63.61	63.33	64.29	67.19	68.18	69.72
天津市	64.30	65.54	62.51	66.33	68.50	70.76
河北省	63.15	61.97	64.34	66.95	69.22	70.11
山西省	61.07	60.50	61.46	63.08	68.08	69.32
内蒙古	61.31	60.99	59.97	64.89	67.86	72.10
辽宁省	61.24	60.50	59.93	62.86	65.16	66.80
吉林省	60.18	61.78	60.35	66.28	67.12	67.71
黑龙江省	60.68	58.93	55.73	62.19	64.12	67.37
上海市	62.60	62.79	62.81	66.88	68.07	69.42
江苏省	64.48	63.72	63.66	66.19	67.70	69.16
浙江省	63.46	63.44	63.52	66.68	67.75	69.20

地区	2018 年	2019 年	2020 年	2021 年	2022 年	2023 年
安徽省	64.43	63.29	65.23	67.85	70.22	70.00
福建省	63.81	64.16	64.89	68.23	69.59	70.89
江西省	65.35	63.20	65.28	67.49	69.77	68.92
山东省	64.52	63.94	64.50	67.46	68.94	70.96
河南省	65.27	64.43	63.33	67.05	70.40	71.71
湖北省	63.09	61.98	62.46	65.39	67.57	68.71
湖南省	63.52	63.17	63.86	66.12	68.18	68.79
广东省	63.65	63.38	64.34	66.95	68.00	69.03
广　西	60.90	60.12	59.31	62.35	65.31	66.81
海南省	59.87	59.95	58.93	60.36	66.14	66.95
重庆市	59.00	61.40	60.77	65.55	68.29	69.95
四川省	62.31	62.88	62.84	66.04	68.84	69.81
贵州省	63.69	61.55	62.25	66.68	69.41	69.84
云南省	64.75	62.80	61.91	64.68	68.64	69.78
西　藏	59.86	63.85	63.60	59.94	67.84	68.15
陕西省	61.90	62.20	61.81	65.39	68.69	69.55
甘肃省	63.40	61.19	61.90	64.01	66.68	68.97
青海省	62.07	60.67	58.26	65.16	65.82	68.16
宁　夏	55.49	56.45	57.87	62.92	67.06	69.58
新　疆	58.68	60.06	61.02	65.30	67.20	67.04
香　港	—	—	—	—	—	75.69
开曼群岛	—	—	—	66.75	67.20	66.50
合　计	63.26	63.00	63.32	66.42	68.13	69.40

资料来源：南开大学公司治理数据库。

第五节　中国上市公司利益相关者治理 100 佳评价

一、中国上市公司利益相关者治理 100 佳比较分析

如表 9.11 所示，中国上市公司利益相关者治理 100 佳利益相关者治理指数平均值为 83.54，参与程度分指数和协调程度分指数的平均值分别为 79.59 和 88.36；100佳上市公司的利益相关者治理协调程度高于参与程度，与总体一致。

表 9.11　中国上市公司利益相关者治理 100 佳描述性统计

项目	样本	平均值	中位数	标准差	极差	最小值	最大值
利益相关者	100 佳	83.54	83.30	1.41	5.90	81.72	87.62
治理指数	样本总体	69.40	70.45	7.23	53.35	34.28	87.62
参与程度	100 佳	79.59	82.00	2.52	6.00	76.00	82.00
	样本总体	64.79	67.00	8.61	43.00	39.00	82.00
协调程度	100 佳	88.36	88.75	3.25	13.00	81.50	94.50
	样本总体	75.05	78.50	11.93	68.50	28.50	97.00

资料来源：南开大学公司治理数据库。

二、中国上市公司利益相关者治理 100 佳公司行业分布

表 9.12 上市公司利益相关者治理 100 佳行业分布表明，从绝对数量角度看，入选利益相关者治理 100 佳上市公司最多的行业是制造业，有 79 家；电力、热力、燃气及水生产和供应业，住宿和餐饮业，居民服务、修理和其他服务业，教育，文化、体育和娱乐业以及综合没有公司进入 100 佳。从入选 100 佳公司占行业比重角度看，卫生和社会工作，采矿业以及制造业公司占比较高，卫生和社会工作以及制造业的位次与 2022 年一致，说明在这两个行业利益相关者治理工作的渗透率高且稳定，其中制造业基数较大还能有 2.56% 的 100 佳率，体现了行业整体在利益相关者治理方面的优势。而电力、热力、燃气及水生产和供应业上市公司共 131 家，文化、体育和娱乐业上市公司共 63 家，却均无一进入 100 佳，体现了这两个行业在利益相关者治理方面落后的状况。

表 9.12　中国上市公司利益相关者治理 100 佳公司行业分布

行业	样本总体		100 佳		
	数目	比例（%）	数目	比例（%）	占本行业比例（%）
农、林、牧、渔业	48	0.95	1	0.98	2.08
采矿业	78	1.54	2	1.96	2.56
制造业	3343	66.13	79	77.45	2.36
电力、热力、燃气及水生产和供应业	131	2.59	0	0.00	0.00
建筑业	107	2.12	2	1.96	1.87
批发和零售业	189	3.74	4	3.92	2.12
交通运输、仓储和邮政业	112	2.22	2	1.96	1.79
住宿和餐饮业	8	0.16	0	0.00	0.00
信息传输、软件和信息技术服务业	423	8.37	3	2.94	0.71
金融业	127	2.51	2	1.96	1.57
房地产业	112	2.22	1	0.98	0.89

续表

行业	样本总体		100 佳		
	数目	比例（%）	数目	比例（%）	占本行业比例（%）
租赁和商务服务业	65	1.29	1	0.98	1.54
科学研究和技术服务业	110	2.18	2	1.96	1.82
水利、环境和公共设施管理业	97	1.92	2	1.96	2.06
居民服务、修理和其他服务业	1	0.02	0	0.00	0.00
教育	12	0.24	0	0.00	0.00
卫生和社会工作	16	0.32	1	0.98	6.25
文化、体育和娱乐业	63	1.25	0	0.00	0.00
综合	13	0.26	0	0.00	0.00
合　计	5055	100.00	102	100.00	2.02

注：第 100 佳为三家上市公司并列，故数目合计为 102。

资料来源：南开大学公司治理数据库。

三、中国上市公司利益相关者治理 100 佳公司控股股东性质分布

表 9.13 显示，利益相关者治理 100 佳中，控股股东性质为无实际控制人、民营控股、国有控股、外资控股的上市公司所占比例分别为 9.80%、62.75%、23.53%和 1.96%，分别占无实际控制人上市公司的 3.22%、民营控股上市公司的 2.05%、国有控股上市公司的 1.80%和外资控股上市公司的 1.14%；集体控股上市公司入选率为 8.70%，明显高于其他类别。民营控股上市公司在 100 佳入选率方面相较于国有控股处于领先地位，与总体平均值不一致，体现了民营控股内部表现分化的状态。此外，民营控股上市公司入选率下降了 0.56%，国有控股上市公司入选率上升了 0.41%，体现了国有控股上市公司在利益相关者治理方面进步明显。

表 9.13　中国上市公司利益相关者治理 100 佳公司控股股东分布

控股股东性质	样本总体		100 佳		
	数目	比例（%）	数目	比例（%）	占本组比例（%）
国有控股	1330	26.31	24	23.53	1.80
集体控股	23	0.45	2	1.96	8.70
民营控股	3128	61.88	64	62.75	2.05
社会团体控股	7	0.14	0	0.00	0.00
外资控股	175	3.46	2	1.96	1.14
无实际控制人	311	6.15	10	9.80	3.22
其他类型	81	1.60	0	0.00	0.00
合　计	5055	100.00	102	100.00	2.02

资料来源：南开大学公司治理数据库。

四、中国上市公司利益相关者治理 100 佳公司地区分布

在入选利益相关者治理 100 佳上市公司中，从数量来看，浙江省、广东省和江苏省进入 100 佳上市公司较多，分别为 15 家、14 家和 13 家，较 2022 年更为均衡；从比例来看，入选率较高的地区是内蒙古、湖北省和云南省，分别为 8.00%、5.15% 和 4.76%。山西省、广西、海南省、西藏、陕西省、青海省、宁夏、新疆、香港和开曼群岛没有公司进入利益相关者治理 100 佳，其中山西省、西藏、陕西省、青海省、宁夏和开曼群岛与 2022 年一样，均无公司进入利益相关者治理 100 佳。见表 9.14。

表 9.14　中国上市公司利益相关者治理 100 佳公司地区分布

地区	样本总体		100 佳		
	数目	比例（%）	数目	比例（%）	占本地区比例（%）
北京市	455	9.00	6	5.88	1.32
天津市	69	1.36	2	1.96	2.90
河北省	74	1.46	1	0.98	1.35
山西省	40	0.79	0	0.00	0.00
内蒙古	25	0.49	2	1.96	8.00
辽宁省	85	1.68	1	0.98	1.18
吉林省	49	0.97	1	0.98	2.04
黑龙江省	39	0.77	1	0.98	2.56
上海市	415	8.21	4	3.92	0.96
江苏省	632	12.50	13	12.75	2.06
浙江省	656	12.98	15	14.71	2.29
安徽省	161	3.18	6	5.88	3.73
福建省	170	3.36	3	2.94	1.76
江西省	78	1.54	3	2.94	3.85
山东省	290	5.74	7	6.86	2.41
河南省	107	2.12	2	1.96	1.87
湖北省	136	2.69	7	6.86	5.15
湖南省	138	2.73	3	2.94	2.17
广东省	829	16.40	14	13.73	1.69
广　西	40	0.79	0	0.00	0.00
海南省	28	0.55	0	0.00	0.00
重庆市	69	1.36	3	2.94	4.35
四川省	168	3.32	4	3.92	2.38
贵州省	35	0.69	1	0.98	2.86
云南省	42	0.83	2	1.96	4.76

地区	样本总体		100 佳		
	数目	比例（%）	数目	比例（%）	占本地区比例（%）
西　藏	22	0.44	0	0.00	0.00
陕西省	75	1.48	0	0.00	0.00
甘肃省	35	0.69	1	0.98	2.86
青海省	11	0.22	0	0.00	0.00
宁　夏	15	0.30	0	0.00	0.00
新　疆	59	1.17	0	0.00	0.00
香　港	2	0.04	0	0.00	0.00
开曼群岛	6	0.12	0	0.00	0.00
合　计	5055	100.00	102	100.00	2.02

资料来源：南开大学公司治理数据库。

主要结论

第一，2023 年中国上市公司利益相关者治理评价样本 5055 家，较 2022 年增加 376 家。利益相关者治理指数的平均值为 69.40，同比提高 1.27，近年来总体上也呈上升趋势。与 2022 年对比，在参与程度方面，员工参与程度得分平均值有所提高。其中，实施员工持股计划的公司比例有所上升，职工监事超过 1/3 的公司的比例也有所上升。另外，投资者参与程度得分实现提升。其中，网站更新得分有所上升；为规范上市公司投资者关系管理工作，2022 年 4 月中国证监会印发《上市公司投资者关系管理工作指引》，已制定投资者关系管理制度的公司数量显著增加。在协调程度方面，社会责任履行得分均值有所降低。其中，捐赠支出高于 100 万元的公司比例下降，发布社会责任报告和社会责任报告经第三方审验的公司均有增加。供应商和客户权益保护方面有些许退步，提及供应商和客户权益保护的公司比例出现下降，有环保措施的公司比例有少许下降。另外，未受到处罚的公司比例降低明显，违规和处罚得分均值提升；涉及重大诉讼的公司比例有所下降，诉讼、仲裁得分均值也有所提升。

第二，从行业分布来看，2023 年利益相关者治理指数平均值最高的行业分别为金融业，住宿和餐饮业以及交通运输、仓储和邮政业；平均值最低的 3 个行业分别是综合，租赁和商务服务业以及建筑业。多数行业利益相关者治理水平较 2022 年有所提升，增长最大的行业为居民服务、修理和其他服务业，住宿和餐饮业以及电力、热力、燃气及水生产和供应业，下降的行业为卫生和社会工作，综合以及水利、环境和公共设施管理业。与 2018 年相比，住宿和餐饮业，房地产业以及金融业增长最大，水利、环境和公共设施管理业，农、林、牧、渔业以及卫生和社会工作增长相对较小。从近六年指数整体情况来看，六年来利益相关者治理平均值较高的行业为金融业、教育以及制造业，平均值较低的行业为综合，居民服务、修理和其他服务业以及房地产业。

第三，从控股股东性质来看，国有控股上市公司利益相关者治理状况好于民营控股，在 2021 年赶超民营控股后保持并扩大领先，反映出近年来国有企业改革三年行动、建立现代企业制度、加快建设世界一流企业等举措成效显著，公司治理不断完善，利益相关者治理水平得到提升。

第四，从注册地分布来看，利益相关者治理指数平均值排在前三名的是香港、内蒙古和河南省，内蒙古提升明显，河南省延续了先前优异的表现。利益相关者治理指数平均值排名后三位的是开曼群岛、辽宁省和广西。与 2021 年相比，28 个地区的利益相关者治理指数平均值实现上升，增幅较大的地区为内蒙古、黑龙江省和宁夏，下降的地区为江西省、开曼群岛、安徽省和新疆。与 2018 年相比，增幅较大的地区为宁夏、重庆市和内蒙古；增幅较小的地区为江西省、江苏省和云南省。河南省、福建省和安徽省六年的利益相关者治理平均状况较好，三甲省份与 2022 年一致，仅安徽省和福建省调换了次序，可见河南省、安徽省和福建省的利益相关者治理水平一直处于全国前列；而黑龙江省、宁夏和海南省六年的利益相关者治理平均状况较差，这三个地区和次序与 2022 年完全一致，虽然黑龙江省 2023 年进步显著，但前期欠债较多，仍列末位。

第五，从利益相关者治理 100 佳公司的行业分布看，制造业在基数较大的情况下有 2.36% 的 100 佳率，排名第三位，体现了行业整体在利益相关者治理方面的优势；电力、热力、燃气及水生产和供应业上市公司共 131 家，文化、体育和娱乐业上市公司共 63 家，却均无一进入 100 佳，体现了这两个行业在利益相关者治理方面落后的状况。在 100 佳中，民营控股上市公司所占比例高于国有控股，体现了民营控股内部表现分化的状态。从地区分布来看，浙江省、广东省和江苏省入选数量最多，但广东省入选数量大幅下降，内蒙古、湖北省和云南省入选率最高，山西省、广西、海南省、西藏、陕西省、青海省、宁夏、新疆、香港和开曼群岛没有公司进入利益相关者治理 100 佳，其中山西省、西藏、陕西省、青海省、夏和开曼群岛与 2022 年一样，均无公司进入利益相关者治理 100 佳。

第十章　主板上市公司治理总体评价

第一节　主板上市公司治理总体分析

一、样本来源及选取

2023 年评价中按照市场板块划分样本公司，根据信息齐全和不含异常数据两项样本筛选的基本原则，本报告最终确定主板非金融上市公司有效样本为 3039 家。样本公司的行业、控股股东性质及地区构成见表 10.1、表 10.2 与表 10.3。本章主要对 3039 家主板非金融上市公司样本进行分析。

从样本行业分布情况来看，最近几年评价中各行业样本所占比例较为稳定，2023 年仍然是制造业样本所占比例最高，为 64.36%。

表 10.1　主板上市公司治理评价样本公司的行业构成

行业	数目	比例（%）
农、林、牧、渔业	37	1.22
采矿业	73	2.40
制造业（合计）	1956	64.36
农副食品加工业	52	1.71
食品制造业	59	1.94
酒、饮料和精制茶制造业	48	1.58
纺织业	39	1.28
纺织服装、服饰业	37	1.22
皮革、毛皮、羽毛及其制品和制鞋业	10	0.33
木材加工及木、竹、藤、棕、草制品业	8	0.26
家具制造业	23	0.76
造纸及纸制品业	33	1.09
印刷和记录媒介复制业	14	0.46
文教、工美、体育和娱乐用品制造业	17	0.56
石油加工、炼焦及核燃料加工业	15	0.49
化学原料及化学制品制造业	215	7.07
医药制造业	172	5.66
化学纤维制造业	23	0.76

行业	数目	比例（%）
橡胶和塑料制品业	59	1.94
非金属矿物制品业	77	2.53
黑色金属冶炼及压延加工业	31	1.02
有色金属冶炼及压延加工业	70	2.30
金属制品业	66	2.17
通用设备制造业	104	3.42
专用设备制造业	137	4.51
汽车制造业	129	4.24
铁路、船舶、航空航天和其他运输设备制造业	44	1.45
电气机械及器材制造业	185	6.09
计算机、通信和其他电子设备制造业	251	8.26
仪器仪表制造业	22	0.72
废弃资源综合利用业	6	0.20
其他制造业	10	0.33
电力、热力、燃气及水生产和供应业	127	4.18
建筑业	95	3.13
批发和零售业	162	5.33
交通运输、仓储和邮政业	107	3.52
住宿和餐饮业	7	0.23
信息传输、软件和信息技术服务业	156	5.13
房地产业	111	3.65
租赁和商务服务业	48	1.58
科学研究和技术服务业	32	1.05
水利、环境和公共设施管理业	49	1.61
居民服务、修理和其他服务业	—	—
教育	10	0.33
卫生和社会工作	9	0.30
文化、体育和娱乐业	47	1.55
综合	13	0.43
合　计	3039	100.00

资料来源：南开大学公司治理数据库。

　　按控股股东性质分组样本中，国有控股和民营控股上市公司仍然占据较大的比例，二者合计占比89.24%。国有控股上市公司在2023年评价样本中有1083家，比例为35.64%，相对于2022年的35.54%略有上升；民营控股上市公司在2023年评价样本中有1629家，比例为53.60%，相对于2022年的53.16%上升了0.44%。无实际控制人、外资控股、集体控股、社会团体控股和其他类型上市公司样本所占比例较低。

表 10.2　主板上市公司治理评价样本公司的控股股东性质构成

控股股东性质	数目	比例（%）
国有控股	1083	35.64
集体控股	18	0.59
民营控股	1629	53.60
社会团体控股	6	0.20
外资控股	107	3.52
无实际控制人	162	5.33
其他类型	34	1.12
合　计	3039	100.00

资料来源：南开大学公司治理数据库。

近年来主板上市公司的地区分布比例没有太大变化，从不同地区样本数量、所占比例看，广东省（437 家，占样本公司的 14.38%）、浙江省（433 家，占样本公司的 14.25%）、江苏省（320 家，占样本公司的 10.53%）、上海市（240 家，占样本公司的 7.90%）、北京市（225 家，占样本公司的 7.40%）、山东省（190 家，占样本公司的 6.25%）等经济发达地区上市公司数量较多，而内蒙古、西藏、宁夏和青海省等欠发达地区上市公司数量较少，这反映出经济发展水平与上市公司数量存在一定的关系。

表 10.3　主板上市公司治理评价样本公司的地区构成

地区	数目	比例（%）	地区	数目	比例（%）
北京市	225	7.40	湖南省	82	2.70
天津市	47	1.55	广东省	437	14.38
河北省	49	1.61	广　西	35	1.15
山西省	33	1.09	海南省	23	0.76
内蒙古	21	0.69	重庆市	54	1.78
辽宁省	59	1.94	四川省	97	3.19
吉林省	37	1.22	贵州省	29	0.95
黑龙江省	30	0.99	云南省	32	1.05
上海市	240	7.90	西　藏	15	0.49
江苏省	320	10.53	陕西省	42	1.38
浙江省	433	14.25	甘肃省	30	0.99
安徽省	99	3.26	青海省	11	0.36
福建省	113	3.72	宁　夏	13	0.43

续表

地区	数目	比例（%）	地区	数目	比例（%）
江西省	50	1.65	新　疆	48	1.58
山东省	190	6.25	香　港	2	0.07
河南省	63	2.07	—	—	—
湖北省	80	2.63	合　计	3039	100.00

资料来源：南开大学公司治理数据库。

二、2023 年主板上市公司治理总体描述

在 2023 年评价样本中，主板中国上市公司治理指数平均值为 64.39，较 2022 年的 64.01 上升了 0.38。2023 年主板中国上市公司治理指数最大值为 74.06，最小值为 50.91，详见表 10.4。主板中国上市公司治理指数分布情况如图 10.1 所示。

表 10.4　主板中国上市公司治理指数描述性统计

统计指标	中国上市公司治理指数
平均值	64.39
中位数	64.83
标准差	3.71
偏度	−0.59
峰度	0.22
极差	23.15
最小值	50.91
最大值	74.06

资料来源：南开大学公司治理数据库。

图 10.1　主板上市公司治理指数分布图

资料来源：南开大学公司治理数据库。

在 3039 家样本公司中，没有达到 CCGI^{NK} I 和 CCGI^{NK} II 的上市公司，达到
CCGI^{NK}III 的有 129 家，占全部样本的 4.24%；达到 CCGI^{NK}IV 的有 2532 家，占全部
样本的 83.32%，较 2022 年的 84.01% 有所下降；处于 CCGI^{NK}V 的公司有 378 家，
占样本的 12.44%，与 2022 年的 13.40% 相比，有下降趋势；没有上市公司的治理指
数在 50 以下。见表 10.5。

表 10.5　主板中国上市公司治理指数等级分布

中国上市公司治理指数等级		中国上市公司治理指数等级分布	
		数目	比例（%）
CCGI^{NK}I	90－100	—	—
CCGI^{NK}II	80－90	—	—
CCGI^{NK}III	70－80	129	4.24
CCGI^{NK}IV	60－70	2532	83.32
CCGI^{NK}V	50－60	378	12.44
CCGI^{NK}VI	50 以下	—	—
合　计		3039	100.00

资料来源：南开大学公司治理数据库。

三、2018－2023 年主板上市公司治理年度比较

各年度公司治理评价分维度指数如表 10.6 所示。2023 年度主板中国上市公司治
理指数平均值为 64.39。2018 年、2019 年、2020 年、2021 年和 2022 年主板中国上
市公司治理指数平均值为分别为 61.91、62.59、62.96、63.44 和 64.01。对比连续几
年来的主板中国上市公司治理指数，可以发现，主板上市公司治理水平呈现出逐年
提高的趋势。

观察分析 2023 年数据可知，在几个分指数当中，股东治理指数为 68.34，相比
较 2022 年的 67.70 有所提高；董事会治理指数 2018－2022 年呈逐年上升趋势，2023
年比 2022 年略有下降，作为公司治理核心的董事会建设得到加强；新《公司法》加
强了监事会的职权，监事会治理状况呈现波动趋势，平均值从 2018 年的 59.68 提高
到 2019 年的 60.67，2020 年小幅下降至 60.44，2021 年增长至 60.64，2022 年又下
降至 60.03，2023 年进一步下降至 59.90；经理层治理状况呈现稳步小幅上升态势，
2018 年为 57.54，2023 年上升到 59.59；信息披露状况呈现出一定的波动性，从 2018－
2023 年的信息披露指数平均值依次为 63.23、64.80、65.56、65.37、64.59 和 65.34；
利益相关者问题逐步引起上市公司的关注，2023 年有显著提升，为 69.30。

表 10.6　主板中国上市公司治理指数及其分指数历年比较

治理指数	2018 年	2019 年	2020 年	2021 年	2022 年	2023 年
中国上市公司治理指数	61.91	62.59	62.96	63.44	64.01	64.39
股东治理指数	64.65	65.35	66.12	66.27	67.70	68.34
董事会治理指数	64.09	64.26	64.68	64.68	65.05	64.87
监事会治理指数	59.68	60.67	60.44	60.64	60.03	59.90
经理层治理指数	57.54	57.80	58.32	58.71	59.47	59.59
信息披露指数	63.23	64.80	65.56	65.37	64.59	65.34
利益相关者治理指数	61.46	61.74	61.32	64.71	67.91	69.30

资料来源：南开大学公司治理数据库。

第二节　主板上市公司治理分行业评价

本节按照中国证监会行业分类标准，对主板上市公司所处的 17 个行业大类进行分组，对样本公司的治理状况加以分析。

一、主板上市公司治理分行业总体描述

就主板中国上市公司治理指数平均值而言，科学研究和技术服务业上市公司治理指数平均值为 65.41；交通运输、仓储和邮政业上市公司治理指数平均值为 65.32；住宿和餐饮业上市公司治理指数平均值为 65.08；制造业上市公司治理指数平均值为 64.73；采矿业上市公司治理指数平均值为 64.19；电力、热力、燃气及水生产和供应业上市公司治理指数平均值为 64.19；批发和零售业上市公司治理指数平均值为 64.19；信息传输、软件和信息技术服务业上市公司治理指数平均值为 63.86；农、林、牧、渔业上市公司治理指数平均值为 63.31；租赁和商务服务业上市公司治理指数平均值为 63.28；水利、环境和公共设施管理业上市公司治理指数平均值为 63.11；教育上市公司治理指数平均值为 63.10；建筑业上市公司治理指数平均值为 63.04；房地产业上市公司治理指数平均值为 62.68；文化、体育和娱乐业上市公司治理指数平均值为 62.62；卫生和社会工作上市公司治理指数平均值为 61.83；综合上市公司治理指数平均值为 61.47。总体描述说明，主板上市公司治理总体状况在行业间存在一定的差异。主板按行业分组的上市公司治理指数描述性统计结果见表 10.7。

表 10.7　主板按行业分组的中国上市公司治理指数描述性统计

行业	数目	比例（%）	平均值	中位数	标准差	极差	最小值	最大值
农、林、牧、渔业	37	1.22	63.31	63.31	4.16	16.47	54.81	71.28
采矿业	73	2.40	64.19	64.26	3.48	16.29	54.91	71.19

续表

行业	数目	比例（%）	平均值	中位数	标准差	极差	最小值	最大值
制造业	1956	64.36	64.73	65.15	3.56	22.24	51.82	74.06
电力、热力、燃气及水生产和供应业	127	4.18	64.19	64.35	3.74	19.65	52.90	72.55
建筑业	95	3.13	63.04	63.83	4.08	17.82	52.18	70.01
批发和零售业	162	5.33	64.19	64.42	4.25	20.29	51.92	72.21
交通运输、仓储和邮政业	107	3.52	65.32	65.50	2.62	11.87	58.44	70.31
住宿和餐饮业	7	0.23	65.08	65.68	3.15	9.47	58.37	67.83
信息传输、软件和信息技术服务业	156	5.13	63.86	64.43	4.04	20.10	51.15	71.25
房地产业	111	3.65	62.68	62.85	3.87	17.54	52.00	69.54
租赁和商务服务业	48	1.58	63.28	63.45	4.25	19.11	51.88	71.00
科学研究和技术服务业	32	1.05	65.41	65.75	4.25	20.13	51.07	71.20
水利、环境和公共设施管理业	49	1.61	63.11	63.72	3.65	16.69	52.04	68.73
居民服务、修理和其他服务业	—	—	—	—	—	—	—	—
教育	10	0.33	63.10	63.07	2.30	7.45	59.10	66.55
卫生和社会工作	9	0.30	61.83	60.91	4.13	12.91	55.32	68.23
文化、体育和娱乐业	47	1.55	62.62	63.36	3.35	17.13	50.91	68.04
综合	13	0.43	61.47	63.02	3.70	11.25	54.08	65.32
合　计	3039	100.00	64.39	64.83	3.71	23.15	50.91	74.06

资料来源：南开大学公司治理数据库。

二、主板上市公司治理分行业具体分析与等级描述

基于行业治理指数平均值，结合各个行业中的治理等级分布情况作如下说明：农、林、牧、渔业的 37 家样本中，CCGI[NK]III2 家，CCGI[NK]IV25 家，CCGI[NK]V10 家；采矿业的 73 家样本中，CCGI[NK]III6 家，CCGI[NK]IV57 家，CCGI[NK]V10 家；制造业的 1956 家样本中，CCGI[NK]III94 家，CCGI[NK]IV1656 家，CCGI[NK]V206 家；电力、热力、燃气及水生产和供应业的 127 家样本中，CCGI[NK]III4 家，CCGI[NK]IV109 家，CCGI[NK]V14 家；建筑业的 95 家样本中，CCGI[NK]III1 家，CCGI[NK]IV74 家，CCGI[NK]V20 家；批发和零售业的 162 家样本中，CCGI[NK]III9 家，CCGI[NK]IV128 家，CCGI[NK]V25 家；交通运输、仓储和邮政业的 107 家样本中，CCGI[NK]III3 家，CCGI[NK]IV102 家，

CCGINKV 2 家；住宿和餐饮业的 7 家样本中，6 家为 CCGINKIV，1 家为 CCGINKV；信息传输、软件和信息技术服务业的 156 家样本中，CCGINKIII5 家，CCGINKIV125 家，CCGINKV26 家；房地产业的 111 家样本中，CCGINKIV84 家，CCGINKV27 家；租赁和商务服务业的 48 家样本中，CCGINKIII3 家，CCGINKIV38 家，CCGINKV7 家；科学研究和技术服务业的 32 家样本中，CCGINKIII2 家，CCGINKIV27 家，CCGINKV3 家；水利、环境和公共设施管理业的 49 家样本中，CCGINKIV40 家，CCGINKV9 家；教育的 10 家样本中，CCGINKIV9 家，CCGINKV1 家；卫生和社会工作的 9 家样本中，CCGINKIV6 家，CCGINKV3 家；文化、体育和娱乐业的 47 家样本中，CCGINKIV37 家，CCGINKV10 家；综合的 13 家样本中，CCGINKIV9 家，CCGINKV4 家。主板按行业分组样本的公司治理指数等级分布如表 10.8 所示。

表 10.8　主板按行业分组的中国上市公司治理指数等级分布

行业	CCGINKIII		CCGINKIV		CCGINKV		CCGINKVI	
	数目	比例（%）	数目	比例（%）	数目	比例（%）	数目	比例（%）
农、林、牧、渔业	2	0.07	25	0.82	10	0.33	—	—
采矿业	6	0.20	57	1.88	10	0.33	—	—
制造业	94	3.09	1656	54.49	206	6.78	—	—
电力、热力、燃气及水生产和供应业	4	0.13	109	3.59	14	0.46	—	—
建筑业	1	0.03	74	2.44	20	0.66	—	—
批发和零售业	9	0.30	128	4.21	25	0.82	—	—
交通运输、仓储和邮政业	3	0.10	102	3.36	2	0.07	—	—
住宿和餐饮业	—	—	6	0.20	1	0.03	—	—
信息传输、软件和信息技术服务业	5	0.16	125	4.11	26	0.86	—	—
房地产业	—	—	84	2.76	27	0.89	—	—
租赁和商务服务业	3	0.10	38	1.25	7	0.23	—	—
科学研究和技术服务业	2	0.07	27	0.89	3	0.10	—	—
水利、环境和公共设施管理业	—	—	40	1.32	9	0.30	—	—
居民服务、修理和其他服务业	—	—	—	—	—	—	—	—
教育	—	—	9	0.30	1	0.03	—	—
卫生和社会工作	—	—	6	0.20	3	0.10		

续表

行业	CCGI^{NK}III		CCGI^{NK}IV		CCGI^{NK}V		CCGI^{NK}VI	
	数目	比例(%)	数目	比例(%)	数目	比例(%)	数目	比例(%)
文化、体育和娱乐业	—	—	37	1.22	10	0.33	—	—
综合	—	—	9	0.30	4	0.13	—	—
合　计	129	4.24	2532	83.32	378	12.44	—	—

资料来源：南开大学公司治理数据库。

三、2018－2023 年主板上市公司治理分行业比较

表 10.9 是近年各行业主板上市公司治理状况的统计分析。与 2022 年相比，在 18 个行业大类中，15 个行业出现了上升，其中住宿和餐饮业，交通运输、仓储和邮政业，农、林、牧、渔业 3 个行业上升较为明显。文化、体育和娱乐业，卫生和社会工作，综合 3 个行业的中国上市公司治理指数有所下降。

表 10.9　主板中国上市公司治理指数分行业描述性统计六年比较

行业	2018 年	2019 年	2020 年	2021 年	2022 年	2023 年
农、林、牧、渔业	60.72	61.21	61.79	61.21	62.25	63.31
采矿业	59.85	62.51	62.52	62.55	63.50	64.19
制造业	62.24	62.61	63.23	63.88	64.50	64.73
电力、热力、燃气及水生产和供应业	61.22	62.71	63.10	63.53	63.23	64.19
建筑业	60.82	63.04	63.03	63.25	62.93	63.04
批发和零售业	61.70	62.65	62.22	62.43	63.18	64.19
交通运输、仓储和邮政业	61.90	63.18	63.57	63.72	64.23	65.32
住宿和餐饮业	63.04	63.74	63.12	62.19	63.53	65.08
信息传输、软件和信息技术服务业	62.22	61.50	62.07	62.54	63.15	63.86
房地产业	61.24	62.63	62.08	62.47	62.31	62.68
租赁和商务服务业	62.19	61.76	61.97	61.56	62.85	63.28
科学研究和技术服务业	63.31	62.81	64.22	64.98	65.23	65.41
水利、环境和公共设施管理业	62.46	63.38	63.08	62.77	62.98	63.11
居民服务、修理和其他服务业	—	—	—	—	—	—
教育	62.27	63.23	63.36	60.56	62.99	63.10
卫生和社会工作	59.75	62.03	59.79	61.97	62.18	61.83
文化、体育和娱乐业	61.89	62.98	63.32	63.28	62.88	62.62
综合	61.31	60.73	60.41	60.74	62.05	61.47
合　计	61.91	62.59	62.96	63.44	64.01	64.39

资料来源：南开大学公司治理数据库。

第三节 主板上市公司治理分控股股东性质评价

本报告将主板样本上市公司按照公司控股股东性质的不同，分为国有控股、集体控股、民营控股、社会团体控股、外资控股、无实际控制人和其他类型上市公司七种。通过分析控股股东性质不同的样本上市公司治理指数的数字特征，进一步探讨控股股东性质不同的主板上市公司治理状况的差异。

一、主板上市公司治理分控股股东性质总体描述

表 10.10 的描述性统计显示，样本中数量较少的是社会团体控股、集体控股、其他类型、外资控股、无实际控制人几类上市公司，分别有 6 家、18 家、34 家、107 家、162 家公司；国有控股和民营控股上市公司样本较多，分别为 1083 家和 1629 家。

就样本平均值而言，集体控股上市公司治理指数平均值最高，为 65.27；其次为国有控股和其他类型上市公司，公司治理指数平均值分别为 64.47；民营控股和外资控股上市公司治理指数平均值分别为 64.33；社会团体控股上市公司治理指数平均值为 64.21；无实际控制人上市公司治理指数平均值为 63.69。

表 10.10 主板按控股股东性质分组的中国上市公司治理指数描述性统计

控股股东性质	数目	比例（%）	平均值	中位数	标准差	极差	最小值	最大值
国有控股	1083	35.64	64.47	64.71	3.47	23.15	50.91	74.06
集体控股	18	0.59	65.27	65.04	3.64	11.29	59.29	70.58
民营控股	1629	53.60	64.33	64.94	3.83	22.12	51.07	73.20
社会团体控股	6	0.20	64.21	65.67	6.17	17.34	52.90	70.23
外资控股	107	3.52	64.33	64.78	3.47	16.54	54.76	71.29
无实际控制人	162	5.33	63.69	63.64	3.99	18.18	53.97	72.15
其他类型	34	1.12	64.47	64.71	3.47	23.15	50.91	74.06
合 计	3039	100.00	64.39	64.83	3.71	23.15	50.91	74.06

资料来源：南开大学公司治理数据库。

二、主板上市公司治理分控股股东性质具体分析与等级描述

考虑到国有控股和民营控股上市公司占据了评价样本的绝大部分（89.24），本报告只对这两种控股股东性质的样本进行分析，其他类型的有关数据详见表 10.10 和表 10.11。

1. 国有控股

如表 10.10 所示，在 2023 年评价样本中控股股东性质为国有控股的有 1083 家

上市公司，占样本比例为 35.64%，样本公司治理指数平均值为 64.47，较 2022 年的 64.11 有所提高，标准差为 3.47。根据表 10.11 的统计结果，国有控股样本中达到 CCGI^{NK}III 的有 44 家，达到 CCGI^{NK}IV 的有 926 家，属于 CCGI^{NK}V 的公司有 113 家，没有主板上市公司的治理等级为 CCGI^{NK}VI。

2. 民营控股

据表 10.10，在 2023 年评价样本中控股股东性质为民营控股的有 1629 家上市公司，占样本总量的 53.60%，样本公司治理指数平均值为 64.33，与 2022 年的 64.02 相比，有所提升，标准差为 3.83。根据表 10.11 的统计结果，民营控股上市公司在评价样本中，达到 CCGI^{NK}III 的有 61 家，达到 CCGI^{NK}IV 的有 1346 家，处于 CCGI^{NK}V 的公司有 222 家，没有主板上市公司的治理等级为 CCGI^{NK}VI。

表 10.11　主板按控股股东性质分组的中国上市公司治理指数等级分布

控股股东性质	CCGI^{NK}III		CCGI^{NK}IV		CCGI^{NK}V		CCGI^{NK}VI	
	数目	比例（%）	数目	比例（%）	数目	比例（%）	数目	比例（%）
国有控股	44	1.45	926	30.47	113	3.72	—	
集体控股	2	0.07	14	0.46	2	0.07	—	
民营控股	61	2.01	1346	44.29	222	7.31	—	
社会团体控股	1	0.03	4	0.13	1	0.03	—	
外资控股	4	0.13	92	3.03	11	0.36	—	
无实际控制人	14	0.46	124	4.08	24	0.79	—	
其他类型	3	0.10	26	0.86	5	0.16	—	
合　计	129	4.24	2532	83.32	378	12.44	—	

资料来源：南开大学公司治理数据库。

三、2018－2023 年主板上市公司治理分控股股东性质比较

考虑到国有控股和民营控股上市公司的比重较大，在此本报告只对这两种类型进行重点比较和分析。从表 10.12 的数据中可以看出，2018 年主板民营控股上市公司治理指数首次超过国有控股上市公司，2019 年和 2020 年国有控股上市公司治理指数平均值高于民营控股上市公司，2021 年主板民营控股上市公司治理指数再次超过国有控股上市公司，2022 年和 2023 年主板国有控股上市公司治理指数平均值高于民营控股上市公司。

表 10.12　主板中国上市公司治理指数分控股股东性质描述性统计历年比较

控股股东性质	2018 年	2019 年	2020 年	2021 年	2022 年	2023 年
国有控股	61.77	63.16	63.27	63.41	64.11	64.47
集体控股	63.52	62.11	63.10	63.26	64.14	65.27

控股股东性质	2018 年	2019 年	2020 年	2021 年	2022 年	2023 年
民营控股	62.06	62.05	62.78	63.60	64.02	64.33
社会团体控股	57.85	60.36	59.72	58.82	60.38	64.21
外资控股	62.75	62.14	62.29	63.25	63.94	64.33
其他类型	62.50	63.40	62.76	63.09	63.70	64.47
合　计	61.91	62.59	62.96	63.44	64.01	64.39

资料来源：南开大学公司治理数据库。

第四节　主板上市公司治理分地区评价

本报告将 2023 年的主板 3039 家评价样本，按照注册地的不同分成 31 个省、自治区、直辖市的地区分组，分析不同地区的中国上市公司治理指数的分布特征，比较主板上市公司治理状况的地区差异。

一、主板上市公司治理分地区总体描述

与往年情况类似，广东省、浙江省、江苏省、上海市、北京市等经济发达地区的样本数量较多，其中广东省最多，为 437 家；而西藏、宁夏、青海省等西部欠发达地区的样本量少，其中青海省最少，为 11 家，反映出经济活跃水平与上市公司数量存在相关关系。

在公司治理水平方面，河南省、四川省、安徽省、山东省、广东省、北京市、浙江省、福建省、内蒙古、重庆市上市公司治理水平较高，中国上市公司治理指数平均值均在 64.50 以上；而陕西省、吉林省、西藏、辽宁省、海南省、青海省上市公司治理水平欠佳，中国上市公司治理指数平均值相对较低，均在 63 以下。各地区中国上市公司治理指数统计结果详见表 10.13。

表 10.13　主板中国按地区分组的上市公司治理指数描述性统计

地区	数目	比例（%）	平均值	中位数	标准差	极差	最小值	最大值
北京市	225	7.40	64.70	64.93	3.59	21.88	52.18	74.06
天津市	47	1.55	64.29	64.08	3.16	12.96	57.38	70.34
河北省	49	1.61	64.15	63.83	3.79	17.75	53.56	71.31
山西省	33	1.09	63.31	63.23	3.22	13.89	56.13	70.03
内蒙古	21	0.69	64.58	64.62	3.72	15.05	55.46	70.51
辽宁省	59	1.94	62.47	62.66	4.31	18.39	52.38	70.76
吉林省	37	1.22	62.98	63.56	3.84	17.56	52.90	70.46

地区	数目	比例（%）	平均值	中位数	标准差	极差	最小值	最大值
黑龙江省	30	0.99	63.59	63.92	3.86	13.55	55.19	68.74
上海市	240	7.90	64.31	64.40	3.49	19.93	53.27	73.20
江苏省	320	10.53	64.47	64.93	3.66	19.97	51.88	71.86
浙江省	433	14.25	64.70	65.33	3.48	19.30	52.85	72.16
安徽省	99	3.26	65.15	65.37	3.21	15.74	54.97	70.71
福建省	113	3.72	64.59	64.94	3.53	15.78	56.14	71.93
江西省	50	1.65	64.42	64.75	3.57	14.50	55.47	69.97
山东省	190	6.25	64.71	65.18	3.69	17.12	54.91	72.02
河南省	63	2.07	65.64	66.06	3.86	19.15	54.73	73.88
湖北省	80	2.63	63.71	64.40	4.30	21.30	50.91	72.21
湖南省	82	2.70	64.12	64.66	4.02	21.65	51.92	73.57
广东省	437	14.38	64.71	65.44	3.83	20.62	51.07	71.69
广　西	35	1.15	63.05	62.50	3.50	16.52	54.76	71.28
海南省	23	0.76	62.21	63.28	3.94	15.39	54.81	70.20
重庆市	54	1.78	64.56	64.75	3.44	14.20	56.78	70.98
四川省	97	3.19	65.22	65.68	3.60	21.40	51.15	72.55
贵州省	29	0.95	63.06	63.74	4.00	18.91	51.82	70.73
云南省	32	1.05	63.31	63.55	3.96	16.96	52.00	68.95
西　藏	15	0.49	62.85	62.52	4.16	13.47	54.93	68.40
陕西省	42	1.38	62.99	63.14	3.48	15.23	54.85	70.08
甘肃省	30	0.99	63.71	63.70	3.73	14.79	55.24	70.03
青海省	11	0.36	61.60	62.17	4.26	13.38	55.89	69.27
宁　夏	13	0.43	63.64	63.94	4.55	15.71	54.54	70.25
新　疆	48	1.58	63.46	63.69	3.50	13.24	56.17	69.41
香　港	2	0.07	66.27	66.27	4.38	6.19	63.17	69.36
合　计	3039	100.00	64.39	64.83	3.71	23.15	50.91	74.06

资料来源：南开大学公司治理数据库。

二、主板上市公司治理分地区具体分析与等级描述

表 10.14 的描述性统计显示，就平均值而言，样本上市公司按地区分组的公司治理水平存在一定差异。在治理水平较高的地区中，河南省有样本 63 家，占比 2.07%，其中 8 家达到了 CCGI[NK]III，49 家的治理指数达到了 CCGI[NK]IV，6 家达到了 CCGI[NK]V，治理指数平均值为 65.64。四川省有样本 97 家，占比 3.19%，其中 5 家达到了 CCGI[NK]III，85 家的治理指数达到了 CCGI[NK]IV，7 家达到了 CCGI[NK]V，治理指数平

均值为 65.22。安徽省有样本 99 家，占比 3.26%，其中 6 家达到了 CCGI^{NK}III，87 家的治理指数达到了 CCGI^{NK}IV，6 家达到了 CCGI^{NK}V，治理指数平均值为 65.15。山东省有样本 190 家，占比 6.25%，其中 13 家达到了 CCGI^{NK}III，157 家的治理指数达到了 CCGI^{NK}IV，20 家达到了 CCGI^{NK}V，治理指数平均值为 64.71。广东省有样本 437 家，占比 14.38%，其中 14 家达到了 CCGI^{NK}III，371 家的治理指数达到了 CCGI^{NK}IV，52 家达到了 CCGI^{NK}V，治理指数平均值为 64.71。

在治理水平较低的地区中，辽宁省 59 家样本中，3 家达到了 CCGI^{NK}III，41 家为 CCGI^{NK}IV，15 家达到了 CCGI^{NK}V，治理指数平均值为 62.47。海南省的 23 家样本中，1 家达到了 CCGI^{NK}III，13 家的治理指数达到了 CCGI^{NK}IV，9 家为 CCGI^{NK}V，治理指数平均值为 62.21。青海省 11 家样本中，7 家为 CCGI^{NK}IV，4 家达到了 CCGI^{NK}V，治理指数平均值为 61.60。等级分布详情见表 10.14。

表 10.14 主板按地区分组的中国上市公司治理指数等级分布

地区	CCGI^{NK}III		CCGI^{NK}IV		CCGI^{NK}V		CCGI^{NK}VI	
	数目	比例(%)	数目	比例(%)	数目	比例(%)	数目	比例(%)
北京市	13	0.43	190	6.25	22	0.72	—	—
天津市	1	0.03	43	1.41	3	0.10	—	—
河北省	3	0.10	39	1.28	7	0.23	—	—
山西省	1	0.03	28	0.92	4	0.13	—	—
内蒙古	1	0.03	18	0.59	2	0.07	—	—
辽宁省	3	0.10	41	1.35	15	0.49	—	—
吉林省	1	0.03	28	0.92	8	0.26	—	—
黑龙江省	—	—	25	0.82	5	0.16	—	—
上海市	9	0.30	207	6.81	24	0.79	—	—
江苏省	12	0.39	270	8.88	38	1.25	—	—
浙江省	17	0.56	374	12.31	42	1.38	—	—
安徽省	6	0.20	87	2.86	6	0.20	—	—
福建省	6	0.20	96	3.16	11	0.36	—	—
江西省	—	—	43	1.41	7	0.23	—	—
山东省	13	0.43	157	5.17	20	0.66	—	—
河南省	8	0.26	49	1.61	6	0.20	—	—
湖北省	3	0.10	62	2.04	15	0.49	—	—
湖南省	3	0.10	66	2.17	13	0.43	—	—
广东省	14	0.46	371	12.21	52	1.71	—	—
广　西	2	0.07	27	0.89	6	0.20	—	—
海南省	1	0.03	13	0.43	9	0.30	—	—
重庆市	3	0.10	43	1.41	8	0.26	—	—

地区	CCGI^NK III		CCGI^NK IV		CCGI^NK V		CCGI^NK VI	
	数目	比例（%）	数目	比例（%）	数目	比例（%）	数目	比例（%）
四川省	5	0.16	85	2.80	7	0.23	—	—
贵州省	1	0.03	21	0.69	7	0.23	—	—
云南省	—	—	28	0.92	4	0.13	—	—
西　藏	—	—	11	0.36	4	0.13	—	—
陕西省	1	0.03	30	0.99	11	0.36	—	—
甘肃省	1	0.03	23	0.76	6	0.20	—	—
青海省	—	—	7	0.23	4	0.13	—	—
宁　夏	1	0.03	10	0.33	2	0.07	—	—
新　疆	—	—	38	1.25	10	0.33	—	—
香　港	—	—	2	0.07	—	—	—	—
合　计	129	4.24	2532	83.32	378	12.44	—	—

资料来源：南开大学公司治理数据库。

三、2018－2023 年主板上市公司治理分地区比较

据表 10.15 可知，安徽省、广东省、浙江省、河南省、山东省、江苏省、福建省、江西省等地区的上市公司的治理状况总体相对较好，在 2018－2023 年期间，排名均进入前 15 位；而甘肃省、西藏、辽宁省、黑龙江省、山西省、青海省和海南省等地区的治理状况相对较差，2018－2023 年期间排名多次进入后 10 位。

此外，从时间序列角度来看，山西省、内蒙古、四川省、河南省、北京市、重庆市、安徽省和黑龙江省等地区上市治理指数提高幅度较大。

相较于 2022 年，2023 年除贵州省、新疆、云南省、西藏、陕西省、湖北省上市公司治理指数有所下降外，其他地区的上市公司治理指数均有不同程度的增长，青海省、海南省、河南省、山西省、内蒙古等地区上升幅度较大。

表 10.15　主板中国上市公司治理指数分地区描述性统计六年比较

地区	2018 年	2019 年	2020 年	2021 年	2022 年	2023 年
北京市	61.52	62.85	63.17	63.59	64.17	64.70
天津市	61.69	63.45	62.77	63.35	64.06	64.29
河北省	62.10	62.72	62.68	63.15	64.14	64.15
山西省	59.01	61.20	61.89	61.73	62.46	63.31
内蒙古	60.59	61.90	62.21	61.93	63.73	64.58
辽宁省	60.63	61.40	62.17	61.85	62.17	62.47
吉林省	61.82	62.53	61.36	62.47	62.95	62.98

续表

地区	2018 年	2019 年	2020 年	2021 年	2022 年	2023 年
黑龙江省	60.78	60.61	60.78	61.31	62.91	63.59
上海市	61.63	62.22	62.79	63.67	63.72	64.31
江苏省	62.44	62.64	63.36	63.94	64.26	64.47
浙江省	62.48	62.71	63.66	64.29	64.38	64.70
安徽省	62.32	62.79	64.06	64.45	65.04	65.15
福建省	62.81	62.95	63.30	63.84	63.92	64.59
江西省	61.67	63.70	63.50	63.88	64.10	64.42
山东省	61.97	63.14	63.22	63.83	64.38	64.71
河南省	62.08	63.28	63.06	63.80	64.69	65.64
湖北省	62.18	61.86	62.42	62.93	63.80	63.71
湖南省	63.00	63.11	62.85	63.46	63.70	64.12
广东省	62.83	63.29	63.44	63.90	64.25	64.71
广　西	62.04	61.69	62.08	61.90	62.70	63.05
海南省	60.36	61.02	60.49	59.68	61.07	62.21
重庆市	61.67	62.29	62.98	62.96	63.83	64.56
四川省	61.48	63.01	63.09	63.32	64.50	65.22
贵州省	61.39	62.85	62.87	62.77	64.16	63.06
云南省	61.37	63.11	63.47	63.50	63.64	63.31
西　藏	60.64	62.40	61.88	62.01	63.16	62.85
陕西省	61.73	61.90	62.69	62.94	63.28	62.99
甘肃省	61.08	61.89	61.58	61.79	63.15	63.71
青海省	60.46	60.90	60.66	61.35	60.06	61.60
宁　夏	60.90	61.57	62.13	62.75	63.21	63.64
新　疆	61.19	62.62	62.02	61.94	63.95	63.46
香　港	—	—	—	—	—	66.27
合　计	61.91	62.59	62.96	63.44	64.01	64.39

资料来源：南开大学公司治理数据库。

第五节　主板上市公司治理 100 佳评价

一、主板上市公司治理 100 佳描述统计

本节将 2023 年主板市场评价样本中中国上市公司治理指数排名前 100 位的公司（100 佳）与非 100 佳样本进行比较，分析公司治理 100 佳上市公司的行业、地区

和控股股东性质分布,以及公司治理100佳上市公司的相对财务绩效表现。如表10.16的描述性统计显示,公司治理100佳上市公司的治理指数平均值为71.04,较2022年的70.63有显著上升;公司治理100佳上市公司中最高治理指数为74.06,最低为70.20,极差为3.86。与表10.6进行对比不难发现,公司治理100佳上市公司的各级治理指数的平均值都明显高于总样本。

表10.16　主板上市公司治理100佳的中国上市公司治理指数及其分指数描述性统计

项目	平均值	中位数	标准差	极差	最小值	最大值
中国上市公司治理指数	71.04	70.89	0.78	3.86	70.20	74.06
股东治理指数	73.89	74.14	7.50	33.00	55.49	88.49
董事会治理指数	66.47	66.36	2.14	16.15	56.85	73.00
监事会治理指数	63.75	63.92	6.47	26.02	53.03	79.04
经理层治理指数	66.97	66.94	4.47	19.88	58.45	78.34
信息披露指数	79.00	80.04	5.28	28.06	60.31	88.37
利益相关者治理指数	76.44	77.06	5.37	28.38	59.24	87.62

资料来源:南开大学公司治理数据库。

二、主板上市公司治理100佳公司行业分布

表10.17的公司治理100佳行业分布表明,从主板上市公司绝对数量看,制造业所占数量最多,有76家;批发和零售业有6家;信息传输、软件和信息技术服务业有5家;电力、热力、燃气及水生产和供应业有4家;采矿业有3家;租赁和商务服务业有3家;农、林、牧、渔业有1家;交通运输、仓储和邮政业有1家;科学研究和技术服务业有1家。从公司治理100佳占行业样本数量比例来看,租赁和商务服务业达到5%,为6.25%;而农、林、牧、渔业,交通运输、仓储和邮政业的公司治理100佳所占比例较低,分别为2.70%和0.93%。

表10.17　主板上市公司治理100佳公司行业分布

行业门类	100佳个数	样本个数	占本行业比例（%）
农、林、牧、渔业	1	37	2.70
采矿业	3	73	4.11
制造业	76	1956	3.89
电力、热力、燃气及水生产和供应业	4	127	3.15
建筑业	—	95	—
批发和零售业	6	162	3.70
交通运输、仓储和邮政业	1	107	0.93
住宿和餐饮业	—	7	—
信息传输、软件和信息技术服务业	5	156	3.21

行业门类	100 佳个数	样本个数	占本行业比例（%）
房地产业	—	111	—
租赁和商务服务业	3	48	6.25
科学研究和技术服务业	1	32	3.13
水利、环境和公共设施管理业	—	49	—
居民服务、修理和其他服务业	—	—	—
教育	—	10	—
卫生和社会工作	—	9	—
文化、体育和娱乐业	—	47	—
综合	—	13	—
合　计	100	3039	3.29

资料来源：南开大学公司治理数据库。

三、主板上市公司治理 100 佳公司控股股东性质分布

从绝对数量看，公司治理 100 佳集中分布在国有控股和民营控股上市公司中。100 佳上市公司中，控股股东性质为民营控股的占 45 家；其次为国有控股上市公司，有 33 家；无实际控制人上市公司有 13 家；外资控股上市公司有 4 家；集体控股上市公司有 2 家；其他类型上市公司有 2 家；社会团体控股控股上市公司有 1 家。从相对比例来看，社会团体控股上市公司样本中的公司治理 100 佳比例最高，为 16.67%；集体控股、无实际控制人、其他类型、外资控股、国有控股和民营控股上市公司分别为 11.11%、8.02%、5.88%、3.74%、3.05% 和 2.76%。主板上市公司治理 100 佳公司控股股东性质分布情况见表 10.18。

表 10.18　主板上市公司治理 100 佳公司控股股东性质分布

控股股东性质	100 佳个数	样本个数	占本组比例（%）
国有控股	33	1083	3.05
集体控股	2	18	11.11
民营控股	45	1629	2.76
社会团体控股	1	6	16.67
外资控股	4	107	3.74
无实际控制人	13	162	8.02
其他类型	2	34	5.88
合　计	100	3039	3.29

资料来源：南开大学公司治理数据库。

四、主板上市公司治理 100 佳公司地区分布

据表 10.19 的地区分布数量显示，在公司治理 100 佳上市公司中，浙江省有 12 家，北京市和江苏省分别有 11 家，广东省有 10 家，山东省有 9 家，河南省有 7 家，上海市有 6 家，安徽省有 5 家，福建省和四川省分别有 4 家，河北省、湖北省、湖南省和重庆市分别有 3 家，其他地区均低于 3 家。而山西省、黑龙江省、江西省、云南省、西藏、陕西省、甘肃省、青海省和新疆均没有入选公司治理 100 佳的上市公司，这些地区在以往的评价过程中，入选公司治理 100 佳的上市公司数量也较少。从相对数来看，河南省、宁夏、河北省、重庆市和安徽省，均大于 5%；而广西、浙江省、吉林省、上海市、广东省和天津市比例较低，均在 3%以下。

表 10.19　主板上市公司治理 100 佳公司地区分布

地区	100 佳个数	样本个数	占本地区比例（%）
北京市	11	225	4.89
天津市	1	47	2.13
河北省	3	49	6.12
山西省	—	33	—
内蒙古	1	21	4.76
辽宁省	2	59	3.39
吉林省	1	37	2.70
黑龙江省	—	30	—
上海市	6	240	2.50
江苏省	11	320	3.44
浙江省	12	433	2.77
安徽省	5	99	5.05
福建省	4	113	3.54
江西省	—	50	—
山东省	9	190	4.74
河南省	7	63	11.11
湖北省	3	80	3.75
湖南省	3	82	3.66
广东省	10	437	2.29
广　西	1	35	2.86
海南省	1	23	4.35
重庆市	3	54	5.56
四川省	4	97	4.12
贵州省	1	29	3.45

地区	100 佳个数	样本个数	占本地区比例（%）
云南省	—	32	—
西 藏	—	15	—
陕西省	—	42	—
甘肃省	—	30	—
青海省	—	11	—
宁 夏	1	13	7.69
新 疆	—	48	—
香 港	—	2	—
合 计	100	3039	3.29

资料来源：南开大学公司治理数据库。

五、主板上市公司治理 100 佳公司财务绩效

为了考察公司治理与财务绩效之间的相关性，本报告选取了反映上市公司盈利能力的财务指标和反映公司代理成本的财务指标。指标说明详见报告前面相应章节的内容。比较结果如表 10.20 所示，公司治理 100 佳上市公司的绩效指标均好于其他样本。

表 10.20 主板上市公司治理 100 佳的财务绩效与其他样本的比较

财务指标	100 佳样本	其他样本	差额
净资产收益率 ROE（平均）2022 年报	11.730	-2.013	13.743
净资产收益率 ROE（加权）2022 年报	11.769	3.299	8.470
净资产收益率 ROE（摊薄）2022 年报	10.952	-0.644	11.595
总资产报酬率（ROA1）2022 年报	8.200	3.975	4.224
总资产净利率（ROA2）2022 年报	6.959	2.715	4.244
投入资本回报率（ROIC）2022 年报	9.418	2.050	7.369
管理费用率 2022 年报	10.483	11.086	-0.603
财务费用率 2022 年报	-0.024	2.100	-2.124
应收账款周转天数 2022 年报	64.333	89.022	-24.689
净资产收益率 ROE（平均）2023 一季报	2.467	0.849	1.618
净资产收益率 ROE（加权）2023 一季报	2.463	0.864	1.599
净资产收益率 ROE（摊薄）2023 一季报	2.409	-0.575	2.983
总资产报酬率（ROA1）2023 一季报	1.856	1.070	0.787
总资产净利率（ROA2）2023 一季报	1.507	0.757	0.750
投入资本回报率（ROIC）2023 一季报	2.134	1.056	1.078

续表

财务指标	100 佳样本	其他样本	差额
管理费用率 2023 一季报	11.240	12.603	-1.363
财务费用率 2023 一季报	0.690	3.798	-3.108
应收账款周转天数 2023 一季报	85.540	115.502	-29.962

资料来源：南开大学公司治理数据库。

主要结论

第一，从时间序列比较来看，2018 年以来主板上市公司治理水平总体上呈现出逐年提高的趋势，2023 年中国上市公司治理指数为 64.39，比 2018 年的 61.91 提高了 2.48。

第二，从行业比较分析来看，科学研究和技术服务业，交通运输、仓储和邮政业，住宿和餐饮业，制造业，采矿业，电力、热力、燃气及水生产和供应业，批发和零售业等行业治理总体上较好；而建筑业，房地产业，文化、体育和娱乐业，卫生和社会工作以及综合等行业上市公司治理水平总体仍然偏低。

第三，从控股股东性质比较分析来看，国有控股上市公司和民营控股上市公司治理水平近年来呈现出逐年上升的趋势，国有控股和民营控股上市公司的治理指数交替领先且差距逐渐缩小。2018 年民营控股上市公司治理指数领先国有控股上市公司，2019 年和 2020 年国有控股上市公司超过民营控股上市公司，2021 年民营控股上市公司治理指数平均值高于国有控股上市公司，而 2022 年和 2023 年国有控股上市公司治理指数再度超过民营控股上市公司。

第四，从地区比较分析来看，河南省、四川省、安徽省、山东省、广东省、北京市、浙江省、福建省、内蒙古、重庆市等地区治理水平相对较高；而陕西省、吉林省、西藏、辽宁省、海南省、青海省等地区上市公司治理指数排名比较靠后。

第五，主板上市公司治理 100 佳和总体样本的治理状况存在显著差异，通过对 100 佳和非 100 佳两组样本的盈利能力和代理成本指标的比较，公司治理 100 佳总体上好于非 100 佳。

第十一章　主板上市公司股东治理评价

第一节　主板上市公司股东治理总体分析

一、2023 年主板上市公司股东治理总体描述

2023 年度 3039 家主板上市公司股东治理指数的平均值为 68.34，相比 2022 年度，增加了 0.64；中位数为 69.24，最小值为 39.31，最大值为 89.68，标准差为 8.63。股东治理指数基本服从正态分布。

股东治理评价的三个二级指标——独立性、中小股东权益保护和关联交易的平均值分别为 65.32、72.70 和 65.50，独立性最低，中小股东权益保护最高。独立性、中小股东权益保护和关联交易的标准差分别为 15.79、10.63 和 16.01，说明二级指标公司间的差距较大。股东治理指数及其三项二级指标的描述性统计如表 11.1 所示。

表 11.1　主板上市公司股东治理总体状况描述性统计

项目	平均值	中位数	标准差	极差	最小值	最大值
股东治理指数	68.34	69.24	8.63	50.37	39.31	89.68
独立性	65.32	68.95	15.79	92.29	5.710	98.00
中小股东权益保护	72.70	73.60	10.63	66.00	30.50	96.50
关联交易	65.50	68.06	16.01	73.54	14.46	88.00

资料来源：南开大学公司治理数据库。

二、2018－2023 年主板上市公司股东治理比较

从表 11.2 和图 11.1 可以看出，2018－2023 年六年主板上市公司股东治理指数平均值呈上升趋势，从 2018 年的 64.85，稳步上升至 2023 年的 68.34。独立性、中小股东权益保护和关联交易三个二级指标中，独立性在前期有所波动，但后期保持增长态势：2018 年有大幅的上升，由 2017 年的 62.21 上升到 2018 年的 63.86，2019年降低到 61.98；随后保持稳定的增长趋势，从 2019 年的 61.98 上升到 2022 年的 64.31。中小股东权益保护一直保持类似股东治理指数的上升趋势，但增幅更大，由 2018 年的 66.01 上升到 2023 年 72.70。关联交易六年间呈窄幅波动趋势，由 2018 年的 63.70 上升至 2019 年 65.12，随后两年下降，2021 年为 63.09，2022 年上升至历

史最高点 65.91，2023 年又降至 65.50。

表 11.2　主板上市公司股东治理指数描述性统计六年比较

项目	2018 年	2019 年	2020 年	2021 年	2022 年	2023 年
股东治理指数	64.65	65.35	66.12	66.27	67.70	68.34
独立性	63.86	61.98	62.49	63.76	64.31	65.32
中小股东权益保护	66.01	67.26	69.74	70.71	71.19	72.70
关联交易	63.70	65.12	64.33	63.09	65.91	65.50

资料来源：南开大学公司治理数据库。

图 11.1　主板上市公司股东治理指数平均值六年折线图比较

资料来源：南开大学公司治理数据库。

从上面的趋势分析可以得出，2023 年主板上市公司股东治理指数的上升是由于是独立性和中小股东权益保护的改善造成的。进一步分析三级指标发现，相对于 2022 年，独立性上升的主要原因是控制层级有所下降，从 2021 年的 2.38 下降为 2022 年的 2.25；中小股东权益保护上升是包括累积投票制，以及中小股东提名非独立董事、独立董事在内的中小股东提名选举董事的制度改善所致；关联交易得分上升是关联担保改善造成的，关联担保占总资产的比例由 2021 年的 0.000073%降低到 2022 年的 0.0000167%。

第二节　主板上市公司股东治理分行业评价

一、2023 年主板上市公司股东治理分行业总体描述

表 11.3 列出了主板上市公司各行业股东治理指数的描述性统计结果。从行业分布状况可以看出，平均值居前三位的分别是制造业，信息传输、软件和信息技术服务业，农、林、牧、渔业，平均值分别为 69.31、69.10 和 67.95。平均值最低的三个行业分别是综合，采矿业，住宿和餐饮业，平均值分别为 60.64、62.67 和 63.68。股东治理指数平均值最高的制造业与最低的卫生和社会工作之间的差距为 8.67，相比 2022 年的 5.09，行业之间的差距大幅增加。

表 11.3　主板上市公司股东治理指数分行业描述性统计

行　业	数目	比例（%）	平均值	中位数	标准差	极差	最小值	最大值
农、林、牧、渔业	37	1.22	67.95	68.17	10.00	48.67	39.31	87.98
采矿业	73	2.40	62.67	62.14	8.48	37.39	44.57	81.96
制造业	1956	64.36	69.31	70.46	8.36	48.47	41.14	89.62
电力、热力、燃气及水生产和供应业	127	4.18	65.21	65.37	9.44	45.66	40.69	86.35
建筑业	95	3.13	66.51	66.76	8.42	37.08	49.65	86.73
批发和零售业	162	5.33	67.67	68.76	8.56	40.73	44.28	85.01
交通运输、仓储和邮政业	107	3.52	66.49	66.56	8.93	42.97	46.71	89.68
住宿和餐饮业	7	0.23	63.68	64.53	4.76	15.01	54.19	69.20
信息传输、软件和信息技术服务业	156	5.13	69.10	69.77	7.77	40.74	42.63	83.37
房地产业	111	3.65	65.66	66.21	9.03	39.68	44.90	84.58
租赁和商务服务业	48	1.58	67.66	67.29	8.24	40.63	44.63	85.26
科学研究和技术服务业	32	1.05	65.27	64.56	7.80	29.35	53.64	82.99
水利、环境和公共设施管理业	49	1.61	66.74	67.10	9.52	41.99	43.42	85.42
教育	10	0.33	67.85	66.84	8.86	24.89	57.88	82.77
卫生和社会工作	9	0.30	64.75	62.49	7.53	22.13	52.82	74.95
文化、体育和娱乐	47	1.55	67.70	68.81	8.84	38.49	48.80	87.29
综合	13	0.43	60.64	62.39	10.62	41.45	40.15	81.60
合　计	3039	100.00	68.34	69.24	8.63	50.37	39.31	89.68

资料来源：南开大学公司治理数据库。

在主板上市公司股东治理行业统计分析中，2023 年制造业的股东治理指数居行业首位，信息传输、软件和信息技术服务业的股东治理指数排名第二，其他行业的股东治理指数均低于主板样本平均值。制造业在所有行业中一枝独秀，不仅是股东治理指数，而且三个二级指数均高于主板全样本平均值。制造业的股东治理指数为69.31，其独立性、中小股东权益保护和关联交易三个二级指标得分分别为 66.03、73.32 和 66.95，均高于主板样本平均值，分别高 0.71、0.62 和 1.45。信息传输、软件和信息技术服务业的股东治理指数为 69.10，独立性、中小股东权益保护和关联交易三个二级指标得分分别为 66.80、71.37 和 67.97。独立性和关联交易比主板样本平均值高 1.48 和 2.47，中小股东权益保护则比主板样本平均值低 1.33。

综合，采矿业，住宿和餐饮业三个行业的股东治理指数最低，分别为 60.64、62.67 和 63.68，分别比主板样本平均值低 7.70、5.67 和 4.66。综合类的独立性、中小股东权益保护和关联交易二级指标得分均低于主板样本均值，分别低 9.75、6.52 和 7.87。采矿业主板上市公司的独立性、中小股东权益保护和关联交易分别比全样本平均值低 4.30、1.21 和 10.83。住宿和餐饮业主板上市公司独立性比主板样本平均值高 5.45，但中小股东权益保护和关联交易分别比全样本平均值低 2.39 和 12.00。各行业二级指标的统计如表 11.4 所示。

表 11.4　主板上市公司股东治理分指数分行业描述性统计

行业	数目	比例（%）	股东治理指数	独立性指数	中小股东权益保护指数	关联交易指数
农、林、牧、渔业	37	1.22	67.95	64.52	69.70	67.92
采矿业	73	2.40	62.67	61.02	71.49	54.67
制造业	1956	64.36	69.31	66.03	73.32	66.95
电力、热力、燃气及水生产和供应业	127	4.18	65.21	63.28	72.69	58.70
建筑业	95	3.13	66.51	68.98	70.70	61.07
批发和零售业	162	5.33	67.67	62.98	71.52	66.16
交通运输、仓储和邮政业	107	3.52	66.49	64.39	75.76	58.28
住宿和餐饮业	7	0.23	63.68	70.77	70.31	53.50
信息传输、软件和信息技术服务业	156	5.13	69.10	66.80	71.37	67.97
房地产业	111	3.65	65.66	59.20	71.48	63.07
租赁和商务服务业	48	1.58	67.66	66.15	71.74	64.34
科学研究和技术服务业	32	1.05	65.27	64.52	70.41	60.49
水利、环境和公共设施管理业	49	1.61	66.74	61.70	70.23	65.76

行业	数目	比例（%）	股东治理指数	独立性指数	中小股东权益保护指数	关联交易指数
教育	10	0.33	67.85	63.93	65.70	71.95
卫生和社会工作	9	0.30	64.75	68.26	62.46	65.29
文化、体育和娱乐	47	1.55	67.70	66.25	70.08	66.04
综合	13	0.43	60.64	55.57	66.18	57.63
合　计	3039	100.00	68.34	65.32	72.70	65.50

资料来源：南开大学公司治理数据库。

二、2018—2023 年主板上市公司股东治理分行业比较

从表 11.5 中可以看出，从行业细分来看，在 2018—2023 年六年之中股东治理一直表现比较好的行业有制造业，其股东治理指数六年一直高于主板上市公司全样本平均值。表现一直较差的行业有综合，卫生和社会工作，采矿业，房地产业，电力、热力、燃气及水生产和供应业等六个行业。

表 11.5　主板上市公司股东治理指数分行业描述性统计六年比较

行业	2018 年	2019 年	2020 年	2021 年	2022 年	2023 年
农、林、牧、渔业	63.89	63.24	64.14	66.35	67.54	67.95
采矿业	61.26	61.67	65.31	63.73	63.42	62.67
制造业	65.18	65.91	66.98	68.53	68.45	69.31
电力、热力、燃气及水生产和供应业	64.02	64.49	64.60	64.52	65.07	65.21
建筑业	65.87	66.78	65.55	66.50	67.59	66.51
批发和零售业	64.36	65.39	64.38	65.03	67.65	67.67
交通运输、仓储和邮政业	64.88	65.15	65.92	65.73	66.35	66.49
住宿和餐饮业	68.36	67.52	67.59	64.37	65.28	63.68
信息传输、软件和信息技术服务业	64.19	65.26	66.52	67.07	67.06	69.10
房地产业	62.66	63.63	63.14	63.41	65.17	65.66
租赁和商务服务业	65.74	64.23	65.09	65.44	67.28	67.66
科学研究和技术服务业	65.77	66.81	69.11	66.21	67.33	65.27
水利、环境和公共设施管理业	64.53	65.68	66.17	65.68	66.19	66.74
教育	66.52	64.45	58.89	59.20	67.18	67.85
卫生和社会工作	62.23	63.26	58.48	58.52	65.91	64.75
文化、体育和娱乐业	64.00	65.08	66.96	67.18	67.06	67.70
综合	61.88	61.28	60.86	59.34	63.36	60.64
合　计	64.65	65.35	66.12	66.27	67.70	68.34

资料来源：南开大学公司治理数据库。

第三节　主板上市公司股东治理分控股股东性质评价

一、2023 年主板上市公司股东治理分控股股东性质总体描述

表 11.6 给出了按控股股东性质分类的主板上市公司股东治理指数统计分析。中国上市公司的主体仍为国有控股上市公司和民营控股上市公司，两者相加占到了主板全样本的 89.24%，因此，这里只对国有控股上市公司和民营控股上市公司进行比较分析。国有控股上市公司的股东治理指数平均值为 64.52，民营控股上市公司的平均值为 70.75。民营控股上市公司股东治理指数的平均值明显高于国有控股上市公司，差距为 6.23，相比 2022 年的 4.01 和 2021 年的 5.07，两类公司之间的差距增幅较大。

表 11.6　主板上市公司股东治理指数分控股股东性质描述性统计

控股股东性质	数目	比例（%）	平均值	中位数	标准差	极差	最小值	最大值
国有控股	1083	35.64	64.52	64.29	8.790	50.37	39.31	89.68
集体控股	18	0.59	70.57	71.31	8.980	29.14	55.87	85.01
民营控股	1629	53.60	70.75	71.69	7.670	49.47	40.15	89.62
社会团体控股	6	0.20	66.33	70.01	11.12	29.48	44.63	74.11
外资控股	107	3.52	69.83	70.46	7.110	41.89	46.64	88.52
无实际控制人	162	5.33	68.37	68.01	8.010	40.26	46.37	86.63
其他类型	34	1.12	69.07	71.64	10.01	37.86	48.57	86.43
合　计	3039	100.00	68.34	69.24	8.630	50.37	39.31	89.68

资料来源：南开大学公司治理数据库。

如表 11.7 所示，从三个二级指标来看，国有控股上市公司的独立性比民营控股上市公司低 9.72，关联交易比民营控股上市公司低 7.18，只是在中小股东权益保护上比民营控股上市公司高 2.02。对三级指标作进一步的分析发现，主板民营控股上市公司在高管在控股股东单位任职、控制层级、现金股利支付率、中小股东提名非独立董事权利和经营性关联交易等指标上均优于国有控股上市公司；国有控股上市公司只是在网络投票、累积投票实施、分红连续性以及股权质押冻结等指标上的表现好于民营控股上市公司。

表 11.7　主板上市公司股东治理分指数分控股股东性质描述性统计

控股股东类型	数目	比例（%）	股东治理指数	独立性	中小股东权益保护	关联交易
国有控股	1083	35.64	65.29	58.35	72.52	61.53
集体控股	18	0.59	68.53	60.85	73.25	67.66

控股股东类型	数目	比例（%）	股东治理指数	独立性	中小股东权益保护	关联交易
民营控股	1629	53.60	69.30	68.07	70.50	68.71
社会团体控股	6	0.20	60.85	57.36	66.93	56.52
外资控股	107	3.52	68.78	64.67	72.68	66.93
职工持股会控股	162	5.33	62.61	55.54	64.36	64.39
其他类型	34	1.12	67.63	66.91	68.69	66.93
合　计	3039	100.00	67.70	64.31	71.19	65.91

资料来源：南开大学公司治理数据库。

二、2018－2023 年主板上市公司股东治理分控股股东性质比较

从表 11.8 中主板上市公司股东治理评价分控股股东性质六年的发展趋势看，国有控股上市公司和民营控股上市公司的股东治理指数在 2018－2023 年六年间保持了相同的增长趋势；民营控股上市公司的股东治理指数一直大于国有控股上市公司。从二级指标来看，民营控股上市公司在独立性和关联交易上持续优于国有控股上市公司；国有控股上市公司则在中小股东权益保护方面长期优于民营控股上市公司。

表 11.8　主板国有和民营控股上市公司股东治理指数描述性统计六年比较

年份	控股股东性质	股东治理指数	独立性	中小股东权益保护	关联交易
2018	国有	63.00	60.72	67.30	59.85
	民营	66.43	67.11	64.84	67.69
2019	国有	63.76	58.34	68.47	61.75
	民营	66.92	65.68	66.01	68.45
2020	国有	63.89	58.48	70.83	59.66
	民营	68.51	66.63	68.99	68.97
2021	国有	63.71	59.64	71.76	57.68
	民营	68.78	67.61	70.15	67.99
2022	国有	65.29	58.35	72.52	61.53
	民营	69.30	68.07	70.50	68.71
2023	国有	64.52	59.37	74.01	57.59
	民营	70.75	69.25	72.17	70.09

资料来源：南开大学公司治理数据库。

第四节 主板上市公司股东治理分地区评价

一、2023 年主板上市公司股东治理分地区总体描述

表 11.9 列出了主板上市公司各地区股东治理的描述性统计。股东治理指数平均值最高的四个地区分别是西藏、浙江省、江苏省和广东省，平均值分别为 70.71、70.38、69.79 和 69.71。2019—2023 连续四年浙江省、江苏省和西藏都排在前四名，四年的排名结果说明上述三个地区的股东治理比较稳定。股东治理指数平均值最低的四个地区分别是香港、海南省、宁夏和山西省，平均值分别为 55.25、61.98、62.85 和 63.49，其中海南省和山西省连续五年排名后三名。股东治理指数地区差距较大，平均值最高的江苏省与最低的香港和海南省之间的差距为 15.46 和 8.73，而 2021 年和 2022 年最大的省份差距分别为 9.45 和 8.91。

表 11.9 主板上市公司股东治理指数分地区描述性统计

地区	数目	比例（%）	平均值	中位数	标准差	极差	最小值	最大值
北京市	225	7.40	66.38	66.45	8.93	45.43	39.31	84.74
天津市	47	1.55	65.73	66.79	8.18	28.04	51.08	79.12
河北省	49	1.61	65.62	65.95	9.14	36.60	43.49	80.09
山西省	33	1.09	63.49	65.47	10.30	39.41	41.69	81.10
内蒙古	21	0.69	65.81	67.36	10.75	35.45	47.39	82.84
辽宁省	59	1.94	65.52	68.39	10.32	41.83	40.69	82.53
吉林省	37	1.22	66.79	67.74	9.49	41.37	44.34	85.71
黑龙江省	30	0.99	68.08	67.75	8.43	33.93	54.59	88.52
上海市	240	7.90	69.26	70.51	8.60	42.23	47.45	89.68
江苏省	320	10.53	69.79	70.91	8.02	39.13	47.30	86.44
浙江省	433	14.25	70.38	71.23	7.26	41.37	45.35	86.73
安徽省	99	3.26	69.06	70.33	9.26	45.29	42.69	87.98
福建省	113	3.72	69.51	69.76	7.89	34.53	48.09	82.62
江西省	50	1.65	68.83	68.59	7.53	30.57	54.57	85.14
山东省	190	6.25	68.08	69.15	9.48	45.86	42.63	88.49
河南省	63	2.07	66.94	66.65	8.24	36.07	48.57	84.64
湖北省	80	2.63	66.30	65.72	8.67	40.30	43.42	83.72
湖南省	82	2.70	68.83	69.78	8.32	37.53	46.53	84.06
广东省	437	14.38	69.71	70.53	8.26	47.39	40.15	87.54
广 西	35	1.15	66.30	68.66	9.15	41.50	41.14	82.64
海南省	23	0.76	61.98	61.92	7.92	27.52	50.57	78.10

地区	数目	比例（%）	平均值	中位数	标准差	极差	最小值	最大值
重庆市	54	1.78	67.25	69.07	9.54	38.77	47.85	86.63
四川省	97	3.19	66.76	67.05	9.00	37.81	45.88	83.70
贵州省	29	0.95	67.88	67.40	8.49	30.91	52.08	82.99
云南省	32	1.05	64.06	65.03	8.98	31.63	48.09	79.73
西 藏	15	0.49	70.71	70.75	7.74	29.43	55.14	84.58
陕西省	42	1.38	65.74	65.07	8.03	31.38	50.71	82.09
甘肃省	30	0.99	65.55	65.97	8.11	35.72	46.06	81.77
青海省	11	0.36	67.22	66.16	7.27	26.84	55.57	82.41
宁 夏	13	0.43	62.85	64.54	9.34	29.34	42.85	72.19
新 疆	48	1.58	65.52	64.48	7.83	37.29	45.61	82.89
香 港	2	0.07	55.25	55.25	15.55	21.99	44.25	66.24
合 计	3039	100.00	68.34	69.24	8.63	50.37	39.31	89.68

资料来源：南开大学公司治理数据库。

二、2018－2023 年主板上市公司股东治理分地区比较

从表 11.10 主板股东治理指数平均值分地区六年比较中可以看出，江苏省、浙江省、安徽省、福建省、广东省和西藏的股东治理质量表现较好，连续六年的平均值都高于总样本平均值。山西省、辽宁省、吉林省、海南省、云南省、陕西省、青海省、宁夏等地区的股东治理指数连续六年低于样本平均值。

表 11.10 主板上市公司股东治理指数分地区描述性统计六年比较

地区	2018 年	2019 年	2020 年	2021 年	2022 年	2023 年
北京市	63.70	64.84	65.29	65.21	66.96	66.38
天津市	63.89	64.68	63.93	63.91	67.59	65.73
河北省	63.88	63.91	62.28	62.07	66.24	65.62
山西省	57.92	58.35	58.56	61.88	62.90	63.49
内蒙古	63.02	62.48	66.65	63.37	65.13	65.81
辽宁省	59.67	59.71	61.61	61.65	64.47	65.52
吉林省	62.55	63.11	62.77	64.92	64.92	66.79
黑龙江省	63.99	64.26	65.53	64.27	67.18	68.08
上海市	63.75	64.81	66.15	66.49	67.46	69.26
江苏省	67.42	67.91	69.01	69.78	69.44	69.79
浙江省	67.79	68.39	69.71	69.75	69.30	70.38
安徽省	64.66	65.82	67.31	66.73	67.99	69.06
福建省	67.43	66.94	66.64	66.51	67.90	69.51

地区	2018 年	2019 年	2020 年	2021 年	2022 年	2023 年
江西省	62.09	65.17	64.08	64.18	66.61	68.83
山东省	65.39	66.14	67.42	66.09	67.45	68.08
河南省	63.64	64.41	65.74	65.94	66.65	66.94
湖北省	63.62	63.92	63.53	65.46	66.86	66.30
湖南省	65.58	65.79	65.94	66.62	67.32	68.83
广东省	65.78	66.35	66.68	66.75	69.19	69.71
广　西	64.65	66.07	64.74	65.01	65.01	66.30
海南省	59.38	59.56	61.52	60.33	60.53	61.98
重庆市	63.63	64.93	65.84	65.09	67.09	67.25
四川省	62.62	63.38	64.92	63.55	66.65	66.76
贵州省	65.25	64.81	66.70	66.65	67.54	67.88
云南省	61.20	62.48	63.03	65.50	66.08	64.06
西　藏	67.21	67.08	69.15	67.37	68.29	70.71
陕西省	61.85	62.82	63.28	63.44	65.81	65.74
甘肃省	62.59	64.87	65.00	66.65	65.90	65.55
青海省	62.47	62.98	62.10	62.47	61.34	67.22
宁　夏	58.73	63.49	62.88	61.74	64.17	62.85
新　疆	63.36	63.79	65.39	62.91	66.01	65.52
香　港	—	—	—	—	—	55.25
合　计	62.56	64.65	65.35	66.12	67.70	68.34

资料来源：南开大学公司治理数据库。

第五节　主板上市公司股东治理 100 佳评价

一、主板上市公司股东治理 100 佳比较分析

表 11.11 是主板股东治理 100 佳公司股东治理指数以及各分项指标的描述性统计结果，100 佳公司的股东治理指数平均值为 84.23，独立性、中小股东权益保护和关联交易的平均值分别为 78.56、84.68 和 86.62。可以看到，100 佳公司各项指标的平均值和中位数均显著高于全体样本。

表 11.11　主板上市公司股东治理 100 佳描述性统计

项目	样本	平均值	中位数	标准差	极差	最小值	最大值
股东治理指数	100 佳	84.23	83.71	1.73	7.29	82.39	89.68
	样本总体	68.34	69.24	8.63	50.37	39.31	89.68

项目	样本	平均值	中位数	标准差	极差	最小值	最大值
独立性	100 佳	78.56	79.69	7.37	32.29	61.71	94.00
	样本总体	65.32	68.95	15.79	92.29	5.710	98.00
中小股东权益保护	100 佳	84.68	84.74	5.19	21.81	74.60	96.41
	样本总体	72.70	73.60	10.63	66.00	30.50	96.50
关联交易	100 佳	86.62	88.00	3.49	14.48	73.52	88.00
	样本总体	65.50	68.06	16.01	73.54	14.46	88.00

资料来源：南开大学公司治理数据库。

二、主板上市公司股东治理 100 佳公司行业分布

表 11.12 列出了主板股东治理 100 佳公司在各个行业的分布情况，从表中可以看到，制造业样本公司中进入 100 佳的最多，有 72 家。从各行业 100 佳个数占行业样本公司总数的比例上看，最高的是教育类，占比为 10.00%，其次为农、林、牧、渔业，电力、热力、燃气及水生产和供应业，占比分别为 5.41% 和 4.72%。住宿和餐饮业，卫生和社会工作，以及综合三个行业没有一家公司进入 100 佳。

表 11.12　主板上市公司股东治理 100 佳公司行业分布

行　业	样本总体		100 佳		
	数目	比例（%）	数目	比例（%）	占本行业比例（%）
农、林、牧、渔业	37	1.22	2	2	5.41
采矿业	73	2.40	0	0	0.00
制造业	1956	64.36	72	72	3.68
电力、热力、燃气及水生产和供应业	127	4.18	6	6	4.72
建筑业	95	3.13	3	3	3.16
批发和零售业	162	5.33	3	3	1.85
交通运输、仓储和邮政业	107	3.52	2	2	1.87
住宿和餐饮业	7	0.23	—	—	—
信息传输、软件和信息技术服务业	156	5.13	4	4	2.56
房地产业	111	3.65	2	2	1.80
租赁和商务服务业	48	1.58	2	2	4.17
科学研究和技术服务业	32	1.05	1	1	3.13
水利、环境和公共设施管理业	49	1.61	1	1	2.04
教育	10	0.33	1	1	10.00
卫生和社会工作	9	0.30	—	—	—
文化、体育和娱乐业	47	1.55	1	1	2.13
综合	13	0.43	—	—	—
合　计	3039	100.00	100	100.00	3.29

资料来源：南开大学公司治理数据库。

三、主板上市公司股东治理 100 佳公司控股股东分布

表 11.13 给出了主板 100 佳公司控股股东性质的分布状况，可以看到，主板股东治理 100 佳几乎集中在国有控股上市公司和民营控股上市公司中。2023 年的 100 佳公司中，国有控股上市公司和民营控股上市公司分别有 23 和 68 家，相比 2022 年度的 13 家和 78 家，国有控股上市公司大幅增加 10 家，而民营控股上市公司大幅下降了 10 家。100 佳公司中国有控股上市公司所占的比例逆转了以往年度持续下降的趋势。

表 11.13　主板上市公司股东治理 100 佳公司控股股东分布

控股股东性质	样本总体		100 佳		
	数目	比例（%）	数目	比例（%）	占本组比例（%）
国有控股	1083	35.64	23	23	2.12
集体控股	18	0.59	2	2	11.11
民营控股	1629	53.60	68	68	4.17
社会团体控股	6	0.20	—	—	—
外资控股	107	3.52	2	2	1.87
职工持股会控股	162	5.33	4	4	2.47
其他类型	34	1.12	1	1	2.94
合　计	3039	100.00	100	100	3.29

资料来源：南开大学公司治理数据库。

四、主板上市公司股东治理 100 佳公司地区分布

表 11.14 给出了主板股东治理 100 佳公司的地区分布状况，可以看到，入选主板股东治理 100 佳上市公司中，来自广东省、江苏省、浙江省和山东省的样本较多，所占的比例依次为 22.00%、14.00%、13.00% 和 10.00%，股东治理 100 佳中 59% 的公司来自这四个地区。

天津市、河北省、山西省、海南省、云南省、陕西省、甘肃省、宁夏等 9 个地区没有 1 家公司进入股东治理 100 佳。其中，河北省、山西省、海南省、云南省、陕西省等 7 个地区则连续两年没有 1 家公司进入股东治理 100 佳。进入 100 佳公司占本地区样本比例最高的 5 个地区分别是：青海省、西藏、吉林省、四川省和广东省。

表 11.14 主板上市公司股东治理 100 佳公司地区分布

地区	样本总体		100 佳		
	数目	比例（%）	数目	比例（%）	占本地区比例（%）
北京市	225	7.40	5	5	2.22
天津市	47	1.55	—	—	—
河北省	49	1.61	—	—	—
山西省	33	1.09	—	—	—
内蒙古	21	0.69	1	1	4.76
辽宁省	59	1.94	1	1	1.69
吉林省	37	1.22	2	2	5.41
黑龙江省	30	0.99	1	1	3.33
上海市	240	7.90	10	10	4.17
江苏省	320	10.53	13	13	4.06
浙江省	433	14.25	14	14	3.23
安徽省	99	3.26	3	3	3.03
福建省	113	3.72	1	1	0.88
江西省	50	1.65	2	2	4.00
山东省	190	6.25	8	8	4.21
河南省	63	2.07	1	1	1.59
湖北省	80	2.63	2	2	2.50
湖南省	82	2.70	2	2	2.44
广东省	437	14.38	22	22	5.03
广　西	35	1.15	1	1	2.86
海南省	23	0.76	—	—	—
重庆市	54	1.78	2	2	3.70
四川省	97	3.19	5	5	5.15
贵州省	29	0.95	1	1	3.45
云南省	32	1.05	—	—	—
西　藏	15	0.49	1	1	6.67
陕西省	42	1.38	—	—	—
甘肃省	30	0.99	—	—	—
青海省	11	0.36	1	1	9.09
宁　夏	13	0.43	—	—	—
新　疆	48	1.58	1	1	2.08
香　港	2	0.07	—	—	—
合　计	3039	100.00	100	100	3.29

资料来源：南开大学公司治理数据库。

主要结论

第一，2023 年主板上市公司股东治理指数总体上相比上一年度有所提升，由 67.70 上升为 68.34，上升幅度为 0.64。三个二级指标中，独立性上升了 1.01，中小股东权益保护上升了 1.51，关联交易下降了 0.41。

第二，进一步分析三级指标发现，相比于 2022 年，独立性上升的主要原因是控制层级有所下降，从 2022 年的 2.25 下降为 2023 年的 2.16；中小股东权益保护上升是包括网络投票、现金股利支付率、中小股东提名非独立董事、独立董事在内的中小股东提名选举董事的制度、股权质押冻结等方面改善所致；关联交易得分下降是资产类关联交易上升造成的。

第三，主板上市公司股东治理行业之间的差距在扩大。股东治理指数平均值居前三位的分别是制造业，信息传输、软件和信息技术服务业，农、林、牧、渔业，平均值分别为 69.31、69.10 和 67.95。平均值最低的三个行业分别是综合，采矿业，住宿和餐饮业，平均值分别为 60.64、62.67 和 63.68。股东治理指数平均值最高的制造业与最低的卫生和社会工作之间的差距为 8.67，相比 2022 年的 5.09，行业之间的差距大幅增加。

第四，主板民营控股上市公司股东治理指数的平均值高于国有控股上市公司。国有控股上市公司和民营控股上市公司的平均值分别为 64.52 和 70.75，二者之间的差距为 6.23，相比 2021 年的 5.07 和 2022 年的 4.01，差距在扩大。从三个二级指标来看，国有控股上市公司的独立性比民营控股上市公司低 9.72，关联交易比民营控股上市公司低 7.18，只是在中小股东权益保护上比民营控股上市公司高 2.02。对三级指标作进一步的分析发现，主板民营控股上市公司在高管在控股股东单位任职、控制层级、现金股利支付率、中小股东提名非独立董事权利和经营性关联交易等众多指标上均优于国有控股上市公司；国有控股上市公司只是在网络投票、累积投票实施、分红连续性以及股权质押冻结等指标上的表现好于民营控股上市公司。

第五，股东治理地区之间的差距有长期固化的趋势。股东治理指数平均值最高的四个地区分别是西藏、浙江省、江苏省和广东省，平均值分别为 70.71、70.38、69.79 和 69.71。2019－2023 连续四年浙江省、江苏省和西藏都排在前四名，这说明上述三个地区的股东治理比较稳定。股东治理指数平均值最低的四个地区分别是香港、海南省、宁夏和山西省，平均值分别为 55.25、61.98、62.85 和 63.49，其中海南省和山西省连续五年排名后三名。股东治理指数地区差距较大，平均值最高的江苏省和最低的香港和海南省之间的差距为 15.46 和 8.73，而 2022 年和 2021 年最大的省份差距分别为 8.91 和 9.45。

第六，主板股东治理 100 佳几乎集中在国有控股上市公司和民营控股上市公司中，分别有 23 家国有控股上市公司和 68 家民营控股上市公司进入 2022 年的主板股东治理 100 佳。入选主板股东治理 100 佳上市公司中来自广东省、江苏省、浙江省和山东省的样本较多，股东治理 100 佳中 59%的公司来自这四个地区。有 9 个省份没有 1 家公司进入股东治理 100 佳。其中，河北省、山西省、海南省、云南省、陕西省等 7 个地区则连续两年没有 1 家公司进入股东治理 100 佳。进入 100 佳公司占本地区样本比例最高的 5 个地区分别是：青海省、西藏、吉林省、四川省和广东省。

第十二章　主板上市公司董事会治理评价

第一节　主板上市公司董事会治理总体分析

一、2023 年主板上市公司董事会治理总体描述

2023 年中国上市公司主板市场非金融类公司样本量为 3039 家，董事会治理指数的平均值为 64.87，中位数为 64.97，最大值为 73.00，最小值为 49.48。

从董事会治理的五个主要因素来看，董事会组织结构指数最高，平均值为 69.67；董事会运作效率指数的平均值次之，为 67.39；董事权利与义务指数和董事薪酬指数，其平均值分别为 62.64 和 63.30；独立董事制度指数的平均值最低，为 60.67。

从公司董事会治理质量的差异情况来看，2023 年度中国主板上市公司董事会治理指数的标准差为 2.23。公司间董事会治理质量的差异主要表现在董事会组织结构和董事薪酬方面，其标准差分别为 5.77 和 6.69；而公司在董事权利与义务、独立董事制度和董事会运作效率指数方面的差异相对较小，其标准差分别为 4.84、4.44 和 4.20。见表 12.1。

表 12.1　主板上市公司董事会治理总体状况描述性统计

项目	平均值	中位数	标准差	极差	最小值	最大值
董事会治理指数	64.87	64.97	2.23	23.52	49.48	73.00
董事权利与义务	62.64	62.25	4.84	31.00	44.50	75.50
董事会运作效率	67.39	67.56	4.20	25.30	49.16	74.46
董事会组织结构	69.67	70.00	5.77	88.00	0.00	88.00
董事薪酬	63.30	62.00	6.69	26.50	50.00	76.50
独立董事制度	60.67	61.75	4.44	38.75	33.75	72.50

资料来源：南开大学公司治理数据库。

二、2018－2023 年主板上市公司董事会治理比较

董事会治理指数的平均水平在 2018－2023 年总体呈现上升态势，2018－2019 年度增长趋缓，2020－2022 年增长幅度变大，2023 年下降。

从董事会治理的五个主要因素来看，董事权利与义务指数在六年间呈现出了一

定的波动性,董事权利与义务指数在 2023 年下降明显;董事会运作效率指数在 2018 年后一直维持在相对较高水平,较为稳定;董事会组织结构一直遥遥领先,尽管略有波动;董事薪酬指数是主板上市公司在前几年董事会治理的短板,2023 年改善明显,达到了近几年的最高值;独立董事制度指数近三年有所下降。详见表 12.2 与图 12.1。

表 12.2　主板上市公司董事会治理指数描述性统计六年比较

项目	2018 年	2019 年	2020 年	2021 年	2022 年	2023 年
董事会治理指数	64.09	64.26	64.68	64.68	65.05	64.87
董事权利与义务	61.58	62.73	62.95	62.32	63.63	62.64
董事会运作效率	67.39	67.30	67.58	67.63	67.65	67.39
董事会组织结构	68.90	68.22	69.23	69.30	69.40	69.67
董事薪酬	59.93	60.36	61.05	61.40	62.85	63.30
独立董事制度	61.27	61.77	61.74	61.59	61.32	60.67

资料来源:南开大学公司治理数据库。

图 12.1　主板上市公司董事会治理指数平均值六年折线图比较

资料来源:南开大学公司治理数据库。

第二节 主板上市公司董事会治理分行业评价

一、2023 年主板上市公司董事会治理分行业总体描述

依据证监会制定的行业分类标准，对不同行业董事会治理质量进行分析，以探讨董事会治理质量的行业差异特征。由表 12.3 董事会治理指数分行业描述性统计中可以看出，科学研究和技术服务业，信息传输、软件和信息技术服务业，批发和零售业的平均水平位居前三；农、林、牧、渔业，租赁和商务服务业，电力、热力、燃气及水生产和供应业上市公司董事会治理质量相对较差。

表 12.3 主板上市公司董事会治理指数分行业描述性统计

行业	数目	比例（%）	平均值	中位数	标准差	极差	最小值	最大值
农、林、牧、渔业	37	1.22	64.20	64.63	1.88	7.64	60.50	68.14
采矿业	73	2.40	64.85	65.12	2.42	14.28	56.43	70.70
制造业	1956	64.36	64.97	65.09	2.24	21.34	49.48	70.82
电力、热力、燃气及水生产和供应业	127	4.18	64.09	64.30	2.35	17.13	55.88	73.00
建筑业	95	3.13	64.66	64.70	1.91	10.46	59.59	70.05
批发和零售业	162	5.33	65.06	64.97	2.16	14.13	56.50	70.63
交通运输、仓储和邮政业	107	3.52	64.33	64.69	2.59	12.92	57.27	70.19
住宿和餐饮业	7	0.23	64.66	64.13	1.29	3.60	62.96	66.55
信息传输、软件和信息技术服务业	156	5.13	65.25	65.46	2.22	11.77	58.98	70.75
房地产业	111	3.65	64.64	64.69	1.81	10.14	58.13	68.27
租赁和商务服务业	48	1.58	64.16	64.83	2.54	13.39	54.44	67.83
科学研究和技术服务业	32	1.05	65.61	65.94	2.46	11.65	58.53	70.18
水利、环境和公共设施管理业	49	1.61	64.69	64.90	1.66	6.85	60.57	67.42
教育	10	0.33	64.87	64.83	1.61	4.62	62.64	67.25
卫生和社会工作	9	0.30	64.58	63.98	2.02	5.87	62.48	68.35
文化、体育和娱乐业	47	1.55	64.54	64.61	2.04	11.81	57.59	69.40
综合	13	0.43	64.47	64.57	2.21	7.22	60.14	67.36
合 计	3039	100.00	64.87	64.97	2.23	23.52	49.48	73.00

资料来源：南开大学公司治理数据库。

在董事权利与义务指数方面，信息传输、软件和信息技术服务业，科学研究和

技术服务业，租赁和商务服务业表现较好；文化、体育和娱乐业，交通运输、仓储和邮政业，综合表现相对较差。在董事会运作效率方面，住宿和餐饮业，教育，科学研究和技术服务业位居前三；而信息传输、软件和信息技术服务业，租赁和商务服务业，建筑业的指标均值较低。在董事会组织结构方面，采矿业，文化、体育和娱乐业表现较好；信息传输、软件和信息技术服务业，租赁和商务服务业表现较差。在董事薪酬方面，科学研究和技术服务业，信息传输、软件和信息技术服务业，制造业的均值水平位居行业分类前三；农、林、牧、渔业，电力、热力、燃气及水生产和供应业，住宿和餐饮业的均值水平较低。在独立董事制度方面，教育和建筑业的表现较好；卫生和社会工作业表现相对较差。见表 12.4。

表 12.4 主板上市公司董事会治理分指数分行业描述性统计

行业	董事会治理指数	董事权利与义务	董事会运作效率	董事会组织结构	董事薪酬	独立董事制度
农、林、牧、渔业	64.20	62.30	67.45	70.24	59.08	60.99
采矿业	64.85	62.59	67.81	71.39	60.64	60.92
制造业	64.97	62.70	67.18	69.54	64.24	60.59
电力、热力、燃气及水生产和供应业	64.09	62.17	67.95	70.18	58.94	60.26
建筑业	64.66	61.97	66.36	70.12	62.14	61.67
批发零售业	65.06	62.65	68.08	70.14	62.62	60.90
交通运输、仓储和邮政业	64.33	61.39	68.41	70.15	59.69	60.47
住宿和餐饮业	64.66	62.18	71.59	70.00	56.86	60.68
信息传输、软件和信息技术服务业	65.25	63.88	67.08	68.95	65.05	61.16
房地产业	64.64	62.38	68.25	69.88	60.98	60.68
租赁和商务服务业	64.16	63.24	66.87	67.28	62.59	60.57
科学研究和技术服务业	65.61	63.48	68.78	70.28	65.56	59.59
水利、环境和公共设施管理业	64.69	63.09	67.74	69.11	61.60	61.19
教育	64.87	63.23	69.03	70.00	59.15	61.85
卫生和社会工作	64.58	62.00	68.07	71.00	62.67	58.50
文化、体育和娱乐业	64.54	61.23	68.03	71.34	59.29	61.13
综合	64.47	61.87	68.45	69.35	62.42	59.29
合　计	64.87	62.64	67.39	69.67	63.30	60.67

资料来源：南开大学公司治理数据库。

二、2018－2023 年主板上市公司董事会治理分行业比较

从表 12.5 董事会治理指数分行业描述性统计六年比较中可以看出，科学研究和

技术服务业，卫生和社会工作，信息传输、软件和信息技术服务业近年来一直保持较高水平，董事会治理指数六年均值位列前三。交通运输、仓储和邮政业，电力、热力、燃气及水生产和供应业，租赁和商务服务业治理表现较差，六年间治理指数均值位于行业最后三位。

表 12.5　主板上市公司董事会治理指数分行业描述性统计六年比较

行业	2018 年	2019 年	2020 年	2021 年	2022 年	2023 年
农、林、牧、渔业	63.85	63.79	64.75	64.38	64.98	64.20
采矿业	63.92	64.35	65.09	64.40	64.93	64.85
制造业	64.13	64.27	64.69	64.88	65.11	64.97
电力、热力、燃气及水生产和供应业	63.31	63.81	64.31	64.37	64.63	64.09
建筑业	63.91	64.29	64.49	64.77	65.05	64.66
批发和零售业	64.49	64.53	64.88	64.93	65.32	65.06
交通运输、仓储和邮政业	63.20	63.43	64.03	64.36	64.31	64.33
住宿和餐饮业	64.84	65.28	65.27	64.64	64.47	64.66
信息传输、软件和信息技术服务业	64.54	64.79	64.89	65.08	65.31	65.25
房地产业	64.19	64.41	64.77	64.73	64.99	64.64
租赁和商务服务业	63.98	63.88	63.97	64.39	64.64	64.16
科学研究和技术服务业	65.14	65.23	65.74	65.37	65.71	65.61
水利、环境和公共设施管理业	63.53	64.2	64.68	64.56	64.79	64.69
教育	65.05	64.34	64.20	64.80	65.62	64.87
卫生和社会工作	64.02	64.84	65.89	65.92	64.98	64.58
文化、体育和娱乐业	64.57	64.4	64.83	64.46	65.07	64.54
综合	64.09	63.65	64.41	64.18	64.44	64.47
合　计	67.63	69.30	61.40	61.59	65.05	64.87

资料来源：南开大学公司治理数据库。

第三节　主板上市公司董事会治理分控股股东性质评价

一、2023 年主板上市公司董事会治理分控股股东性质总体描述

如表 12.6 所示，董事会治理指数的平均水平依据控股股东性质从高到低排序依次为民营控股、无实际控制人、其他类型、外资控股、社会团体控股、国有控股、集体控股。从公司间的差异程度来说，集体控股类公司的差异程度最大，其标准差为3.59。

表 12.6　主板上市公司董事会治理指数分控股股东性质描述性统计

控股股东性质	数目	比例（%）	平均值	中位数	标准差	极差	最小值	最大值
国有控股	1083	35.64	64.37	64.41	2.26	17.66	53.17	70.82
集体控股	18	0.59	63.97	64.87	3.59	14.32	56.30	70.62
民营控股	1629	53.60	65.21	65.33	2.13	23.52	49.48	73.00
外资控股	107	3.52	64.50	64.33	2.14	14.40	55.54	69.94
社会团体控股	6	0.20	64.47	64.22	1.60	4.03	62.35	66.38
无实际控制人	162	5.33	65.11	65.25	2.27	13.78	56.47	70.24
其他类型	34	1.12	65.01	65.18	2.43	12.70	57.80	70.51
合　　计	3039	100.00	64.87	64.97	2.23	23.52	49.48	73.00

资料来源：南开大学公司治理数据库。

　　从董事权利与义务指数来看，民营控股类上市公司最高，外资控股类上市公司最低；从董事会运作效率指数来看，国有控股类上市公司表现最好，民营控股类上市公司表现最差；从董事会组织结构指数来看，国有控股类上市公司最高，集体控股类上市公司最低；在董事薪酬方面，其他类型上市公司表现最好，社会团体控股类上市公司最低；在独立董事制度方面，社会团体控股类上市公司表现最好，而集体控股类上市公司表现最差。见表 12.7。

表 12.7　主板上市公司董事会治理分指数分控股股东性质描述性统计

控股股东性质	董事会治理指数	董事权利与义务	董事会运作效率	董事会组织结构	董事薪酬	独立董事制度
国有控股	64.37	61.66	68.45	70.13	59.67	60.54
集体控股	63.97	61.14	67.42	67.11	62.47	60.33
民营控股	65.21	63.55	66.63	69.54	65.63	60.68
外资控股	64.50	59.61	67.09	69.28	63.71	60.70
社会团体控股	64.47	62.38	67.18	70.00	59.42	62.21
无实际控制人	65.11	62.48	68.09	68.94	63.52	61.38
其他类型	65.01	61.84	67.77	67.69	66.07	60.54
合　　计	64.87	62.64	67.39	69.67	63.30	60.67

资料来源：南开大学公司治理数据库。

二、2018－2023 年主板上市公司董事会治理分控股股东性质比较

　　表 12.8 给出了主板上市公司中国有控股类和民营控股类公司董事会治理状况的六年描述性统计，可以看出，六年间，民营控股类上市公司的董事会治理质量一直领先于国有控股类上市公司。

　　以 2023 年度国有控股与民营控股类上市公司董事会治理质量的比较来说，民

营控股类上市公司 2023 年度董事会治理指数高过国有控股类上市公司的主要原因在于，民营控股类上市公司在董事会权利义务指数、董事薪酬、独立董事制度三个方面均好于国有控股类上市公司，但在董事会运作效率、董事会组织结构方面与国有控股上市公司还存在差距。

表 12.8　主板国有和民营控股公司董事会治理指数描述性统计六年比较

年份	控股股东性质	董事会治理指数	董事权利与义务	董事会运作效率	董事会组织结构	董事薪酬	独立董事制度
2018	国有	63.79	61.48	68.02	68.73	57.58	61.5
	民营	64.43	61.72	66.72	69.3	62.26	61.05
2019	国有	63.94	62.53	68.06	67.95	57.97	61.96
	民营	64.63	63.14	66.54	68.76	62.78	61.51
2020	国有	64.47	63.26	68.52	69.19	58.36	62.04
	民营	64.91	62.73	66.67	69.55	63.58	61.36
2021	国有	64.50	62.70	68.39	69.30	59.11	61.80
	民营	65.04	62.97	66.86	69.42	64.19	61.24
2022	国有	64.64	63.19	68.73	69.68	59.21	61.43
	民营	65.38	64.09	66.92	69.32	65.33	61.27
2023	国有	64.37	61.66	68.45	70.13	59.67	60.54
	民营	65.21	63.55	66.63	69.54	65.63	60.68

资料来源：南开大学公司治理数据库。

第四节　主板上市公司董事会治理分地区评价

一、2023 年主板上市公司董事会治理分地区总体描述

不同地区的董事会治理状况存在着显著差异。由表 12.9 可知，西藏、贵州省和内蒙古董事会治理平均水平位居地区前三位；而宁夏、甘肃省、辽宁省董事会治理的平均水平处于地区后三位（排除香港）。从董事会治理质量在公司间的差异程度来说，宁夏、河北省和内蒙古的上市公司在董事会治理质量方面具有较大差异（排除香港）；吉林省、广西和湖南省的上市公司在董事会治理方面的差异性相对较小。

表 12.9　主板上市公司董事会治理指数分地区描述性统计

地区	数目	比例（%）	平均值	中位数	标准差	极差	最小值	最大值
北京市	225	7.40	64.83	64.93	2.49	13.92	56.43	70.35
天津市	47	1.55	64.50	64.94	2.38	11.66	56.50	68.17

地区	数目	比例（%）	平均值	中位数	标准差	极差	最小值	最大值
河北省	49	1.61	65.08	65.09	2.87	19.83	53.17	73.00
山西省	33	1.09	64.36	64.20	2.35	10.37	59.01	69.38
内蒙古	21	0.69	65.25	65.57	2.54	11.05	59.77	70.82
辽宁省	59	1.94	64.16	64.34	2.13	10.71	57.67	68.38
吉林省	37	1.22	65.14	65.01	1.78	7.43	61.70	69.13
黑龙江省	30	0.99	64.54	64.88	2.08	11.01	57.02	68.03
上海市	240	7.90	65.04	65.24	2.09	15.47	54.72	70.19
江苏省	320	10.53	64.92	65.01	1.82	9.17	59.86	69.03
浙江省	433	14.25	64.91	64.99	2.30	21.15	49.48	70.63
安徽省	99	3.26	64.76	64.81	2.24	11.72	58.79	70.51
福建省	113	3.72	64.75	64.89	2.42	13.07	56.42	69.48
江西省	50	1.65	64.96	64.98	2.08	9.46	59.94	69.40
山东省	190	6.25	64.83	65.01	2.35	17.42	53.20	70.62
河南省	63	2.07	65.13	65.18	2.02	8.59	61.02	69.60
湖北省	80	2.63	64.66	64.63	2.30	14.00	55.86	69.85
湖南省	82	2.70	65.07	65.08	1.70	8.23	61.45	69.68
广东省	437	14.38	64.98	65.07	2.40	15.88	54.44	70.32
广　西	35	1.15	65.22	65.35	1.76	9.82	60.40	70.23
海南省	23	0.76	64.73	64.12	2.30	9.45	61.25	70.70
重庆市	54	1.78	65.19	65.19	2.17	12.42	58.20	70.63
四川省	97	3.19	64.81	64.97	2.04	11.20	57.79	68.99
贵州省	29	0.95	65.51	65.74	1.91	6.96	61.62	68.58
云南省	32	1.05	64.44	64.44	2.27	10.84	59.92	70.75
西　藏	15	0.49	65.91	65.74	1.83	6.15	62.74	68.89
陕西省	42	1.38	64.24	64.18	2.41	11.03	58.14	69.18
甘肃省	30	0.99	63.78	64.00	1.93	7.25	59.32	66.57
青海省	11	0.36	64.99	65.05	2.12	7.38	61.63	69.02
宁　夏	13	0.43	63.20	63.88	3.07	12.31	55.11	67.42
新　疆	48	1.58	64.96	65.30	1.97	9.99	59.88	69.87
香　港	2	0.07	63.65	63.65	4.22	5.96	60.67	66.63
合　计	3039	100.00	64.87	64.97	2.23	23.52	49.48	73.00

资料来源：南开大学公司治理数据库。

二、2017－2023 年主板上市公司董事会治理分地区比较

从表 12.10 主板上市公司分地区董事会治理指数平均值的六年比较中可以看出，

贵州省、西藏、青海省的董事会治理质量表现较好，山西省、甘肃省、宁夏六年董事会治理水平位于地区后三名（排除香港），相对较差。

表 12.10　主板上市公司董事会治理指数分地区描述性统计六年比较

地区	2018 年	2019 年	2020 年	2021 年	2022 年	2023 年
北京市	63.77	64.20	64.62	64.69	64.93	64.83
天津市	64.08	63.91	64.73	64.62	64.83	64.50
河北省	64.27	63.93	64.68	65.04	65.17	65.08
山西省	63.71	64.01	64.43	64.22	64.27	64.36
内蒙古	64.24	64.21	65.19	64.97	65.82	65.25
辽宁省	63.72	64.02	64.51	64.16	64.70	64.16
吉林省	64.41	64.46	64.71	64.51	65.24	65.14
黑龙江省	63.54	63.96	64.97	65.15	65.14	64.54
上海市	64.2	64.15	64.78	64.65	65.02	65.04
江苏省	64.26	64.57	64.77	65.01	65.26	64.92
浙江省	64.51	64.54	64.60	64.75	65.01	64.91
安徽省	63.62	63.91	64.78	64.80	64.97	64.76
福建省	63.76	63.96	64.07	64.67	65.11	64.75
江西省	63.26	63.79	64.40	64.42	64.64	64.96
山东省	64.04	64.52	64.86	64.85	65.21	64.83
河南省	63.54	63.98	64.92	64.93	65.33	65.13
湖北省	63.87	63.82	64.66	64.86	65.19	64.66
湖南省	64.86	64.93	64.90	65.24	65.02	65.07
广东省	64.2	64.16	64.66	65.08	65.21	64.98
广　西	64.63	64.71	64.89	64.34	65.01	65.22
海南省	63.41	63.86	64.50	64.37	64.78	64.73
重庆市	64.59	64.71	64.86	65.18	65.17	65.19
四川省	63.61	64.22	64.71	65.05	65.11	64.81
贵州省	64.62	65.74	65.45	65.53	65.78	65.51
云南省	64.46	63.89	64.30	64.49	64.50	64.44
西　藏	65.12	64.65	65.14	65.06	65.20	65.91
陕西省	64.16	64.12	64.88	64.29	64.44	64.24
甘肃省	63.25	63.37	63.15	63.66	64.08	63.78
青海省	64.65	65.34	65.09	64.94	65.80	64.99
宁　夏	63.20	64.41	63.93	63.01	62.83	63.20
新　疆	64.09	63.82	64.86	64.80	65.22	64.96
香　港	—	—	—	—	—	63.65
合　计	63.63	67.65	69.40	62.85	61.32	64.87

资料来源：南开大学公司治理数据库。

第五节 主板上市公司董事会治理 100 佳评价

一、主板上市公司董事会治理 100 佳比较分析

如表 12.11 所示，主板非金融类董事会治理 100 佳上市公司的表现明显优于主板非金融类上市公司。2023 年度 100 佳公司董事会治理质量的平均值为 69.39。100 佳公司董事会治理质量的优势主要体现在董事薪酬、董事会组织结构、独立董事制度方面，分别比主板非金融类上市公司高 8.96、4.29 和 3.50；在董事会权利义务、董事会运作效率方面，100 佳上市公司分别比主板非金融类上市公司高 3.05、2.73。从公司间的差异程度来说，2023 年度 100 佳公司董事会治理指数的标准差为 0.70，比 2023 年度主板非金融类上市公司的标准差低，表明 100 佳公司在董事会治理质量的差异程度上低于主板非金融类公司。

表 12.11 主板上市公司董事会治理 100 佳描述性统计

项目	样本	平均值	中位数	标准差	极差	最小值	最大值
董事会治理指数	100 佳	69.39	69.18	0.70	4.40	68.60	73.00
	样本总体	64.87	64.97	2.23	23.52	49.48	73.00
董事权利与义务	100 佳	65.69	65.50	5.29	25.50	50.00	75.50
	样本总体	62.64	62.25	4.84	31.00	44.50	75.50
董事会运作效率	100 佳	70.12	70.15	2.96	10.64	63.82	74.46
	样本总体	67.39	67.56	4.20	25.30	49.16	74.46
董事会组织结构	100 佳	73.96	70.00	5.91	18.00	70.00	88.00
	样本总体	69.67	70.00	5.77	88.00	0.00	88.00
董事薪酬	100 佳	72.26	75.00	4.66	19.50	57.00	76.50
	样本总体	63.30	62.00	6.69	26.50	50.00	76.50
独立董事制度	100 佳	64.17	64.25	3.28	16.75	55.75	72.50
	样本总体	60.67	61.75	4.44	38.75	33.75	72.50

资料来源：南开大学公司治理数据库。

二、主板上市公司董事会治理 100 佳公司行业分布

表 12.12 是董事会治理 100 佳公司的行业分布。制造业有 67 家公司入围 100 佳，在公司数量上位居第一；信息传输、软件和信息技术服务业有 9 家公司入围 100 佳行列；100 佳上市公司占本行业比重最高的行业是水利、环境和公共设施管理业；农、林、牧、渔业，住宿和餐饮业，房地产业，租赁和商务服务业，科学研究和技术服务业，教育，卫生和社会工作，综合类行业没有公司入围董事会治理 100 佳。

表 12.12　主板上市公司董事会治理 100 佳公司行业分布

行业	样本总体		100 佳	
	数目	比例（%）	数目	占本行业比例（%）
农、林、牧、渔业	37	1.22	—	—
采矿业	73	2.40	5	6.85
制造业	1956	64.36	67	3.43
电力、热力、燃气及水生产和供应业	127	4.18	3	2.36
建筑业	95	3.13	2	2.11
批发零售业	162	5.33	8	4.94
交通运输、仓储和邮政业	107	3.52	2	1.87
住宿和餐饮业	7	0.23	—	—
信息传输、软件和信息技术服务业	156	5.13	9	5.77
房地产业	111	3.65	—	—
租赁和商务服务业	48	1.58	—	—
科学研究和技术服务业	32	1.05	—	—
水利、环境和公共设施管理业	49	1.61	3	9.38
教育	10	0.33	—	—
卫生和社会工作	9	0.30	—	—
文化、体育和娱乐业	47	1.55	1	2.13
综合	13	0.43	—	—
合　计	3039	100.00	100	—

资料来源：南开大学公司治理数据库。

三、主板上市公司董事会治理 100 佳公司控股股东性质分布

由表 12.13，有 28 家国有控股类上市公司位列 100 佳行列，占国有控股类上市公司的比重为 2.59%。民营控股类上市公司有 63 家入围 100 佳公司，占民营总数 3.87%。外资控股类上市公司有 2 家入围 100 佳公司，占外资控股总数的 1.87%。无实际控制人类型上市公司有 5 家入围 100 佳公司，集体控股有 1 家入围 100 佳公司，社会团体控股类上市公司没有公司入围。

表 12.13　主板上市公司董事会治理 100 佳公司控股股东分布

控股股东性质	样本总体		100 佳	
	数目	比例（%）	数目	占本组比例（%）
国有控股	1083	35.64	28	2.59
集体控股	18	0.59	1	5.56
民营控股	1629	53.60	63	3.87

控股股东性质	样本总体		100 佳	
	数目	比例（%）	数目	占本组比例（%）
外资控股	107	3.52	2	1.87
社会团体控股	6	0.20	—	—
无实际控制人	162	5.33	5	3.09
其他类型	34	1.12	1	2.94
合　计	3039	100.00	100	—

资料来源：南开大学公司治理数据库。

四、主板上市公司董事会治理 100 佳公司地区分布

从表 12.14 主板董事会治理 100 佳的地区分布情况来看，广东省、浙江省、北京市分别有 20 家、15 家、11 家公司入围 100 佳行列，在数量上位居前三位；而海南省、青海省、西藏在入围 100 佳公司所占地区比重方面位居前三位。天津市、辽宁省、黑龙江省、贵州省、甘肃和宁夏均没有上市公司入围 100 佳。

表 12.14　主板上市公司董事会治理 100 佳公司地区分布

地区	样本总体		100 佳	
	数目	比例（%）	数目	占本地区比例（%）
北京市	225	7.40	11	4.89
天津市	47	1.55	—	—
河北省	49	1.61	3	6.12
山西省	33	1.09	1	3.03
内蒙古	21	0.69	1	4.76
辽宁省	59	1.94	—	—
吉林省	37	1.22	2	5.41
黑龙江省	30	0.99	—	—
上海市	240	7.90	8	3.33
江苏省	320	10.53	2	0.63
浙江省	433	14.25	15	3.46
安徽省	99	3.26	3	3.03
福建省	113	3.72	3	2.65
江西省	50	1.65	1	2.00
山东省	190	6.25	7	3.68
河南省	63	2.07	3	4.76
湖北省	80	2.63	3	3.75
湖南省	82	2.70	2	2.44

续表

地区	样本总体		100 佳	
	数目	比例（%）	数目	占本地区比例（%）
广东省	437	14.38	20	4.58
广　西	35	1.15	2	5.71
海南省	23	0.76	3	13.04
重庆市	54	1.78	3	5.56
四川省	97	3.19	1	1.03
贵州省	29	0.95	—	—
云南省	32	1.05	1	3.13
西　藏	15	0.49	1	6.67
陕西省	42	1.38	1	2.38
甘肃省	30	0.99	—	—
青海省	11	0.36	1	9.09
宁　夏	13	0.43	—	—
新　疆	48	1.58	2	4.17
香　港	2	0.07	—	—
合　计	3039	100.00	100	—

资料来源：南开大学公司治理数据库。

主要结论

本章在对 2023 年度主板非金融类 3039 家上市公司董事会治理状况进行分析及年度比较的基础上，总结我国上市公司董事会治理质量呈现的特征及变化趋势，并给出我国上市公司董事会治理质量在行业、控股股东性质、地区方面的差异：

第一，2023 年度主板非金融类上市公司董事会治理指数的平均值为 64.87，标准差为 2.23。董事会治理分指数的发展并不均衡，董事会组织结构指数最高，平均值为 69.67；董事会运作效率指数的平均值次之，为 67.39；其次是董事权利与义务指数和董事薪酬指数，其平均值分别为 62.64 和 63.30；董事薪酬指数的平均值最低，为 60.67。

第二，董事会治理指数的平均水平在 2018－2023 年总体呈现出上升态势，2018－2019 年度增长趋缓，2020－2022 年增长幅度变大，2023 年下降。从董事会治理的五个主要因素来看，董事权利与义务指数在六年间呈现出了一定的波动性；董事权利与义务指数在 2023 年下降明显，董事会运作效率指数在 2018 年后一直维持在相对较高水平，较为稳定；董事会组织结构一直遥遥领先，尽管略有波动；董事薪酬指数在前几年一直是董事会治理的短板，2023 年改善明显，达到了最近几年的最高值；

独立董事制度指数近三年有所下降。

第三，2023 年度中国主板非金融类上市公司董事会治理指数的平均水平较 2022 年有所下降，董事会治理质量的下降主要体现在董事权利与义务、董事会运作效率、独立董事制度的下滑，而董事会组织结构和董事薪酬有所提高。

第四，主板非金融类上市公司的董事会治理质量因行业和地区差异而呈现不同特征。从董事会治理质量的平均水平来说，科学研究和技术服务业，信息传输、软件和信息技术服务业以及批发和零售业的平均水平位居前三；农、林、牧、渔业，租赁和商务服务业以及电力、热力、燃气及水生产和供应业上市公司董事会治理质量相对较差。各省区在董事会治理质量方面呈现出一定的差异性。2023 年西藏、贵州省和内蒙古董事会治理平均水平位居地区前三位；而宁夏、甘肃省、辽宁省董事会治理的平均水平处于地区后三位（排除香港）。

第五，民营控股类上市公司 2023 年度董事会治理指数继续领先于国有控股类上市公司，民营控股类上市公司 2023 年度董事会治理指数高过国有控股类上市公司的主要原因在于，民营控股类上市公司在董事会权利与义务、董事薪酬、独立董事制度三个方面均好于国有控股类上市公司，但在董事会运作效率、董事会组织结构方面与国有控股上市公司还存在差距。

第六，2023 年度董事会治理 100 佳上市公司的董事会治理质量明显高于主板非金融类上市公司，2023 年度 100 佳公司董事会治理质量的平均值为 69.39，比主板非金融类上市公司全体样本高 4.52。100 佳公司董事会治理质量的优势主要体现在董事薪酬、董事会组织结构、独立董事制度方面。从 100 佳公司的行业分布来说，制造业入围 100 佳的公司数目较多。从控股股东性质分布来说，民营控股和国有控股上市公司居多。从地区分布来说，广东省、浙江省、北京市在数量上位居前三位。

第十三章　主板上市公司监事会治理评价

第一节　主板上市公司监事会治理总体分析

一、2023 年主板上市公司监事会治理总体描述

2023 年中国上市公司主板市场非金融类公司样本量为 3039 家，由于 2 家上市公司注册地为香港，适用境外注册地公司法等法律法规规定，且在年报中披露未设立监事会，故对于这类样本不评价监事会治理状况，因此监事会治理最终评价样本为 3037 家上市公司。监事会治理指数的平均值为 59.90，标准差为 5.52，监事会治理指数基本服从正态分布。从监事会指数的三个主要因素来看：样本公司运行状况指数平均值为 75.71，规模结构指数平均值为 47.28，胜任能力指数平均值为 58.97。统计详情见表 13.1。

表 13.1　主板上市公司监事会治理总体状况描述性统计

项目	平均值	中位数	标准差	极差	最小值	最大值
监事会治理指数	59.90	58.23	5.52	43.83	35.21	79.04
运行状况	75.71	80.00	5.61	80.00	0.00	80.00
规模结构	47.28	40.00	12.72	40.00	40.00	80.00
胜任能力	58.97	59.00	5.78	56.87	20.40	77.27

资料来源：南开大学公司治理数据库。

二、2018－2023 年主板上市公司监事会治理比较

从 2018－2023 连续六年监事会治理指数的发展趋势看（见表 13.2、图 13.1），其平均值有升有降，呈螺旋上升趋势，在 60 附近上下浮动。其中，主板上市公司运行状况指数基本呈现逐年上升趋势，2023 年达到 75.71；规模结构指数呈现下降趋势，2023 年下降为 47.28；胜任能力指数在 2018－2020 年间较为平稳，2021 年有所提升，2022 年小幅下降，2023 年略有回升。

表 13.2　主板上市公司监事会治理指数描述性统计六年比较

项目	2018 年	2019 年	2020 年	2021 年	2022 年	2023 年
监事会治理指数	59.68	60.67	60.44	60.64	60.03	59.90

项目	2018 年	2019 年	2020 年	2021 年	2022 年	2023 年
运行状况	71.93	74.99	75.06	75.20	75.65	75.71
规模结构	51.11	51.17	50.53	49.53	47.84	47.28
胜任能力	57.76	57.89	57.83	59.26	58.82	58.97

资料来源：南开大学公司治理数据库。

图 13.1　主板上市公司监事会治理指数平均值六年折线图比较

资料来源：南开大学公司治理数据库。

第二节　主板上市公司监事会治理分行业评价

一、2023 年主板上市公司监事会治理分行业总体描述

从行业分布状况可以看出，各行业监事会治理指数存在差异。其中，平均值最高的行业是交通运输、仓储和邮政业，教育，采矿业，平均值分别为 63.22、63.18、63.05；水利、环境和公共设施管理业，农、林、牧、渔业以及卫生和社会工作行业上市公司的平均值较低，分别为 59.21、58.98 和 57.70。统计详情见表 13.3。

从分指数看，导致交通运输、仓储和邮政业，采矿业居于前列的主要因素是规模结构指数和胜任能力指数明显高于平均值，其规模结构指数分别为 54.16 和 53.33，胜任能力指数分别为 61.26 和 62.06，教育行业上市公司监事会治理指数较高主要是由于在运行状况和规模结构方面表现较好，分别为 78.00 和 53.00；导致水利、环境

和公共设施管理业，农、林、牧、渔业以及卫生和社会工作行业上市公司监事会治理指数分值较低的原因是这些行业的规模结构指数为 45.51、45.95、43.33 低于平均值 47.28。见表 13.4。

表 13.3　主板上市公司监事会治理指数分行业描述性统计

行业	数目	比例（%）	平均值	中位数	标准差	极差	最小值	最大值
农、林、牧、渔业	37	1.22	58.98	57.81	4.73	17.44	51.52	68.96
采矿业	72	2.37	63.05	60.44	6.87	29.32	46.48	75.80
制造业	1956	64.41	59.32	57.90	5.24	43.83	35.21	79.04
电力、热力、燃气及水生产和供应业	127	4.18	62.31	60.75	6.10	21.67	52.57	74.24
建筑业	95	3.13	61.01	58.83	6.23	24.11	51.99	76.10
批发和零售业	162	5.33	60.43	58.69	5.69	33.53	41.20	74.73
交通运输、仓储和邮政业	107	3.52	63.22	62.36	6.02	23.94	51.45	75.39
住宿和餐饮业	7	0.23	61.43	59.81	5.67	14.04	55.48	69.52
信息传输、软件和信息技术服务业	155	5.10	59.48	57.99	4.94	23.11	51.38	74.49
房地产业	111	3.65	60.84	58.90	6.00	34.30	40.80	75.10
租赁和商务服务业	48	1.58	59.69	57.62	5.76	20.57	52.22	72.79
科学研究和技术服务业	32	1.05	60.19	58.87	4.73	19.47	52.57	72.04
水利、环境和公共设施管理业	49	1.61	59.21	58.58	4.24	15.99	53.20	69.19
教育	10	0.33	63.18	62.12	5.40	14.29	57.61	71.90
卫生和社会工作	9	0.30	57.70	56.42	3.74	11.31	54.57	65.87
文化、体育和娱乐业	47	1.55	61.22	59.18	5.97	21.80	49.98	71.78
综合	13	0.43	60.23	59.07	4.25	12.90	55.51	68.41
合　计	3037	100.00	59.90	58.23	5.52	43.83	35.21	79.04

资料来源：南开大学公司治理数据库。

表 13.4　主板上市公司监事会治理分指数分行业描述性统计

行业	数目	比例（%）	监事会治理指数	运行状况	规模结构	胜任能力
农、林、牧、渔业	37	1.22	58.98	75.68	45.95	57.70
采矿业	72	2.37	63.05	75.56	53.33	62.06
制造业	1956	64.41	59.32	76.07	46.05	58.22
电力、热力、燃气及水生产和供应业	127	4.18	62.31	75.12	52.91	60.74
建筑业	95	3.13	61.01	76.42	48.47	60.32
批发和零售业	162	5.33	60.43	74.01	49.14	60.09

续表

行业	数目	比例 (%)	监事会治理指数	运行状况	规模结构	胜任能力
交通运输、仓储和邮政业	107	3.52	63.22	76.07	54.16	61.26
住宿和餐饮业	7	0.23	61.43	78.57	48.57	59.60
信息传输、软件和信息技术服务业	155	5.10	59.48	75.74	45.97	59.07
房地产业	111	3.65	60.84	73.06	49.10	62.09
租赁和商务服务业	48	1.58	59.69	75.21	46.67	59.42
科学研究和技术服务业	32	1.05	60.19	76.56	45.94	60.42
水利、环境和公共设施管理业	49	1.61	59.21	75.31	45.51	59.12
教育	10	0.33	63.18	78.00	53.00	60.66
卫生和社会工作	9	0.30	57.70	72.22	43.33	59.62
文化、体育和娱乐业	47	1.55	61.22	72.34	52.66	60.25
综合	13	0.43	60.23	75.38	49.23	58.24
合　计	3037	100.00	59.90	75.71	47.28	58.97

资料来源：南开大学公司治理数据库。

二、2018－2023 年主板上市公司监事会治理分行业比较

从表 13.5 的统计数据可以看出，2018－2023 年交通运输、仓储和邮政业，教育，电力、热力、燃气及水生产和供应业上市公司监事会治理指数一直居于行业前列，而卫生和社会工作，信息传输、软件和信息技术服务业，制造业上市公司的监事会治理指数的排名较为靠后。由六年数据分析认为行业因素会导致监事会治理水平的差异。

表 13.5　主板上市公司监事会治理指数分行业描述性统计四年比较

行业	2018 年	2019 年	2020 年	2021 年	2022 年	2023 年
农、林、牧、渔业	59.42	60.13	61.37	60.60	59.33	58.98
采矿业	61.8	63.70	62.58	62.83	63.07	63.05
制造业	58.84	59.89	59.65	59.89	59.40	59.32
电力、热力、燃气及水生产和供应业	63.12	63.48	63.43	63.68	62.98	62.31
建筑业	60.62	61.02	61.45	62.11	60.39	61.01
批发和零售业	60.07	61.52	61.10	60.70	60.64	60.43
交通运输、仓储和邮政业	62.09	63.02	63.03	64.02	63.40	63.22
住宿和餐饮业	62.24	62.35	61.43	62.29	61.51	61.43
信息传输、软件和信息技术服务业	59.15	59.24	59.29	59.30	59.46	59.48
房地产业	60.61	61.49	61.19	61.12	60.97	60.84

行业	2018 年	2019 年	2020 年	2021 年	2022 年	2023 年
租赁和商务服务业	59.49	60.23	61.19	60.38	60.75	59.69
科学研究和技术服务业	56.96	60.22	60.36	60.99	60.66	60.19
水利、环境和公共设施管理业	58.68	60.44	60.51	59.64	59.81	59.21
教育	67.87	64.78	66.33	65.78	63.02	63.18
卫生和社会工作	53.97	58.80	58.16	58.14	59.65	57.70
文化、体育和娱乐业	61.86	61.98	61.03	62.69	60.72	61.22
综合	60.27	60.79	60.07	61.30	61.01	60.23
合　计	59.68	60.67	60.44	60.64	60.03	59.90

资料来源：南开大学公司治理数据库。

第三节　主板上市公司监事会治理分控股股东性质评价

一、2023 年主板上市公司监事会治理分控股股东性质总体描述

由表 13.6 中数据可知，控股股东性质为国有控股的上市公司监事会治理指数为 63.06，集体控股上市公司为 58.07，民营控股上市公司为 57.96，社会团体控股上市公司为 57.63，外资控股上市公司为 58.11，其他类型上市公司为 57.61，无实际控制人上市公司为 60.28。国有控股上市公司监事会治理水平明显高于其他上市公司。

表 13.6　主板上市公司监事会治理指数分控股股东性质描述性统计

控股股东性质	数目	比例（%）	平均值	中位数	标准差	极差	最小值	最大值
国有控股	1081	35.59	63.06	61.03	6.12	36.91	40.80	77.71
集体控股	18	0.59	58.07	57.38	5.84	25.82	42.63	68.45
民营控股	1629	53.64	57.96	57.22	4.08	37.58	35.21	72.79
社会团体控股	6	0.20	57.63	57.58	0.54	1.37	57.09	58.45
外资控股	107	3.52	58.11	57.29	4.28	27.97	43.40	71.36
无实际控制人	162	6.39	60.28	58.67	5.22	27.25	51.79	79.04
其他类型	34	0.07	57.61	57.06	3.81	18.84	53.20	72.04
合　计	3037	100.00	59.90	58.23	5.52	43.83	35.21	79.04

资料来源：南开大学公司治理数据库。

从分指数看，国有控股监事会治理指数高于其他上市公司的原因主要是国有控股上市公司的三项分指数的平均值都较高且较为均衡，特别是规模结构（53.56）和胜任能力（61.81），说明国有控股上市公司监事会治理的各方面都表现较好，原因

可能是国有控股上市公司的实际控制人属于国有性质，更倾向于利用监事会作为治理公司的一种手段。统计数据详情见表 13.7。

表 13.7 主板上市公司监事会治理分指数分控股股东性质描述性统计

控股股东性质	数目	比例（%）	监事会治理指数	运行状况	规模结构	胜任能力
国有控股	1081	35.59	63.06	75.59	53.56	61.81
集体控股	18	0.59	58.07	71.11	45.56	59.40
民营控股	1629	53.64	57.96	75.87	43.52	57.05
社会团体控股	6	0.20	57.63	70.00	40.00	64.65
外资控股	107	3.52	58.11	75.42	43.18	58.21
职工持股会控股	2	0.07	56.20	70.00	40.00	60.55
其他类型	194	6.39	59.86	75.82	46.55	59.48
合　计	3037	100.00	59.90	75.71	47.28	58.97

资料来源：南开大学公司治理数据库。

二、2018－2023 年主板上市公司监事会治理分控股股东性质比较

表 13.8 列出了 2018－2023 年六年的国有控股和民营控股上市公司的监事会治理指数，总体上看六年里国有控股上市公司的监事会治理质量一直优于民营控股上市公司；从监事会运行状况看，近六年来民营控股上市公司一直要好于国有控股上市公司；从监事会的规模结构看，国有控股上市公司要明显好于民营控股上市公司，差距在 10 以上；从监事会胜任能力看，国有控股上市公司要好于民营控股上市公司，差距在 5 左右。

表 13.8 主板国有和民营控股上市公司监事会治理指数描述性统计六年比较

年份	控股股东性质	监事会治理指数	运行状况	规模结构	胜任能力
2018	国有	62.43	71.60	56.55	60.47
	民营	56.95	72.38	45.64	55.04
2019	国有	63.44	74.66	56.92	60.34
	民营	58.03	75.35	45.79	55.42
2020	国有	63.29	74.80	56.22	60.48
	民营	57.77	75.33	45.42	55.07
2021	国有	63.61	74.81	55.61	62.01
	民营	58.10	75.66	44.47	56.67
2022	国有	63.24	75.32	54.38	61.74
	民营	58.09	75.85	44.05	56.90
2023	国有	63.06	75.59	53.56	61.81
	民营	57.96	75.87	43.52	57.05

资料来源：南开大学公司治理数据库。

第四节　主板上市公司监事会治理分地区评价

一、2023 年主板上市公司监事会治理分地区总体描述

2023 年主板上市公司监事会治理指数排在前三名的是山西省（64.46）、云南省（63.51）和新疆（62.55）的上市公司；监事会治理指数排名后三位的地区是江苏省（58.48）、西藏（58.29）和浙江省（58.12）的上市公司。各地区上市公司监事会治理指数统计详情见表 13.9。

表 13.9　主板上市公司监事会治理指数分地区描述性统计

地区	数目	比例（%）	平均值	中位数	标准差	极差	最小值	最大值
北京市	225	7.41	61.16	59.24	5.89	29.32	46.48	75.80
天津市	47	1.55	60.62	59.88	6.07	31.71	40.80	72.51
河北省	49	1.61	60.23	59.03	5.37	19.27	53.41	72.69
山西省	33	1.09	64.46	65.45	6.47	23.63	51.66	75.29
内蒙古	21	0.69	61.00	58.44	6.75	21.42	54.08	75.50
辽宁省	59	1.94	60.91	59.56	5.57	23.83	48.94	72.77
吉林省	37	1.22	60.47	58.51	5.53	18.25	53.16	71.41
黑龙江省	30	0.99	60.62	58.90	4.89	16.72	54.15	70.86
上海市	240	7.90	59.60	58.07	5.69	42.50	35.21	77.71
江苏省	320	10.54	58.48	57.09	4.96	23.73	49.88	73.62
浙江省	433	14.26	58.12	57.02	4.45	33.88	41.20	75.08
安徽省	99	3.26	60.80	58.83	5.70	23.24	52.81	76.06
福建省	113	3.72	59.72	58.41	5.21	29.47	42.63	72.11
江西省	50	1.65	61.32	59.91	5.83	18.72	52.50	71.22
山东省	190	6.26	59.61	57.97	5.51	33.07	42.32	75.39
河南省	63	2.07	61.97	60.89	6.43	32.18	46.87	79.04
湖北省	80	2.63	60.57	58.63	6.20	22.18	51.38	73.56
湖南省	82	2.70	60.05	58.67	5.51	20.85	50.93	71.78
广东省	437	14.39	59.37	58.17	4.81	23.80	51.52	75.32
广　西	35	1.15	59.86	58.34	4.95	18.35	53.94	72.28
海南省	23	0.76	62.20	59.17	6.11	19.07	55.41	74.47
重庆市	54	1.78	61.31	58.44	6.15	21.56	53.06	74.62
四川省	97	3.19	61.78	59.47	5.79	22.52	53.59	76.10
贵州省	29	0.95	60.14	59.28	4.39	17.51	53.80	71.30
云南省	32	1.05	63.51	60.80	6.34	20.18	54.04	74.22

地区	数目	比例（%）	平均值	中位数	标准差	极差	最小值	最大值
西　藏	15	0.49	58.29	57.22	5.16	18.77	52.64	71.41
陕西省	42	1.38	61.40	58.76	6.24	22.48	53.20	75.68
甘肃省	30	0.99	60.98	59.86	6.86	30.70	45.14	75.83
青海省	11	0.36	59.03	55.48	6.27	17.32	52.99	70.31
宁　夏	13	0.43	61.36	58.97	5.78	16.41	55.30	71.70
新　疆	48	1.58	62.55	60.55	5.79	19.38	51.59	70.97
合　计	3037	100.00	59.90	58.23	5.52	43.83	35.21	79.04

资料来源：南开大学公司治理数据库。

二、2018—2023 年主板上市公司监事会治理分地区比较

从表 13.10 可以看出，山西省、云南省和江西省等地区的监事会治理状况总体相对较好；而江苏省、浙江省等地区的监事会治理状况相对较差。

表 13.10　主板上市公司监事会治理指数分地区描述性统计六年比较

地区	2018 年	2019 年	2020 年	2021 年	2022 年	2023 年
北京市	60.28	61.57	61.48	61.47	60.98	61.16
天津市	59.36	62.57	60.72	62.41	60.83	60.62
河北省	61.52	61.89	62.35	62.84	60.55	60.23
山西省	62.78	64.46	65.30	64.20	64.42	64.46
内蒙古	57.83	60.93	59.84	61.03	59.27	61.00
辽宁省	60.44	61.04	60.67	61.39	61.00	60.91
吉林省	60.44	60.12	60.70	60.29	60.26	60.47
黑龙江省	59.72	58.94	57.45	59.65	59.37	60.62
上海市	59.80	60.49	59.88	60.03	59.96	59.60
江苏省	56.80	58.97	58.49	58.97	58.81	58.48
浙江省	56.84	58.03	57.70	57.65	58.07	58.12
安徽省	60.63	60.62	60.82	61.31	60.69	60.80
福建省	60.22	61.30	61.16	60.65	59.29	59.72
江西省	63.96	64.87	63.47	63.58	62.31	61.32
山东省	59.99	61.04	61.02	60.57	59.97	59.61
河南省	61.27	62.05	61.91	63.62	62.00	61.97
湖北省	61.45	61.58	62.07	62.07	61.29	60.57
湖南省	60.31	61.22	61.63	61.76	60.19	60.05
广东省	59.47	60.65	60.27	60.84	59.57	59.37
广　西	60.25	60.82	61.19	62.03	60.20	59.86

续表

地区	2018 年	2019 年	2020 年	2021 年	2022 年	2023 年
海南省	61.61	60.63	61.59	59.88	61.44	62.20
重庆市	62.96	63.36	61.87	62.90	60.78	61.31
四川省	61.06	61.95	61.63	62.99	61.29	61.78
贵州省	54.73	59.71	59.98	58.59	59.75	60.14
云南省	63.76	64.67	64.38	64.42	64.11	63.51
西　藏	55.72	58.48	56.45	56.19	59.51	58.29
陕西省	60.83	59.79	61.13	61.86	61.81	61.40
甘肃省	59.74	60.75	62.31	62.28	61.77	60.98
青海省	59.92	60.92	61.31	60.44	60.03	59.03
宁　夏	61.26	61.10	61.65	61.33	60.93	61.36
新　疆	63.07	62.52	63.13	61.86	63.69	62.55
合　计	59.68	60.67	60.44	60.64	60.03	59.90

资料来源：南开大学公司治理数据库。

第五节　主板上市公司监事会治理 100 佳评价

一、主板上市公司监事会治理 100 佳比较分析

如表 13.11 所示，监事会治理 100 佳上市公司监事会治理指数平均值为 73.28，监事会治理运行状况指数、规模结构指数、胜任能力指数的平均值依次为 79.20、73.70 和 67.79；100 佳上市公司的监事会治理水平更为集中，监事会治理水平的标准差为 1.45，最小值为 71.69，最大值为 79.04，极差为 7.35。

表 13.11　主板上市公司监事会治理 100 佳描述性统计

项目	样本	平均值	中位数	标准差	极差	最小值	最大值
监事会治理指数	100 佳	73.28	72.78	1.45	7.35	71.69	79.04
	样本总体	59.90	58.23	5.52	43.83	35.21	79.04
运行状况	100 佳	79.20	80.00	2.73	10.00	70.00	80.00
	样本总体	75.71	80.00	5.61	80.00	0.00	80.00
规模结构	100 佳	73.70	70.00	4.85	10.00	70.00	80.00
	样本总体	47.28	40.00	12.72	40.00	40.00	80.00
胜任能力	100 佳	67.79	67.72	3.68	20.77	56.50	77.27
	样本总体	58.97	59.00	5.78	56.87	20.40	77.27

资料来源：南开大学公司治理数据库。

二、主板上市公司监事会治理 100 佳公司行业分布

表 13.12 关于上市公司监事会治理 100 佳行业分布数据表明，入选监事会治理 100 佳上市公司最多的行业是制造业，有 45 家，占本行业比例为 2.30%；从相对比例来看，采矿业和教育行业入选公司数量行业占比较高，为 15.28% 和 10.00%；农、林、牧、渔业，住宿和餐饮业，水利、环境和公共设施管理业，卫生和社会工作，综合类，没有公司入选。分析可知，监事会治理较好的上市公司存在行业差异。

表 13.12　主板上市公司监事会治理 100 佳公司行业分布

行业	样本总体		100 佳		
	数目	比例（%）	数目	比例（%）	占本行业比例（%）
农、林、牧、渔业	37	1.22	—	—	—
采矿业	72	2.37	11	11.00	15.28
制造业	1956	64.41	45	45.00	2.30
电力、热力、燃气及水生产和供应业	127	4.18	10	10.00	7.87
建筑业	95	3.13	9	9.00	9.47
批发和零售业	162	5.33	4	4.00	2.47
交通运输、仓储和邮政业	107	3.52	5	5.00	4.67
住宿和餐饮业	7	0.23	—	—	—
信息传输、软件和信息技术服务业	155	5.10	4	4.00	2.58
房地产业	111	3.65	6	6.00	5.41
租赁和商务服务业	48	1.58	3	3.00	6.25
科学研究和技术服务业	32	1.05	1	1.00	3.13
水利、环境和公共设施管理业	49	1.61	—	—	—
教育	10	0.33	1	1.00	10.00
卫生和社会工作	9	0.30	—	—	—
文化、体育和娱乐业	47	1.55	1	1.00	2.13
综合	13	0.43	—	—	—
合　计	3037	100.00	100	100.00	3.29

资料来源：南开大学公司治理数据库。

三、主板上市公司监事会治理 100 佳公司控股股东性质分布

表 13.13 显示，较高比例的监事会治理 100 佳上市公司控股股东性质为国有控股、民营控股、无实际控制人，其所占比例分别为 92.00%、2.00% 和 5.00%，分别占国有控股上市公司的 8.51%、民营控股上市公司的 0.12% 和无实际控制人的 3.09%。

表 13.13　主板上市公司监事会治理 100 佳公司控股股东分布

控股股东性质	样本总体		100 佳		
	数目	比例（%）	数目	比例（%）	占本组比例（%）
国有控股	1081	35.59	92	92.00	8.51
集体控股	18	0.59	—	—	—
民营控股	1629	53.64	2	2.00	0.12
社会团体控股	6	0.20	—	—	—
外资控股	107	3.52	—	—	—
无实际控制人	162	6.39	5	5.00	3.09
其他类型	34	0.07	1	1.00	2.94
合　计	3037	100.00	100	100.00	3.29

资料来源：南开大学公司治理数据库。

四、主板上市公司监事会治理 100 佳公司地区分布

在入选监事会治理 100 佳上市公司中，数量位居前三位的是北京市、广东省和上海市，依次为 20 家、16 家和 9 家；占本地区比例较高的地区是内蒙古、山西省和北京市，分别为 9.52%、9.09% 和 8.89%；吉林省、黑龙江省、江西省、贵州省、西藏、青海省、宁夏以及新疆没有公司进入 100 佳。见表 13.14。

表 13.14　主板上市公司监事会治理 100 佳公司地区分布

地区	样本总体		100 佳		
	数目	比例（%）	数目	比例（%）	占本地区比例（%）
北京市	225	7.41	20	20.00	8.89
天津市	47	1.55	2	2.00	4.26
河北省	49	1.61	1	1.00	2.04
山西省	33	1.09	3	3.00	9.09
内蒙古	21	0.69	2	2.00	9.52
辽宁省	59	1.94	2	2.00	3.39
吉林省	37	1.22	—	—	—
黑龙江省	30	0.99	—	—	—
上海市	240	7.90	9	9.00	3.75
江苏省	320	10.54	5	5.00	1.56
浙江省	433	14.26	5	5.00	1.15
安徽省	99	3.26	6	6.00	6.06
福建省	113	3.72	2	2.00	1.77
江西省	50	1.65	—	—	—
山东省	190	6.26	3	3.00	1.58

地区	样本总体		100 佳		
	数目	比例（%）	数目	比例（%）	占本地区比例（%）
河南省	63	2.07	3	3.00	4.76
湖北省	80	2.63	3	3.00	3.75
湖南省	82	2.70	1	1.00	1.22
广东省	437	14.39	16	16.00	3.66
广　西	35	1.15	1	1.00	2.86
海南省	23	0.76	1	1.00	4.35
重庆市	54	1.78	2	2.00	3.70
四川省	97	3.19	8	8.00	8.25
贵州省	29	0.95	—	—	—
云南省	32	1.05	1	1.00	3.13
西　藏	15	0.49	—	—	—
陕西省	42	1.38	2	2.00	4.76
甘肃省	30	0.99	1	1.00	3.33
青海省	11	0.36	—	—	—
宁　夏	13	0.43	1	1.00	7.69
新　疆	48	1.58	—	—	—
合　计	3037	100.00	100	100.00	3.29

资料来源：南开大学公司治理数据库。

主要结论

第一，2023 年中国上市公司主板市场非金融类公司监事会评价样本量为 3037 家。监事会治理指数的平均值为 59.90，标准差为 5.52，监事会治理指数基本服从正态分布。

第二，从 2018－2023 年连续六年监事会治理指数的发展趋势看，其平均值有升有降，呈螺旋上升趋势，在 60 附近上下浮动。其中，主板上市公司运行状况指数基本呈现逐年上升趋势，2023 年达到 75.71；规模结构指数呈现下降趋势，2023 年下降为 47.28；胜任能力指数在 2018－2020 年间较为平稳，2021 年有所提升，2022 年小幅下降，2023 年略有回升。

第三，从行业来看，交通运输、仓储和邮政业，教育，采矿业上市公司监事会治理水平较高，而水利、环境和公共设施管理业，农、林、牧、渔业以及卫生和社会工作行业上市公司监事会治理有待改善。

第四，从股权性质来看，2023 年国有控股上市公司监事会治理平均水平明显高于民营控股上市公司；从分指数看，导致国有控股监事会治理指数高于其他上市公司的原因是国有控股上市公司的三项分指数都较高且较为均衡，特别是规模结构和胜任能力，说明国有控股主板上市公司监事会治理的各方面表现相对较好。

第五，从地区来看，各地区上市公司监事会治理水平分布呈现出不平衡性。其中，山西省、云南省和新疆等地区的监事会治理状况总体相对较好；而江苏省、西藏和浙江省等地区的监事会治理状况欠佳。

第六，主板上市公司监事会治理 100 佳上市公司中国有控股上市公司所占比例高于民营控股上市公司，而且国有控股上市公司监事会治理 100 佳上市公司占本组比例也高于民营控股上市公司。监事会治理 100 佳上市公司行业、地区分布不平衡。从行业来看，制造业上市公司所占比例最高；从地区来看内蒙古、山西省和北京市所占比例较高。

第十四章　主板上市公司经理层治理评价

第一节　主板上市公司经理层治理总体分析

一、2023 年主板上市公司经理层治理总体描述

2023 年样本上市公司的经理层治理指数最高值为 79.61，最低值为 34.73，平均值为 59.59，标准差为 6.26。从经理层评价的三个主因素层面来看，样本公司经理层任免制度指数平均值为 64.90，样本标准差为 9.18，极差最大，为 64.81，主板上市公司样本间任免制度指数的差异程度较大；执行保障指数的平均值为 61.58，样本标准差 13.76；激励约束指数平均值为 52.97，标准差为 12.16。与上一年度相比较，主板上市公司样本经理层治理指数的平均值上升了 0.12，其中经理层任免制度指数平均值比去年上升了 0.03，执行保障制度较去年下降了 0.39，而激励约束指数较去年上升了 0.62。见表 14.1。

表 14.1　主板上市公司经理层治理总体状况描述性统计

项目	平均值	中位数	标准差	极差	最小值	最大值
经理层治理指数	59.59	59.78	6.26	44.88	34.73	79.61
任免制度	64.90	69.79	9.18	64.81	19.94	84.75
执行保障	61.58	57.42	13.76	61.84	26.50	88.34
激励约束	52.97	56.76	12.16	49.66	17.74	67.40

资料来源：南开大学公司治理数据库。

二、2018－2023 年主板上市公司经理层治理比较

表 14.2 和图 14.1 列明了 2018 年至 2023 年连续六年中国主板上市公司经理层治理状况与趋势特征。2018 年至 2023 年连续六年经理层治理指数的发展趋势显示，样本公司经理层治理指数平均值分别为和 59.59（2023 年）、59.47（2022 年）、58.71（2021 年）、58.32（2020 年）、57.80（2019 年）和 57.54（2018 年），六年间数值变化较平稳，前 2 年在 57 数值附近波动，且波动幅度较小，2020 年和 2021 年超过58，2022 年和 2023 年超过 59。任免制度指数 2017 年到 2018 年呈现平稳变化趋势，到 2019 年为 64.33，增幅较大，2021 年较 2020 年有所下降，到 2023 年又增加至

64.90。执行保障指数变化较平稳，2022 年较 2021 年下降了 1.30。激励约束指数自 2019 年以来呈现上升趋势，主板上市公司年度激励强度增大，到 2023 年为 52.97，较 2018 年上升了 3.29。

表 14.2　主板上市公司经理层治理指数描述性统计六年比较

项目	2018 年	2019 年	2020 年	2021 年	2022 年	2023 年
经理层治理指数	57.54	57.80	58.32	58.71	59.47	59.59
任免制度	60.82	64.33	64.23	62.88	64.87	64.90
执行保障	63.18	61.98	61.82	63.27	61.97	61.58
激励约束	49.68	48.20	49.86	50.96	52.35	52.97

资料来源：南开大学公司治理数据库。

图 14.1　主板上市公司经理层治理指数平均值六年折线图比较

资料来源：南开大学公司治理数据库。

第二节　主板上市公司经理层治理分行业评价

一、2023 年主板上市公司经理层治理分行业总体描述

表 14.3 显示 2023 年度样本公司经理层治理评价指数行业分布情况。样本公司的平均值为 59.59，其中批发和零售业，制造业，采矿业，水利、环境和公共设施管

理业，房地产业，卫生和社会工作，住宿和餐饮业，科学研究和技术服务业的经理层治理指数均高于全行业平均值。其中，卫生和社会工作的经理层治理指数均值为62.04，居于首位。而文化、体育和娱乐业，农、林、牧、渔业，综合的经理层治理指数水平列于样本公司平均治理指数的后三位。在主板上市公司样本中，经理层治理状况最佳的上市公司出现在制造业，最大值达到79.61；治理状况最差的公司同样出现在制造业，经理层治理指数最低值为34.73。各行业上市公司之间的经理层治理存在一定差距。

表 14.3　主板上市公司经理层治理指数分行业描述性统计

行业	数目	比例（%）	平均值	中位数	标准差	极差	最小值	最大值
农、林、牧、渔业	37	1.22	57.32	57.57	6.77	36.30	42.04	78.34
采矿业	73	2.40	59.72	60.19	6.37	32.05	41.23	73.28
制造业	1956	64.36	59.83	59.70	6.18	44.88	34.73	79.61
电力、热力、燃气及水生产和供应业	127	4.18	58.12	58.39	6.11	32.17	42.47	74.64
建筑业	95	3.13	58.77	59.77	6.83	30.13	40.60	70.73
批发和零售业	162	5.33	60.20	60.36	7.18	35.02	40.60	75.62
交通运输、仓储和邮政业	107	3.52	57.77	57.27	5.73	28.01	42.63	70.64
住宿和餐饮业	7	0.23	61.11	60.67	4.34	12.11	54.54	66.65
信息传输、软件和信息技术服务业	156	5.13	59.23	59.19	5.72	31.49	40.52	72.00
房地产业	111	3.65	60.75	61.61	6.18	31.36	43.07	74.42
租赁和商务服务业	48	1.58	59.13	58.76	6.58	24.69	47.31	72.00
科学研究和技术服务业	32	1.05	61.97	62.04	5.96	26.90	45.18	72.08
水利、环境和公共设施管理业	49	1.61	59.61	60.24	5.74	25.81	47.47	73.28
教育	10	0.33	59.45	58.32	6.79	23.55	48.37	71.92
卫生和社会工作	9	0.30	62.04	59.07	6.63	20.70	53.64	74.34
文化、体育和娱乐业	47	1.55	55.82	55.51	5.16	19.80	46.85	66.65
综合	13	0.43	57.57	60.10	7.19	21.77	46.19	67.96
合　计	3039	100.00	59.59	59.58	6.26	44.88	34.73	79.61

资料来源：南开大学公司治理数据库。

表14.4 显示样本公司经理层治理评价三个维度分指数行业分布情况。任免指数平均值为64.90，排在前三位的行业是采矿业，卫生和社会工作，住宿和餐饮业，任免指数均值分别为67.60、68.13和69.79；教育，租赁和商务服务业，信息传输、软件和信息技术服务业的任免指数均值较低，分别为63.81、63.56、62.47，这些相关

行业在高管行政任职、高管变更等方面有较大改进空间。样本公司在执行保障维度表现较好的行业依次是卫生和社会工作，住宿和餐饮业，采矿业，执行保障指数均值分别为 66.26、66.89 和 67.23；而文化、体育和娱乐业的执行保障指数值最低，为58.18，同时综合和建筑业的执行保障水平也较低，执行保障指数均值分别为 59.12和 59.14。激励约束指数平均值排名前三位的行业为制造业，信息传输、软件和信息技术服务业，科学研究和技术服务业，行业指数均值分别为 54.68、56.21 和 57.87，而农、林、牧、渔业，电力、热力、燃气及水生产和供应业，文化、体育和娱乐业的激励约束机制最弱，行业指数均值分别为 44.58、44.47 和 42.95。

表 14.4　主板上市公司经理层治理分指数分行业描述性统计

行业	数目	比例（%）	经理层治理指数	任免制度	执行保障	激励约束
农、林、牧、渔业	37	1.22	57.32	64.27	64.71	44.58
采矿业	73	2.40	59.72	67.60	67.23	46.02
制造业	1956	64.36	59.83	64.52	60.78	54.68
电力、热力、燃气及水生产和供应业	127	4.18	58.12	66.18	65.39	44.47
建筑业	95	3.13	58.77	65.64	59.14	52.09
批发和零售业	162	5.33	60.20	65.45	64.92	51.31
交通运输、仓储和邮政业	107	3.52	57.77	67.37	61.35	45.85
住宿和餐饮业	7	0.23	61.11	69.79	66.89	48.14
信息传输、软件和信息技术服务业	156	5.13	59.23	62.47	59.26	56.21
房地产业	111	3.65	60.75	66.87	65.86	50.72
租赁和商务服务业	48	1.58	59.13	63.56	62.21	52.40
科学研究和技术服务业	32	1.05	61.97	64.49	64.05	57.87
水利、环境和公共设施管理业	49	1.61	59.61	65.52	63.91	50.46
教育	10	0.33	59.45	63.81	64.93	50.73
卫生和社会工作	9	0.30	62.04	68.13	66.26	52.82
文化、体育和娱乐业	47	1.55	55.82	67.56	58.18	42.95
综合	13	0.43	57.57	65.57	59.12	48.85
合　计	3039	100.00	59.59	64.90	61.58	52.97

资料来源：南开大学公司治理数据库。

二、2018－2023 主板上市公司经理层治理分行业比较

表 14.5 显示样本公司经理层治理评价 2018－2023 年行业分布及发展趋势情况。自 2018－2023 年间，经理层治理状况最好的三个行业为科学研究和技术服务业，房地产业，卫生和社会工作，经理层治理指数平均值分别为 60.98、60.26 和 59.67，而

经理层治理指数相对较低的行业为交通运输、仓储和邮政业，综合，农、林、牧、渔业，经理层治理指数平均值分别为 57.03、56.71 和 56.00。

各行业指数均值基本呈小幅波动，其中 2022 年经理层治理指数均值较 2021 年有所提高的行业有农、林、牧、渔业，交通运输、仓储和邮政业，综合，电力、热力、燃气及水生产和供应业，卫生和社会工作，租赁和商务服务业，建筑业，水利、环境和公共设施管理业，信息传输、软件和信息技术服务业，批发和零售业，教育。2023 年经理层治理指数均值较 2022 年有所提高的行业有科学研究和技术服务业，卫生和社会工作，住宿和餐饮业，水利、环境和公共设施管理业，制造业，采矿业，租赁和商务服务业，电力、热力、燃气及水生产和供应业，交通运输、仓储和邮政业，综合。

表 14.5　主板上市公司经理层治理指数分行业描述性统计六年比较

行业	2018 年	2019 年	2020 年	2021 年	2022 年	2023 年
农、林、牧、渔业	54.06	55.59	55.83	55.51	57.68	57.32
采矿业	55.09	60.45	57.07	58.30	59.46	59.72
制造业	57.75	57.12	58.31	59.10	59.72	59.83
电力、热力、燃气及水生产和供应业	53.99	57.73	57.92	57.05	57.88	58.12
建筑业	56.30	59.71	60.82	57.26	58.78	58.77
批发和零售业	59.01	58.81	58.16	58.74	60.28	60.20
交通运输、仓储和邮政业	54.30	58.63	58.34	56.32	56.82	57.77
住宿和餐饮业	57.07	60.99	53.94	61.28	58.93	61.11
信息传输、软件和信息技术服务业	59.75	55.54	58.19	58.29	59.57	59.23
房地产业	59.67	61.26	58.68	60.32	60.88	60.75
租赁和商务服务业	58.73	56.17	60.14	57.04	58.52	59.13
科学研究和技术服务业	63.28	58.56	58.47	62.07	61.53	61.97
水利、环境和公共设施管理业	59.47	59.01	57.22	58.22	58.98	59.61
教育	55.28	60.10	63.32	59.66	59.78	59.45
卫生和社会工作	57.88	58.29	57.99	60.72	61.11	62.04
文化、体育和娱乐业	55.30	59.21	60.51	57.49	56.32	55.82
综合	57.14	56.06	56.29	55.99	57.20	57.57
合　计	55.09	60.45	58.32	58.71	59.47	59.59

资料来源：南开大学公司治理数据库。

第三节　主板上市公司经理层治理分控股股东性质评价

一、2023 年主板上市公司经理层治理分控股股东性质总体描述

表 14.6 给出了按控股股东性质分类的 2023 年评价中各组样本公司的经理层治理指数统计指标。我国控股股东性质主要有国有控股和民营控股，占样本企业总比例达 89.24%。国有和民营控股公司的经理层治理指数平均值分别为 59.03 和 59.76，最高的指数分别为 79.61 和 76.98，极差分别为 44.88 和 36.46，标准差分别为 6.48 和6.07。社会团体控股的样本公司经理层治理指数平均值最高，为 62.46。

表 14.6　主板上市公司分控股股东性质经理层治理指数描述性统计

控股股东性质	数目	比例（%）	平均值	中位数	标准差	极差	最小值	最大值
国有控股	1083	35.64	59.03	59.16	6.48	44.88	34.73	79.61
民营控股	1629	53.60	59.76	59.70	6.07	36.46	40.52	76.98
集体控股	18	0.59	59.22	60.89	5.88	23.04	46.33	69.37
社会团体控股	6	0.20	62.46	62.82	9.10	24.32	48.75	73.07
外资控股	107	3.52	60.50	59.97	6.40	32.30	45.95	78.25
无实际控制人	162	5.33	60.94	61.18	6.32	37.66	36.69	74.34
其他类型	34	1.12	59.42	59.84	5.52	24.94	45.78	70.73
合　计	3039	100.00	59.59	59.61	6.26	44.88	34.73	79.61

资料来源：南开大学公司治理数据库。

表 14.7 给出了主板上市公司经理层治理分指数分控股股东性质统计指标。

表 14.7　主板上市公司经理层治理分指数分控股股东性质描述性统计

控股股东性质	经理层治理指数	任免制度	执行保障	激励约束
国有控股	59.03	66.83	65.17	46.56
集体控股	59.76	64.53	58.90	54.59
民营控股	59.22	63.33	59.40	56.78
社会团体控股	62.46	69.79	74.36	45.53
外资控股	60.50	67.13	59.20	55.47
无实际控制人	60.94	66.31	61.79	55.25
其他类型	59.42	64.37	57.29	56.66
合　计	59.59	64.90	61.58	52.97

资料来源：南开大学公司治理数据库。

二、2018－2023 年主板上市公司经理层治理分控股股东性质比较

表 14.8 主要呈现了国有和民营控股性质的主板上市公司经理层治理指数在 2018－2023 年之间的变动。从经理层治理指数总体来看，2018 年和 2021－2023 年，民营控股公司经理层治理指数高于国有控股公司，平均高出 1.11，2019 年和 2020 年，民营控股公司经理层治理指数比国有控股公司低 4.04 和 1.44，面对宏观经济的变动，民营控股公司表现出较高的治理敏感度。

具体而言，在任免制度方面，2018 年国有控股公司和民营控股公司两者不相上下，国有控股公司略高于民营控股公司，2019 年和 2020 年，国有控股公司比民营控股公司分别高出 8.91 和 9.45，2021－2023 年则各高出 2.33、4.62 和 3.50；在执行保障方面，民营控股公司的执行保障指数始终低于国有控股公司，2023 年国有和民营控股公司执行保障指数差为 5.77；在激励约束方面，自 2013 年以来，民营控股公司的激励约束指数开始高于国有控股公司，2019 年民营较国有控股公司激励约束指数低 2.13，2023 年民营较国有控股公司激励约束指数高 10.22。

表 14.8   主板国有和民营控股公司经理层治理指数描述性统计六年比较

年份	控股股东性质	经理层治理指数	任免制度	执行保障	激励约束
2018	国有	56.26	61.68	63.42	45.12
	民营	58.78	60.04	62.81	54.17
2019	国有	59.81	68.85	62.51	49.15
	民营	55.77	59.94	61.49	47.02
2020	国有	59.13	69.13	64.43	45.36
	民营	57.69	59.68	59.64	54.17
2021	国有	58.04	63.96	65.92	45.83
	民营	59.17	61.63	60.71	55.58
2022	国有	59.07	67.55	65.37	45.84
	民营	59.67	62.93	59.98	56.38
2023	国有	59.03	66.83	65.17	46.56
	民营	59.22	63.33	59.4	56.78

资料来源：南开大学公司治理数据库。

第四节   主板上市公司经理层治理分地区评价

一、2023 年主板上市公司经理层治理分地区总体描述

表 14.9 显示，经理层治理指数各地区有一定差异，平均值最高的为海南省，为 62.36，最低的为青海省 56.79，最高和最低的差异达到 5.57。治理指数均值排名前十

名的省区依次是海南省、河南省、重庆市、内蒙古、西藏、北京市、广东省、吉林省、安徽省和上海市，指数均值最低的五个地区分别是青海省、黑龙江省、山西省、甘肃省、陕西省。关注各省市的指数极差和标准差可以发现，香港、贵州、西藏、广西、甘肃省范围内的企业经理层治理指数极差和标准差较大，说明这些区域内企业的经理层治理水平参差不齐。

表 14.9　主板上市公司经理层治理指数分地区描述性统计

地区	数目	比例（%）	平均值	中位数	标准差	极差	最小值	最大值
北京市	225	7.40	60.23	60.07	6.76	35.02	40.60	75.62
天津市	47	1.55	58.53	58.31	4.69	23.42	48.50	71.92
河北省	49	1.61	58.66	58.87	7.34	29.50	45.14	74.64
山西省	33	1.09	58.99	58.21	5.97	22.95	44.67	67.63
内蒙古	21	0.69	60.48	60.43	6.65	29.80	43.48	73.28
辽宁省	59	1.94	60.43	59.75	7.38	36.38	40.60	76.98
吉林省	37	1.22	60.54	60.00	5.65	23.17	47.47	70.64
黑龙江省	30	0.99	59.48	57.74	7.49	32.55	40.52	73.07
上海市	240	7.90	60.25	59.88	6.18	31.84	45.05	76.90
江苏省	320	10.53	59.03	59.37	5.76	32.55	41.87	74.42
浙江省	433	14.25	59.70	59.83	5.79	30.73	44.89	75.62
安徽省	99	3.26	60.32	59.92	6.50	32.47	45.78	78.25
福建省	113	3.72	59.70	59.55	5.90	27.17	46.71	73.88
江西省	50	1.65	59.06	58.83	6.95	30.95	44.67	75.62
山东省	190	6.25	59.83	59.52	6.46	34.86	42.04	76.90
河南省	63	2.07	61.05	60.56	5.82	27.33	45.95	73.28
湖北省	80	2.63	59.52	58.83	6.44	30.13	40.52	70.64
湖南省	82	2.70	58.11	58.56	6.57	31.79	42.63	74.42
广东省	437	14.38	59.86	60.01	5.91	34.86	40.68	75.54
广　西	35	1.15	57.55	58.78	7.71	33.83	45.78	79.61
海南省	23	0.76	62.36	61.82	6.04	28.23	48.67	76.90
重庆市	54	1.78	60.87	60.53	6.27	27.58	44.43	72.00
四川省	97	3.19	59.78	59.70	6.83	33.75	41.87	75.62
贵州省	29	0.95	61.79	59.21	8.63	33.66	36.69	70.35
云南省	32	1.05	58.73	58.69	6.60	27.62	45.65	73.28
西　藏	15	0.49	62.99	60.25	8.49	27.58	45.18	72.77
陕西省	42	1.38	57.55	57.78	6.33	25.68	45.95	71.63
甘肃省	30	0.99	57.96	57.46	7.76	39.61	34.73	74.34
青海省	11	0.36	56.79	57.46	5.96	18.23	47.31	65.54

地区	数目	比例（%）	平均值	中位数	标准差	极差	最小值	最大值
宁　夏	13	0.43	57.80	58.25	6.14	21.81	50.11	71.92
新　疆	48	1.58	58.93	59.29	5.08	24.48	47.31	71.79
香　港	2	0.07	59.59	59.59	8.64	12.22	53.48	65.70
合　计	3039	100.00	59.68	59.59	6.26	44.88	34.73	79.61

资料来源：南开大学公司治理数据库。

二、2018—2023 年主板上市公司经理层治理分地区比较

表 14.10 反映了各省市经理层治理指数均值自 2018—2023 年的变化趋势。从区域范围来看，青海省、山西省、黑龙江省和甘肃省等地区上市公司经理层治理水平处于相对较低水平。青海省、广西、陕西省、宁夏和甘肃省等地区上市公司样本 2023 年度的经理层治理指数相对较低。

广东省、宁夏、重庆市等地区连续年度的经理层治理水平要高于其他地区。青海省、甘肃省、天津市、云南省、山西省、黑龙江省、湖北省和香港的公司经理层治理指数均值 2023 较 2022 年有提高。西藏、海南省、贵州省、河南省和重庆市上市公司样本 2023 年度的经理层治理水平位居前列。

表 14.10　主板上市公司经理层治理指数分地区描述性统计六年比较

地区	2018 年	2019 年	2020 年	2020 年	2022 年	2023 年
北京市	56.80	58.34	58.55	58.44	60.12	60.23
天津市	56.02	57.89	57.42	57.24	58.50	58.53
河北省	57.52	59.79	55.18	57.81	58.80	58.66
山西省	53.90	58.25	56.66	54.96	57.09	58.99
内蒙古	56.77	57.58	56.95	57.70	61.21	60.48
辽宁省	56.82	58.45	60.02	58.84	58.11	60.43
吉林省	57.67	60.07	56.17	59.64	59.53	60.54
黑龙江省	54.04	55.63	56.42	57.32	58.92	59.48
上海市	58.54	57.24	57.90	58.60	59.59	60.25
江苏省	57.82	55.86	58.15	58.47	59.39	59.03
浙江省	58.49	56.54	59.57	59.39	59.61	59.7
安徽省	57.04	57.36	59.81	59.31	59.74	60.32
福建省	57.57	55.52	57.56	58.56	59.15	59.7
江西省	52.13	60.04	59.88	59.10	59.29	59.06
山东省	56.79	58.82	57.05	58.77	59.69	59.83
河南省	57.18	59.09	59.28	58.17	59.87	61.05
湖北省	59.64	57.53	58.74	59.04	59.14	59.52

续表

地区	2018 年	2019 年	2020 年	2020 年	2022 年	2023 年
湖南省	57.27	58.44	56.81	58.66	58.93	58.11
广东省	60.74	59.44	60.78	60.07	59.88	59.86
广　西	54.80	55.48	57.01	57.89	58.30	57.55
海南省	55.61	62.08	55.07	58.50	59.79	62.36
重庆市	58.97	58.07	59.72	59.01	60.60	60.87
四川省	57.69	60.32	58.62	59.53	59.74	59.78
贵州省	55.47	58.96	58.15	58.71	59.83	61.79
云南省	54.30	58.49	58.84	56.88	57.05	58.73
西　藏	53.82	56.32	55.00	59.38	59.56	62.99
陕西省	55.11	56.07	58.70	58.62	58.45	57.55
甘肃省	55.52	60.02	53.98	56.50	57.69	57.96
青海省	52.94	53.34	54.25	56.08	53.20	56.79
宁　夏	59.99	60.29	60.48	59.89	60.81	57.8
新　疆	55.67	58.48	55.20	57.54	60.14	58.93
香　港	—	—	—	—	—	59.59
合　计	56.87	57.54	57.80	58.32	58.71	59.68

资料来源：南开大学公司治理数据库。

第五节　主板上市公司经理层治理 100 佳评价

一、主板上市公司经理层治理 100 佳比较分析

表 14.11 是样本公司和 100 佳公司经理层治理指数以及各分项指标的描述统计结果，经理层治理 100 佳主板上市公司经理层治理指数平均值为 73.07，任免制度、执行保障、激励约束指数的均值依次为 76.22、80.97 和 63.39。100 佳公司各项指标的平均水平显著高于全体样本，且各项指标标准差和极差均明显小于总体样本，说明其治理水平相差较小。

表 14.11　主板上市公司经理层治理 100 佳描述性统计

项目	样本	平均值	中位数	标准差	极差	最小值	最大值
经理层治理指数	100 佳	73.07	72.79	1.89	8.89	70.73	79.61
	样本总体	59.59	59.78	6.26	44.88	34.73	79.61
任免制度	100 佳	76.22	69.79	7.34	14.96	69.79	84.75
	样本总体	64.90	69.79	9.18	64.81	19.94	84.75

续表

项目	样本	平均值	中位数	标准差	极差	最小值	最大值
执行保障	100 佳	80.97	83.93	4.78	26.50	61.84	88.34
	样本总体	61.58	57.42	13.76	61.84	26.50	88.34
激励约束	100 佳	63.39	63.85	4.44	14.19	53.21	67.40
	样本总体	52.97	56.76	12.16	49.66	17.74	67.40

资料来源：南开大学公司治理数据库。

二、主板上市公司经理层治理 100 佳公司行业分布

表 14.12 显示，经理层治理 100 佳主板上市公司的行业分布有较大的差异。100 佳企业中制造业，批发和零售业，占比最大，分别为 68.00%和 10.00%。从 100 佳企业所在行业比例来看，制造业，批发和零售业，房地产业，电力、热力、燃气及水生产和供应业，水利、环境和公共设施管理业，采矿业，租赁和商务服务业，科学研究和技术服务业较大比例的上市公司样本经理层治理达到 100 佳水平，比例分别达到 68.00%、10.00%、5.00%、3.00 %、3.00%、2.00%、2.00%和 2.00%。

表 14.12　主板上市公司经理层治理 100 佳公司行业分布

行业	样本总体		100 佳		
	数目	比例（%）	数目	比例（%）	占本行业比例
农、林、牧、渔业	37	1.22	1	1.00	2.70
采矿业	73	2.40	2	2.00	2.74
制造业	1956	64.36	68	68.00	3.48
电力、热力、燃气及水生产和供应业	127	4.18	3	3.00	2.36
建筑业	95	3.13	1	1.00	1.05
批发和零售业	162	5.33	10	10.00	6.17
交通运输、仓储和邮政业	107	3.52	—	—	—
住宿和餐饮业	7	0.23	—	—	—
信息传输、软件和信息技术服务业	156	5.13	1	1.00	0.64
房地产业	111	3.65	5	5.00	4.50
租赁和商务服务业	48	1.58	2	2.00	4.17
科学研究和技术服务业	32	1.05	2	2.00	6.25
水利、环境和公共设施管理业	49	1.61	3	3.00	6.12
教育	10	0.33	1	1.00	10.00
卫生和社会工作	9	0.30	1	1.00	11.11
文化、体育和娱乐业	47	1.55	—	—	—
综合	13	0.43	—	—	—
合　计	3039	100.00	100	100.00	3.98

资料来源：南开大学公司治理数据库。

三、主板上市公司经理层治理 100 佳公司控股股东性质分布

表 14.13 显示，经理层治理 100 佳主板上市公司中比例较高的是控股股东性质为国有控股和民营控股的上市公司，其所占比例分别为 33.00% 和 53.00%。国有控股公司和民营控股公司中进入 100 佳的分别占比 3.05% 和 3.25%。社会团体控股、无实际控制人和外资控股的公司样本总体有 6 家、162 家和 107 家，其中分别有 1 家、6 家和 1 家进入了 100 佳，该性质企业的经理层治理水平较高。

表 14.13　主板上市公司经理层治理 100 佳公司控股股东性质分布

控股股东性质	样本总体		100 佳		
	数目	比例（%）	数目	比例（%）	占本组比例（%）
国有控股	1083	35.64	33	33.00	3.05
民营控股	1629	53.60	53	53.00	3.25
集体控股	18	0.59	—	—	—
社会团体控股	6	0.20	1	1.00	2.94
外资控股	107	3.52	1	1.00	16.67
无实际控制人	162	5.33	6	6.00	5.61
其他类型	34	1.12	—	—	—
合　计	3039	100.00	100	100.00	3.48

资料来源：南开大学公司治理数据库。

四、主板上市公司经理层治理 100 佳公司地区分布

表 14.14 显示，公司经理层治理水平高的企业具有区域分散的特征。100 佳企业里，西藏、广西和宁夏占本地区比例较高，分别为 13.33%、8.57%、7.69%，西藏、广西和宁夏分别有 2 家、3 家、1 家企业入选。

表 14.14　主板上市公司经理层治理 100 佳公司地区分布

地区	样本总体		100 佳		
	数目	比例（%）	数目	比例（%）	占本地区比例（%）
北京市	225	7.40	12	12.00	5.33
天津市	47	1.55	1	1.00	2.13
河北省	49	1.61	2	2.00	4.08
山西省	33	1.09	—	—	—
内蒙古	21	0.69	1	1.00	4.76
辽宁省	59	1.94	4	4.00	6.78

续表

地区	样本总体		100 佳		
	数目	比例（%）	数目	比例（%）	占本地区比例（%）
吉林省	37	1.22	—	—	—
黑龙江省	30	0.99	1	1.00	3.33
上海市	240	7.90	7	7.00	2.92
江苏省	320	10.53	3	3.00	0.94
浙江省	433	14.25	12	12.00	2.77
安徽省	99	3.26	2	2.00	2.02
福建省	113	3.72	3	3.00	2.65
江西省	50	1.65	1	1.00	2.00
山东省	190	6.25	11	11.00	5.79
河南省	63	2.07	1	1.00	1.59
湖北省	80	2.63	—	—	—
湖南省	82	2.70	2	2.00	2.44
广东省	437	14.38	17	17.00	3.89
广 西	35	1.15	3	3.00	8.57
海南省	23	0.76	1	1.00	4.35
重庆市	54	1.78	2	2.00	3.70
四川省	97	3.19	5	5.00	5.15
贵州省	29	0.95	—	—	—
云南省	32	1.05	1	1.00	3.13
西 藏	15	0.49	2	2.00	13.33
陕西省	42	1.38	3	3.00	7.14
甘肃省	30	0.99	1	1.00	3.33
青海省	11	0.36	—	—	—
宁 夏	13	0.43	1	1.00	7.69
新 疆	48	1.58	1	1.00	2.08
香 港	2	0.07	—	—	—
合 计	3039	100.00	100	100.00	4.44

资料来源：南开大学公司治理数据库。

主要结论

第一，2023 年样本上市公司的经理层治理指数最高值为 79.61，最低值为 34.73，平均值为 59.59，标准差为 6.26。从经理层评价的三个主因素层面来看，样本公司经理层任免制度指数平均值为 64.90，样本标准差为 9.18，极差最大，为 64.81，主板上市公司样本间任免制度指数的差异程度较大；执行保障指数的平均值为 61.58，样本标准差 13.76；激励约束指数平均值为 52.97，标准差为 12.16。与上一年度相比较，主板上市公司样本经理层治理指数的平均值上升了 0.12，其中经理层任免制度指数平均值比去年上升了 0.03，执行保障制度较去年下降了 0.39，而激励约束指数较去年上升了 0.62。

第二，2018 年至 2023 年连续六年经理层治理指数的发展趋势显示，样本公司经理层治理指数平均值分别为和 59.59（2023 年）、59.47（2022 年）、58.71（2021 年）、58.32（2020 年）、57.80（2019 年）和 57.54（2018 年），六年间数值变化较平稳，前 2 年在 57 数值附近波动，且波动幅度较小，2020 年和 2021 年超过 58，2022 年和 2023 年超过 59。任免制度指数 2017 年到 2018 年呈现平稳变化趋势，到 2019 年为 64.33，增幅较大，2021 年较 2020 年有所下降，到 2023 年又增加至 64.90。执行保障指数变化较平稳，2022 年较 2021 年下降了 1.30。激励约束指数自 2017 年以来呈现上升趋势，主板上市公司年度激励强度增大，到 2023 年为 52.97，较 2018 年上升了 3.29。

第三，从 2023 年度样本公司经理层治理评价指数行业分布情况来看，批发和零售业，制造业，采矿业，水利、环境和公共设施管理业，房地产业，卫生和社会工作，住宿和餐饮业，科学研究和技术服务业的经理层治理指数均高于全行业平均值。其中卫生和社会工作的经理层治理指数均值为 62.04，居于首位。而文化、体育和娱乐业，农、林、牧、渔业和综合的经理层治理指数水平列于样本公司平均治理指数的后三位。在主板上市公司样本中，经理层治理状况最佳的上市公司出现在制造业，最大值达到 79.61；治理状况最差的公司同样出现在制造业，经理层治理指数最低值为 34.73。各行业上市公司之间的经理层治理存在一定差距。

第四，从样本公司在经理层治理评价自 2018 年至 2023 年行业分布及发展趋势情况来看，自 2018－2023 年间，经理层治理状况最好的三个行业为科学研究和技术服务业，房地产业，卫生和社会工作，经理层治理指数平均值分别为 60.98、60.26 和 59.67，而经理层治理指数相对较低的行业为交通运输、仓储和邮政业，综合，农、林、牧、渔业，经理层治理指数平均值分别为 57.03、56.71 和 56.00。各行业指数均值基本呈小幅波动，其中 2022 年经理层治理指数均值较 2021 年有所提高的行业有农、林、牧、渔业，交通运输、仓储和邮政业，综合，电力、热力、燃气及水生产和供应业，卫生和社会工作，租赁和商务服务业，建筑业，水利、环境和公共设施管理业，信息传输、软件和信息技术服务业，批发和零售业，教育。2023 年经理层治理指数均值较 2022 年有所提高的行业有科学研究和技术服务业，卫生和社会工作，住宿和餐饮业，水利、环境和公共设施管理业，制造业，采矿业，租赁和商务服务业，电力、热力、燃气及水生产和供应业，交通运输、仓储和邮政业，综合。

第五，我国控股股东性质主要有国有控股和民营控股，占样本企业总比例达89.24%。国有和民营控股公司的经理层治理指数平均值分别为59.03和59.76，最大值分别为79.61和76.98，极差分别为44.88和36.46，标准差分别为6.48和6.07。社会团体控股的样本公司经理层治理指数平均值最高，为62.46。

第六，从国有和民营控股性质的主板上市公司经理层治理指数在2018－2023年的变动来看，从经理层治理指数总体来看，2018年和2021－2023年，民营控股公司经理层治理指数高于国有控股公司，平均高出1.11，2019年和2020年，民营控股公司经理层治理指数比国有控股公司低4.04和1.44，面对宏观经济的变动，民营控股公司表现出较高的治理敏感度。具体而言，在任免制度方面，2018年国有控股公司和民营控股公司两者不相上下，国有控股公司略高于民营控股公司，2019年和2020年，国有控股公司比民营控股公司分别高出8.91和9.45，2021－2023年则各高出2.33、4.62和3.50；在执行保障方面，民营控股公司的执行保障指数始终低于国有控股公司，2023年国有和民营公司执行保障指数差为5.77；在激励约束方面，自2013年以来，民营控股公司的激励约束指数开始高于国有控股公司，2019年民营较国有公司激励约束指数低2.13，2023年民营较国有公司激励约束指数高10.22。

第七，经理层治理指数各地区有一定差异，平均值最高的是海南省，为61.82，最低的是青海省，为57.46，最高和最低的差异达到4.36。治理指数均值排名前十名的省区依次是海南省、河南省、重庆市、内蒙古、西藏、北京市、广东省、吉林省、安徽省和上海市，指数均值最低的五个地区分别是青海省、黑龙江省、山西省、甘肃省、陕西省。关注各省市的指数极差和标准差可以发现，香港、贵州、西藏、广西、甘肃省范围内的企业经理层治理指数极差和标准差较大，说明这些区域内企业的经理层治理水平参差不齐。

第八，从各省市经理层治理指数均值看2018－2023年的变化趋势。从区域范围来看，青海省、山西省、黑龙江省和甘肃省等地区上市公司经理层治理水平处于相对较低水平。青海省、广西、陕西省、宁夏和甘肃省等地区上市公司样本2023年度的经理层治理指数相对较低。广东省、宁夏、重庆市等地区连续年度的经理层治理水平要高于其他地区。青海省、甘肃省、天津市、云南省、山西省、黑龙江省、湖北省和香港的公司经理层治理指数均值2023年较2022年有提高。西藏、海南省、贵州省、河南省和重庆市上市公司样本2023年度的经理层治理水平位居前列。

第九，经理层治理100佳主板上市公司经理层治理指数平均值为73.07，任免制度、执行保障、激励约束指数的均值依次为76.22、80.97和63.39。100佳公司各项指标的平均水平显著高于全体样本，且各项指标标准差和极差均明显小于总体样本，说明其治理水平相差较小。

经理层治理100佳主板上市公司的行业分布有较大的差异。100佳企业中制造业，批发和零售业占比最大，分别为68.00%和10.00%。从100佳企业所在行业比例来看，制造业，批发和零售业，房地产业，电力、热力、燃气及水生产和供应业，水利、环境和公共设施管理业，采矿业，租赁和商务服务业，科学研究和技术服务业较大比例的上市公司样本经理层治理达到 100 佳水平，比例分别达到 68.00%、10.00%、5.00%、3.00 %、3.00%、2.00%、2.00%、2.00%。

经理层治理 100 佳主板上市公司中比例较高的是控股股东性质为国有控股和民营控股的上市公司，所占比例分别为 33.00% 和 53.00%。国有控股公司和民营控股公司中进入 100 佳的分别占比 3.05% 和 3.25%。社会团体控股、无实际控制人和外资控股的公司样本总体有 6 家、162 家和 107 家，其中分别有 1 家、6 家和 1 家进入了 100 佳，该性质企业的经理层治理水平较高。

公司经理层治理水平高的企业具有区域分散的特征。100 佳企业里，西藏、广西和宁夏占本地区比例较高，分别为 13.33%、8.57%、7.69%，西藏、广西和宁夏分别有 2 家、3 家、1 家企业入选。

第十五章　主板上市公司信息披露评价

第一节　主板上市公司信息披露总体分析

一、2023 年主板上市公司信息披露总体描述

2023 年中国上市公司主板市场非金融类公司样本量为 3039 家，信息披露指数的平均值为 65.34，标准差为 12.30，说明信息披露总体水平较为集中，上市公司之间的信息披露差距较小，但极差为 60.06，信息披露最好和最差的公司仍存在较大差距。如表 15.1 所示。

表 15.1　主板上市公司信息披露总体状况描述性统计

项目	平均值	中位数	标准差	极差	最小值	最大值
信息披露指数	65.34	66.86	12.30	60.06	28.31	88.37
真实性	64.86	66.72	17.83	64.90	28.85	93.75
相关性	65.15	64.93	6.04	66.05	22.41	88.46
及时性	66.84	67.85	15.73	61.69	32.28	93.97

资料来源：南开大学公司治理数据库。

从信息披露的三个主要因素来看，2023 年主板上市公司信息披露的真实性、相关性和及时性的平均值依次为 64.86、65.15 和 66.84。其中，信息披露的及时性表现最好，相关性次之，真实性最后，并且真实性和相关性低于指数平均水平。信息披露的真实性、相关性和及时性的标准差分别为 17.83、6.04 和 15.73，说明真实性和及时性分散程度较大。信息披露的真实性、相关性和及时性的极差分别为 64.90、66.05 和 61.69，说明信息披露最好和最差的公司在真实性、相关性和及时性方面都存在非常大的差距。

二、2018－2023 年主板上市公司信息披露比较

表 15.2 和图 15.1 列明了 2018－2023 年连续六年中国主板上市公司治理信息披露状况与趋势特征。2018－2023 年，主板上市公司信息披露指数平均值分别为 63.23、64.80、65.56、65.37、64.59 和 65.34。2018－2023 年的信息披露指数值较为稳定，2018－2020 年的信息披露指数逐年提升，从 63.23 上升至 65.56，达到六年间的最高

值。2021 年信息披露指数开始小幅度降低，较 2020 年下降 0.19。2022 年信息披露指数继续下滑至 64.59。但在 2023 年，信息披露指数又回升到 65.34。

从分指数来看，三个分指数在六年间具有一定幅度的上下波动。真实性指数变化趋势类似于信息披露总指数，2018－2020 年真实性指数持续上升，在 2020 年达到六年中的最高值 65.49。2021－2022 年真实性指数连续下降，2022 年降至 63.81。2023 年真实性指数实现较大幅度回升，升至 64.86。相关性指数 2018－2021 年稳步提升，由 61.57 升至 65.43，经过 2022 年的小幅度降低后，2023 年回升到 65.15。及时性指数在六年间呈波动状变化，2023 年的均值为 66.84，较 2022 年回升了 0.95。

相比 2022 年，上市公司信息披露分指数都有不同程度的提升，其中真实性指数提升最大，相关性指数上升幅度较小。从信息披露指数的横向比较来看，主板上市公司在信息披露方面及时性做得最好，2018－2023 年连续六年都是及时性指数最大。

表 15.2　主板上市公司信息披露指数描述性统计六年比较

项目	2018 年	2019 年	2020 年	2021 年	2022 年	2023 年
信息披露指数	63.23	64.80	65.56	65.37	64.59	65.34
真实性	63.30	64.70	65.49	64.56	63.81	64.86
相关性	61.57	63.67	64.68	65.43	65.02	65.15
及时性	66.85	67.76	67.07	67.30	65.89	66.84

资料来源：南开大学公司治理数据库。

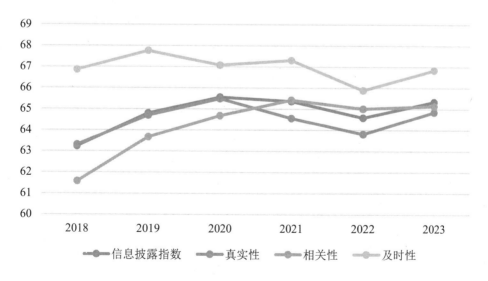

图 15.1　主板上市公司信息披露指数平均值六年折线图比较

资料来源：南开大学公司治理数据库。

第二节　主板上市公司信息披露分行业评价

一、2023 年主板上市公司信息披露分行业总体描述

表 15.3 显示 2023 年度主板上市样本公司信息披露指数行业分布情况。2023 年主板上市公司各行业的信息披露水平存在一定差异，行业平均值指数最高与最低相差 13.03。在 17 个行业分类中，信息披露指数水平大于主板上市公司均值的行业有 6 个。平均值居于前三位的分别为科学研究和技术服务业，交通运输、仓储和邮政业，住宿和餐饮业，平均值分别为 70.86、70.43 和 68.85。教育，房地产业，卫生和社会工作是信息披露指数靠后的行业，分别为 57.83、58.25 和 58.78。

表 15.3　主板上市公司信息披露指数分行业描述性统计

行业	数目	比例(%)	平均值	中位数	标准差	极差	最小值	最大值
农、林、牧、渔业	37	1.22	64.63	66.03	13.75	47.77	37.32	85.09
采矿业	73	2.40	65.93	66.75	13.70	49.89	38.48	88.37
制造业	1956	64.36	66.01	67.29	11.82	60.06	28.31	88.37
电力、热力、燃气及水生产和供应业	127	4.18	67.34	66.90	11.12	51.24	36.80	88.04
建筑业	95	3.13	61.65	65.26	13.30	49.30	35.75	85.05
批发和零售业	162	5.33	64.42	66.73	13.30	50.47	33.43	83.90
交通运输、仓储和邮政业	107	3.52	70.43	72.75	9.41	43.73	40.92	84.65
住宿和餐饮业	7	0.23	68.85	73.27	12.09	36.04	42.81	78.85
信息传输、软件和信息技术服务业	156	5.13	63.06	65.67	13.53	51.56	32.95	84.51
房地产业	111	3.65	58.25	57.01	13.81	48.69	33.52	82.21
租赁和商务服务业	48	1.58	63.36	65.23	12.81	51.23	33.82	85.05
科学研究和技术服务业	32	1.05	70.86	74.07	10.52	47.89	38.69	86.58
水利、环境和公共设施管理业	49	1.61	61.79	64.41	12.59	53.05	31.33	84.38
教育	10	0.33	57.83	57.70	14.25	39.97	39.44	79.41
卫生和社会工作	9	0.30	58.78	59.15	13.29	41.17	37.20	78.37
文化、体育和娱乐业	47	1.55	60.74	63.95	10.42	43.47	34.00	77.47
综合	13	0.43	61.06	66.90	14.53	41.62	42.27	83.89
合　计	3039	100.00	65.34	66.86	12.30	60.06	28.31	88.37

资料来源：南开大学公司治理数据库。

　　表 15.4 显示样本公司信息披露三个维度分指数行业分布情况。科学研究和技术服务业排名首位是由于真实性和及时性表现较好，为 73.89 和 70.70。交通运输、仓储和邮政业居于第二位主要因素同样也是因为真实性和及时性表现较好，分别为 74.51 和 70.02，远超行业均值。住宿和餐饮业排名第三，主要源于较高的真实性指数，为 71.08。

　　导致教育，房地产业，卫生和社会工作业分值较低的原因是其信息披露真实性指数远低于主板相应均值，主板真实性指数平均值为 64.86，三个行业真实性指数平均值分别为 53.71、56.75 和 56.32。除了真实性表现差外，及时性表现也不好，分别为 60.36、60.75 和 60.73，低于行业相关性均值 66.84。三个行业的相关性也不同程度地小于行业均值 65.15。

表 15.4　主板上市公司信息披露分指数分行业描述性统计

行业	数目	比例（%）	信息披露指数	真实性	相关性	及时性
农、林、牧、渔业	37	1.22	64.63	64.98	64.44	64.03
采矿业	73	2.40	65.93	65.39	64.86	68.88
制造业	1956	64.36	66.01	65.28	66.13	67.66
电力、热力、燃气及水生产和供应业	127	4.18	67.34	68.57	63.88	69.44
建筑业	95	3.13	61.65	60.26	64.33	61.13
批发和零售业	162	5.33	64.42	64.69	63.01	65.86
交通运输、仓储和邮政业	107	3.52	70.43	74.51	63.91	70.02
住宿和餐饮业	7	0.23	68.85	71.08	65.08	68.95
信息传输、软件和信息技术服务业	156	5.13	63.06	61.42	64.68	64.73
房地产业	111	3.65	58.25	56.75	59.08	60.75
租赁和商务服务业	48	1.58	63.36	62.60	63.00	65.80
科学研究和技术服务业	32	1.05	70.86	73.89	65.92	70.70
水利、环境和公共设施管理业	49	1.61	61.79	60.18	63.40	63.41
教育	10	0.33	57.83	53.71	62.99	60.36
卫生和社会工作	9	0.30	58.78	56.32	61.59	60.73
文化、体育和娱乐业	47	1.55	60.74	61.04	62.10	57.95
综合	13	0.43	61.06	57.92	62.31	67.07
合　计	3039	100.00	65.34	64.86	65.15	66.84

　　资料来源：南开大学公司治理数据库。

二、2018－2023 年主板上市公司信息披露分行业比较

从表 15.5 的统计数据可以看出，2018－2023 年六年间各行业的信息披露指数平均水平总体先提高，后下降，之后再提升。交通运输、仓储和邮政业，制造业在六年间表现较好，各年信息披露指数均大于主板总体平均值。科学研究和技术服务业，住宿和餐饮业共五年的信息披露指数大于主板总体平均值。教育表现较差，六年里有三年排名最后一位。卫生和社会工作的信息披露质量表现也较差，六年中有三年排名后三位，其中有两年排在最后。

与 2022 年信息披露指数平均水平相比，2023 年主板上市公司大部分行业的信息披露指数均有上升，但制造业，文化、体育和娱乐业两个行业有所下降，下降最多的是文化、体育和娱乐业，下降了 2.18。在 15 个信息披露指数上升的行业里，升幅前三的是农、林、牧、渔业，批发和零售业，电力、热力、燃气及水生产和供应业，分别上升了 5.57、4.41 和 4.04，这说明主板上市公司信息披露质量整体上有所提升。

表 15.5　主板上市公司信息披露指数分行业描述性统计六年比较

行业	2018 年	2019 年	2020 年	2021 年	2022 年	2023 年
农、林、牧、渔业	63.39	63.51	64.19	61.24	59.06	64.63
采矿业	56.63	64.87	65.04	62.92	63.59	65.93
制造业	64.10	65.02	66.16	66.43	66.20	66.01
电力、热力、燃气及水生产和供应业	63.01	65.16	66.82	66.54	63.30	67.34
建筑业	57.54	65.15	65.09	65.78	60.62	61.65
批发和零售业	62.54	64.16	64.08	62.52	60.01	64.42
交通运输、仓储和邮政业	63.83	65.95	66.35	66.05	66.71	70.43
住宿和餐饮业	66.96	66.77	70.54	60.11	64.95	68.85
信息传输、软件和信息技术服务业	63.86	62.80	62.91	62.63	61.52	63.06
房地产业	61.01	63.98	63.55	62.27	57.21	58.25
租赁和商务服务业	63.03	64.43	62.14	60.84	60.55	63.36
科学研究和技术服务业	64.17	63.06	67.54	68.68	69.68	70.86
水利、环境和公共设施管理业	65.40	66.34	65.67	64.81	61.48	61.79
教育	58.40	61.89	64.15	53.89	56.73	57.83
卫生和社会工作	59.87	63.16	57.68	62.39	56.46	58.78
文化、体育和娱乐业	64.21	64.89	64.83	64.11	62.92	60.74
综合	64.23	62.86	63.54	62.64	61.46	61.06
合　计	63.23	64.80	65.56	65.37	64.59	65.34

资料来源：南开大学公司治理数据库。

第三节　主板上市公司信息披露分控股股东性质评价

一、2023 年主板上市公司信息披露分控股股东性质总体描述

　　表 15.6 给出了主板上市公司按控股股东性质分类的信息披露指数统计指标。控股股东性质为国有控股的上市公司信息披露指数平均值为 66.96、集体控股为 68.40、民营控股为 64.31、社会团体控股为 64.38、外资控股为 65.17、无实际控制人为 64.84 和其他类型为 65.01。我国主板上市公司的控股股东性质主要为国有控股和民营控股，占样本企业总比例达 89.24%。其中国有控股和民营控股上市公司的信息披露指数最大值均为 88.37，极差分别为 54.37 和 60.06，标准差分别为 11.37 和 12.65，表明主板国有控股上市公司总体信息披露水平略高于民营控股上市公司，国有控股上市公司信息披露水平的波动程度小于民营控股上市公司。

表 15.6　主板上市公司信息披露指数分控股股东性质描述性统计

控股股东性质	数目	比例（%）	平均值	中位数	标准差	极差	最小值	最大值
国有控股	1083	35.64	66.96	67.83	11.37	54.37	34.00	88.37
集体控股	18	0.59	68.40	70.69	10.72	31.90	49.62	81.52
民营控股	1629	53.60	64.31	66.25	12.65	60.06	28.31	88.37
社会团体控股	6	0.20	64.38	68.11	11.23	30.02	41.86	71.88
外资控股	107	3.52	65.17	67.76	12.48	46.25	37.12	83.37
无实际控制人	162	5.33	64.84	65.65	13.64	52.05	33.52	85.57
其他类型	34	1.12	65.01	66.67	12.48	43.53	40.86	84.39
合　计	3039	100.00	65.34	66.86	12.30	60.06	28.31	88.37

　　资料来源：南开大学公司治理数据库。

　　从表 15.7 分指数看，导致主板国有控股上市公司信息披露指数高于民营控股上市公司的主要原因是国有控股上市公司的真实性和及时性指数高于民营控股上市公司，分别高出 4.43 和 3.46，国有控股上市公司的相关性低于民营控股上市公司，差距为 0.88。

表 15.7　主板上市公司信息披露分指数分控股股东性质描述性统计

控股股东性质	信息披露指数	真实性	相关性	及时性
国有控股	66.96	67.58	64.62	68.88
集体控股	68.40	69.18	65.68	70.52
民营控股	64.31	63.15	65.50	65.42
社会团体控股	64.38	60.05	66.74	71.65

控股股东性质	信息披露指数	真实性	相关性	及时性
外资控股	65.17	63.74	65.75	67.88
无实际控制人	64.84	64.44	64.72	66.02
其他类型	65.01	64.28	64.65	67.38
合　计	65.34	64.86	65.15	66.84

资料来源：南开大学公司治理数据库。

二、2018—2023 年主板上市公司信息披露分控股股东性质比较

由表 15.8 可以看出，2018—2023 年国有控股的主板上市公司各年的信息披露指数均高于民营控股上市公司，幅度在 0.5—2.6，两类公司在不同年份之间相对波动比较小。国有控股上市公司在 2018—2020 年信息披露指数持续提升，在 2020 年达到 66.52，但 2021 年下降为 65.80，2022 年进一步下降至 65.07，直至 2023 年回升至 66.96，达到六年中的最高值；民营控股的信息披露指数公司从 2018 年开始持续上升，2021 年升至 65.31，2022 年下降至 64.36，2023 年继续小幅度下降，降至 64.31。从及时性分指数看，除 2018 年外，国有控股上市公司一直优于民营控股上市公司。从真实性分指数看，有四个年度国有控股上市公司的真实性优于民营控股上市公司。从相关性分指数看，国有控股上市公司和民营控股上市公司都有三个年度表现比较好。

表 15.8　主板国有和民营控股上市公司信息披露指数描述性统计六年比较

年份	控股股东性质	信息披露指数	真实性	相关性	及时性
2018	国有	63.48	64.13	63.35	65.47
	民营	62.96	66.65	62.78	69.13
2019	国有	65.71	65.33	65.03	68.58
	民营	63.91	64.10	62.33	66.95
2020	国有	66.52	66.94	63.88	69.42
	民营	64.86	64.44	65.62	64.79
2021	国有	65.80	64.52	66.07	68.60
	民营	65.31	65.21	64.86	66.26
2022	国有	65.07	65.62	63.57	67.73
	民营	64.36	63.30	65.93	64.63
2023	国有	66.96	67.58	64.62	68.88
	民营	64.31	63.15	65.50	65.42

资料来源：南开大学公司治理数据库。

第四节　主板上市公司信息披露分地区评价

一、2023 年主板上市公司信息披露分地区总体描述

表 15.9 显示，在 32 个地区中，上市公司信息披露指数高于总体平均值的地区
有 13 个，低于总体平均值的有 19 个。主板上市公司信息披露指数排在前五名的是
香港（79.56）、四川省（69.05）、河南省（68.23）、宁夏（67.46）和安徽省（67.10）
的上市公司。信息披露指数排名后五名的是青海省（55.36）、西藏（56.43）、海南省
（58.28）、贵州省（58.83）和吉林省（59.47）的上市公司。以上分析说明各地区的主
板上市公司信息披露水平分布不平衡，且差距较大。

表 15.9　主板上市公司信息披露指数分地区描述性统计

地区	数目	比例（%）	平均值	中位数	标准差	极差	最小值	最大值
北京市	225	7.40	66.68	68.62	11.49	50.83	35.75	86.58
天津市	47	1.55	66.64	66.24	10.51	43.32	41.28	84.60
河北省	49	1.61	65.78	68.51	13.87	46.11	37.25	83.36
山西省	33	1.09	62.34	64.48	10.62	40.70	42.70	83.40
内蒙古	21	0.69	65.22	66.95	12.49	45.57	38.03	83.60
辽宁省	59	1.94	59.91	63.83	14.10	47.10	36.80	83.90
吉林省	37	1.22	59.47	60.68	13.66	43.32	37.18	80.50
黑龙江省	30	0.99	64.54	65.81	13.76	41.01	41.83	82.84
上海市	240	7.90	64.19	65.91	11.82	52.79	33.43	86.22
江苏省	320	10.53	66.22	67.32	11.86	51.10	36.26	87.36
浙江省	433	14.25	66.20	67.39	12.17	59.73	28.31	88.04
安徽省	99	3.26	67.10	67.11	10.24	43.71	41.12	84.83
福建省	113	3.72	64.91	66.75	11.54	50.75	33.76	84.51
江西省	50	1.65	65.08	66.97	12.48	44.96	38.09	83.05
山东省	190	6.25	66.35	68.14	12.25	53.76	31.33	85.09
河南省	63	2.07	68.23	68.74	11.41	49.80	38.57	88.37
湖北省	80	2.63	64.26	65.32	13.01	53.49	34.00	87.49
湖南省	82	2.70	64.68	67.19	12.90	50	38.17	88.17
广东省	437	14.38	65.97	68.31	12.76	55.42	32.95	88.37
广　西	35	1.15	61.99	64.17	12.26	44.96	38.94	83.90
海南省	23	0.76	58.28	61.51	10.79	37.26	38.17	75.43
重庆市	54	1.78	64.97	68.36	11.57	42.94	38.83	81.77
四川省	97	3.19	69.05	68.90	11.11	47.01	38.04	85.05

地区	数目	比例（%）	平均值	中位数	标准差	极差	最小值	最大值
贵州省	29	0.95	58.83	64.11	14.34	43.70	37.93	81.63
云南省	32	1.05	61.74	65.38	10.93	46.08	37.54	83.62
西　藏	15	0.49	56.43	60.44	11.71	35.94	38.08	74.02
陕西省	42	1.38	61.50	65.06	12.58	41.33	38.67	80.00
甘肃省	30	0.99	66.34	69.20	14.21	45.36	39.55	84.91
青海省	11	0.36	55.36	51.33	15.12	43.68	34.13	77.81
宁　夏	13	0.43	67.46	67.73	15.08	46.01	37.15	83.16
新　疆	48	1.58	62.24	65.43	11.31	41.17	40.65	81.82
香　港	2	0.07	79.56	79.56	2.56	3.62	77.75	81.37
合　计	3039	100.00	65.34	66.86	12.30	60.06	28.31	88.37

资料来源：南开大学公司治理数据库。

二、2018－2023 年主板上市公司信息披露分地区比较

从表 15.10 主板分地区信息披露指数平均值的六年比较中可以看出：安徽省、浙江省、江苏省主板上市公司的信息披露质量表现较好且很稳定，连续六年的信息披露指数都大于均值。内蒙古、重庆市、黑龙江省、海南省、新疆、湖北省、山西省、青海省和辽宁省的主板上市公司信息披露质量较差，连续六年的信息披露指数都小于平均值。其中青海省连续六年都在地区排名的最后五名之内，在 2017 年和 2022 年连续两年排在最后。海南省的信息披露质量也相对较差，六年中有五年都在地区排名的最后五名之内，其中海南省 2019 年、2020 年和 2021 年三年处于垫底。此外，山西省和黑龙江省的信息披露指数也较低，六年中有三年排在最后五名。

表 15.10　主板上市公司信息披露指数分地区描述性统计六年比较

地区	2018 年	2019 年	2020 年	2021 年	2022 年	2023 年
北京市	62.95	65.81	65.99	66.07	64.7	66.68
天津市	63.19	66.94	66.64	66.60	65.41	66.64
河北省	63.09	64.75	67.20	65.52	65.61	65.78
山西省	57.01	62.49	65.03	62.89	60.8	62.34
内蒙古	60.54	64.57	64.07	60.67	63.69	65.22
辽宁省	62.12	63.58	64.78	62.87	60.66	59.91
吉林省	64.16	64.46	62.53	60.60	61.26	59.47
黑龙江省	63.00	61.63	63.16	60.72	62.81	64.54
上海市	61.60	64.21	65.65	66.50	63.74	64.19
江苏省	64.35	64.82	66.42	66.44	65.67	66.22

地区	2018 年	2019 年	2020 年	2021 年	2022 年	2023 年
浙江省	64.10	65.21	66.52	67.70	66.56	66.20
安徽省	64.01	65.62	66.68	68.20	67.26	67.10
福建省	64.24	65.86	66.78	66.34	63.91	64.91
江西省	65.75	66.21	65.74	66.41	64.15	65.08
山东省	62.73	65.04	65.47	66.67	65.46	66.35
河南省	63.48	65.78	64.46	64.15	65.49	68.23
湖北省	61.92	62.98	62.79	62.47	63.62	64.26
湖南省	66.57	65.69	65.69	64.58	63.56	64.68
广东省	64.12	65.73	65.50	65.73	64.31	65.97
广　西	65.60	62.54	64.90	61.31	62.88	61.99
海南省	62.02	60.48	61.27	55.96	56.21	58.28
重庆市	61.27	63.10	64.34	62.66	62.91	64.97
四川省	63.27	65.19	66.31	64.45	66.4	69.05
贵州省	64.88	64.67	64.53	62.43	64.22	58.83
云南省	62.24	66.77	68.96	66.81	63.39	61.74
西　藏	62.98	65.95	63.34	63.55	60.05	56.43
陕西省	65.41	65.24	65.11	64.99	62.18	61.50
甘肃省	61.70	62.22	63.74	62.23	64.32	66.34
青海省	60.09	62.49	62.21	59.27	55.83	55.36
宁　夏	60.71	62.49	64.81	65.09	64.29	67.46
新　疆	62.62	64.72	64.77	62.11	62.73	62.24
香　港	—	—	—	—	—	79.56
合　计	63.23	64.80	65.56	65.37	64.59	65.34

资料来源：南开大学公司治理数据库。

第五节　主板上市公司信息披露 100 佳评价

一、主板上市公司信息披露 100 佳比较分析

如表 15.11 所示，信息披露 100 佳上市公司信息披露评价指数平均值为 84.45，信息披露真实性、相关性、及时性的平均值依次为 88.78、74.15 和 89.09，其中及时性指标最好，真实性次之，相关性最差。100 佳上市公司信息披露水平的标准差为 1.30，极差为 5.40，说明 100 家主板上市公司的信息披露水平相比于总体样本，分布

更为集中。

表 15.11 主板上市公司信息披露 100 佳描述性统计

项目	样本	平均值	中位数	标准差	极差	最小值	最大值
信息披露指数	100 佳	84.45	84.09	1.30	5.40	82.97	88.37
	样本总体	65.34	66.86	12.30	60.06	28.31	88.37
真实性	100 佳	88.78	88.25	1.95	11.06	82.69	93.75
	样本总体	64.86	66.72	17.83	64.90	28.85	93.75
相关性	100 佳	74.15	73.44	5.34	24.21	64.25	88.46
	样本总体	65.15	64.93	6.04	66.05	22.41	88.46
及时性	100 佳	89.09	89.22	5.29	25.01	68.96	93.97
	样本总体	66.84	67.85	15.73	61.69	32.28	93.97

资料来源：南开大学公司治理数据库。

二、主板上市公司信息披露 100 佳公司行业分布

表 15.12 关于主板上市公司信息披露 100 佳行业分布表明，信息披露 100 佳上市公司中有 70 家属于制造业，占制造业的 3.58%；采矿业有 6 家，占其行业的 8.22%；电力、热力、燃气及水生产和供应业有 5 家，占其行业的 3.94%；农、林、牧、渔业，信息传输、软件和信息技术服务业，科学研究和技术服务业各有 3 家，分别占其行业的 8.11%，1.92% 和 9.38%；建筑业，批发和零售业，交通运输、仓储和邮政业，租赁和商务服务业都有 2 家入选，分别占其行业的 2.11%，1.23%，1.87% 和 4.17%；剩余 2 家分布在水利、环境和公共设施管理业，综合业。

从行业比例来看，入选 100 佳公司比例最高的行业是科学研究和技术服务业，有 3 家入选，占其行业的 9.38%。住宿和餐饮业，房地产业，教育，卫生和社会工作，文化、体育和娱乐业五个行业没有一家入选 100 佳公司。可以看出，信息披露最好的上市公司分布在各行业中，存在一定的行业差异。

表 15.12 主板上市公司信息披露 100 佳公司行业分布

行业	样本总体		100 佳		
	数目	比例（%）	数目	比例（%）	占本行业比例（%）
农、林、牧、渔业	37	1.22	3	3.00	8.11
采矿业	73	2.40	6	6.00	8.22
制造业	1956	64.36	70	70.00	3.58
电力、热力、燃气及水生产和供应业	127	4.18	5	5.00	3.94
建筑业	95	3.13	2	2.00	2.11
批发和零售业	162	5.33	2	2.00	1.23

续表

行业	样本总体		100 佳		
	数目	比例（%）	数目	比例（%）	占本行业比例（%）
交通运输、仓储和邮政业	107	3.52	2	2.00	1.87
住宿和餐饮业	7	0.23	—	—	—
信息传输、软件和信息技术服务业	156	5.13	3	3.00	1.92
房地产业	111	3.65	—	—	—
租赁和商务服务业	48	1.58	2	2.00	4.17
科学研究和技术服务业	32	1.05	3	3.00	9.38
水利、环境和公共设施管理业	49	1.61	1	1.00	2.04
教育	10	0.33	—	—	—
卫生和社会工作	9	0.30	—	—	—
文化、体育和娱乐业	47	1.55	—	—	—
综合	13	0.43	1	1.00	7.69
合 计	3039	100.00	100	100.00	3.29

资料来源：南开大学公司治理数据库。

三、主板上市公司信息披露 100 佳公司控股股东性质分布

表 15.13 显示，主板上市公司信息披露 100 佳上市公司中，较高的比例公司控股股东性质为国有控股和民营控股，分别有 33 家和 56 家，分别占国有控股主板上市公司的 3.05％和民营控股主板上市公司的 3.44%。剩余 11 家公司中，无实际控制人类的有 8 家，外资控股有 1 家，其他类型有 2 家。

表 15.13 主板上市公司信息披露 100 佳公司控股股东分布

控股股东性质	样本总体		100 佳		
	数目	比例（%）	数目	比例（%）	占本组比例（%）
国有控股	1083	35.64	33	33.00	3.05
集体控股	18	0.59	—	—	—
民营控股	1629	53.60	56	56.00	3.44
社会团体控股	6	0.20	—	—	—
外资控股	107	3.52	1	1.00	0.93
无实际控制人	162	5.33	8	8.00	4.94
其他类型	34	1.12	2	2.00	5.88
合 计	3039	100.00	100	100.00	3.29

资料来源：南开大学公司治理数据库。

四、主板上市公司信息披露 100 佳公司地区分布

表 15.14 显示，在入选信息披露 100 佳上市公司中，各地区分布比较均匀，除了吉林省、黑龙江省、重庆市、海南省、贵州省、西藏、陕西省、青海省、新疆和香港 10 个地区无公司入选 100 佳，其他各地区都有入选公司。江苏省、浙江省和广东省三个省的上市公司入选 100 佳公司较多，共占 47%，依次为 12 家、16 家、19 家，北京市、安徽省、山东省、河南省和四川省 5 个地区也都有不少于 5 家入选 100 佳公司，剩余 22 家零散分布在其他地区。

表 15.14　主板上市公司信息披露 100 佳公司地区分布

地区	样本总体		100 佳		
	数目	比例（%）	数目	比例（%）	占本地区比例（%）
北京市	225	7.40	8	8.00	3.56
天津市	47	1.55	2	2.00	4.26
河北省	49	1.61	1	1.00	2.04
山西省	33	1.09	1	1.00	3.03
内蒙古	21	0.69	1	1.00	4.76
辽宁省	59	1.94	1	1.00	1.69
吉林省	37	1.22	—	—	—
黑龙江省	30	0.99	—	—	—
上海市	240	7.90	4	4.00	1.67
江苏省	320	10.53	12	12.00	3.75
浙江省	433	14.25	16	16.00	3.70
安徽省	99	3.26	5	5.00	5.05
福建省	113	3.72	1	1.00	0.88
江西省	50	1.65	1	1.00	2.00
山东省	190	6.25	6	6.00	3.16
河南省	63	2.07	5	5.00	7.94
湖北省	80	2.63	4	4.00	5.00
湖南省	82	2.70	1	1.00	1.22
广东省	437	14.38	19	19.00	4.35
广　西	35	1.15	1	1.00	2.86
海南省	23	0.76	—	—	—
重庆市	54	1.78	—	—	—
四川省	97	3.19	7	7.00	7.22
贵州省	29	0.95	—	—	—
云南省	32	1.05	1	1.00	3.13

续表

地区	样本总体		100 佳		
	数目	比例（%）	数目	比例（%）	占本地区比例（%）
西　藏	15	0.49	—	—	—
陕西省	42	1.38	—	—	—
甘肃省	30	0.99	2	2.00	6.67
青海省	11	0.36	—	—	—
宁　夏	13	0.43	1	1.00	7.69
新　疆	48	1.58	—	—	—
香　港	2	0.07	—	—	—
合　计	3039	100.00	100	100.00	3.29

资料来源：南开大学公司治理数据库。

主要结论

主板上市公司作为中国上市公司中最重要的一部分，其信息披露的状况整体上与所有公司的信息披露状况相似，但也有其特点。

第一，2023 年中国上市公司主板市场非金融类公司样本量为 3039 家，信息披露指数的平均值为 65.34，标准差为 12.30，说明信息披露总体水平较为集中，上市公司之间的信息披露差距较小，但极差为 60.06，信息披露最好和最差的公司仍存在较大差距。

第二，从信息披露的三个主要因素来看，2023 年主板上市公司信息披露的真实性、相关性和及时性的平均值依次为 64.86、65.15 和 66.84。其中，信息披露的及时性表现最好，相关性次之，真实性最低，且真实性和相关性低于指数平均水平。相比 2022 年，上市公司信息披露分指数都有不同程度的提升，其中真实性和及时性指数提升较大，相关性指数上升幅度较小。

第三，从连续六年中国主板上市公司治理信息披露状况与趋势特征来看，主板上市公司信息披露指数六年间波动较大，2023 年回升至 65.34。从信息披露指数的横向比较来看，主板上市公司在信息披露方面及时性做得最好，2018－2023 年连续六年都是及时性指数最高。

第四，从主板上市公司在信息披露指数行业分布情况来看，2023 年主板上市公司各行业的信息披露水平存在一定差异，行业平均值指数最高与最低相差 13.03。在 17 个行业分类中，平均值居于前三位的分别为科学研究和技术服务业，交通运输、仓储和邮政业，住宿和餐饮业，而教育，房地产业，卫生和社会工作这三个行业是信息披露指数靠后的行业。从长期角度看，六年间各行业的信息披露指数平均水平时而下降，时而提高，呈波动变化。

第五，从股权性质来看，我国主板上市公司的控股股东性质主要为国有控股和民营控股，占样本企业总比例达 89.24%。而且主板国有控股上市公司总体信息披露水平略高于民营控股上市公司，国有控股上市公司信息披露水平的波动程度小于民营控股上市公司。从分指数看，导致主板国有控股上市公司信息披露指数高于民营控股上市公司的主要原因是国有控股上市公司的真实性和及时性指数高于民营控股上市公司，分别高出 4.43 和 3.46，国有控股上市公司的相关性低于民营控股上市公司，差距为 0.88。

第六，从地区来看，2023 年主板上市公司信息披露指数高于总体平均值的地区有 13 个，低于总体平均值的有 19 个。主板上市公司信息披露指数排在前五名的是香港、四川省、河南省、宁夏和安徽省的上市公司。信息披露指数排名后五名的是青海省、西藏、海南省、贵州省和吉林省的上市公司。以上分析说明各地区的主板上市公司信息披露水平分布不平衡，且差距较大。

第七，信息披露 100 佳上市公司信息披露评价指数平均值为 84.45，信息披露真实性、相关性、及时性的平均值依次为 88.78、74.15 和 89.09，其中及时性指标最好，真实性次之，相关性最差。100 佳上市公司信息披露水平的标准差为 1.30，极差为 5.40，说明 100 家主板上市公司的信息披露水平相比于总体样本，分布更为集中。

主板上市公司信息披露 100 佳行业分布表明，信息披露 100 佳上市公司中有 70 家属于制造业，其他行业涉及数量较少。从行业比例来看，入选 100 佳公司比例最高的行业是科学研究和技术服务业，有 3 家入选。住宿和餐饮业，房地产业，教育，卫生和社会工作，文化、体育和娱乐业五个行业没有一家入选 100 佳公司。可以看出，信息披露最好的上市公司分布在各行业中，存在一定的行业差异。

按控股股东性质分，在信息披露 100 佳上市公司中，较高比例的主板上市公司控股股东性质为国有控股和民营控股，分别有 33 家和 56 家。在剩余 11 家公司中，无实际控制人的有 8 家，外资控股和其他类型各有 1 家。

从地区分布角度看，在入选信息披露 100 佳上市公司中，各地区分布比较均匀，除了吉林省、黑龙江省、重庆市、海南省、贵州省、西藏、陕西省、青海省、新疆和香港 10 个地区无公司入选 100 佳，其他各地区都有入选公司。来自江苏省、浙江省和广东省三个省的上市公司入选 100 佳公司较多，共占 47%，依次为 12 家、16 家、19 家，北京市、安徽省、山东省、河南省和四川省 5 个地区也都有不少于 5 家入选100 佳公司，剩余 22 家零散分布在其他地区。

第十六章 主板上市公司利益相关者治理评价

第一节 主板上市公司利益相关者治理总体分析

一、2023 年主板上市公司利益相关者治理总体描述

2023 年主板非金融类上市公司样本 3039 家，较 2022 年增加 31 家。主板上市公司利益相关者治理指数的平均值为 69.30，低于 A 股平均值 0.10，最大值为 87.62，最小值为 34.28，极差为 53.35，标准差为 7.73。见表 16.1。

表 16.1 主板上市公司利益相关者治理总体状况描述性统计

项目	平均值	中位数	标准差	极差	最小值	最大值
利益相关者治理指数	69.30	70.37	7.73	53.35	34.28	87.62
参与程度	65.13	67.00	9.08	43.00	39.00	82.00
协调程度	74.40	78.50	12.67	68.50	28.50	97.00

资料来源：南开大学公司治理数据库。

从利益相关者治理指数的两个分指数来看，参与程度分指数的平均值为 65.13，高于 A 股平均值 0.34，最大值为 82.00，最小值为 39.00，极差为 43.00，标准差为 9.08；协调程度分指数的平均值为 74.40，低于 A 股平均值 0.65，最大值为 97.00，最小值为 28.50，极差为 68.50，标准差为 12.67。协调程度分指数的平均值相对于参与程度分指数的平均值较高，分布也较为分散。

二、2018－2023 年主板上市公司利益相关者治理比较

从 2018－2023 年的数据和折线图来看（见表 16.2、图 16.1），利益相关者治理指数的平均值总体上呈上升趋势，除 2020 年出现下降外均有上升，2018 年涨幅相对较小，2021 年和 2022 年提升幅度较大，整体趋势与 A 股整体一致。参与程度分指数的平均值总体上同样呈上升趋势，上升趋势较利益相关者治理指数的平均值更大，除 2021 年出现下降外均实现增长，2022 年的增幅最大，2020 年增幅次之，2023 年增幅较小。协调程度分指数的平均值则呈现出先下降后上升态势，2021 年虽较 2020 年的低谷有很大提升，但仍未恢复到 2018 年的水平，2023 年相较 2021 年上升 0.15。

表 16.2　主板上市公司利益相关者治理指数描述性统计六年比较

项目	2018 年	2019 年	2020 年	2021 年	2022 年	2023 年
利益相关者治理指数	61.46	61.74	61.32	64.71	67.91	69.30
参与程度	49.63	52.91	59.03	56.91	63.49	65.13
协调程度	75.93	72.54	64.12	74.25	73.31	74.40

资料来源：南开大学公司治理数据库。

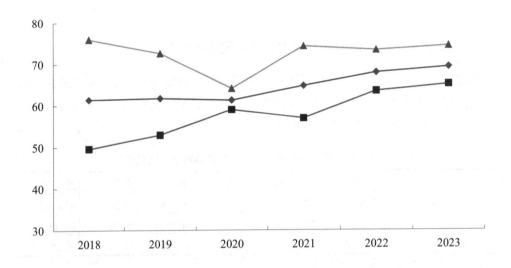

图 16.1　主板上市公司利益相关者治理指数平均值六年折线图比较

资料来源：南开大学公司治理数据库。

2022－2023 年利益相关者治理指数的平均值由 67.91 升至 69.30，增长 1.39。从利益相关者治理的参与程度和协调程度两个因素来看，参与程度分指数的平均值由 63.49 升至 65.13，增长 1.64；协调程度分指数的平均值则由 73.31 升至 74.40，增长 1.09。2023 年主板的参与程度分指数的提升幅度大于参与程度，与 A 股整体相反。

参与程度方面，员工参与程度得分平均值由 61.33 提高到 61.91。其中，实施员工持股计划的公司比例有所上升，由 20.01%提升至 21.55%。职工监事超过 1/3 的公司的比例也有所上升，由 23.27%提升至 25.96%。另外，投资者参与程度得分平均值由 65.66 上升到 68.35。其中，网站更新得分有所上升，网站更新及时率由 67.39%升至 68.71%，网址停更率由 12.70%降至 12.18%。已制定投资者关系管理制度的公司数量由 2167 家升至 2487 家，比例由 72.04%上升至 81.84%。

协调程度方面，社会责任履行得分平均值有所降低，由 64.86 降至 64.10。其中，供应商和客户权益保护方面有些许退步，得分平均值分别下降 0.30 和 4.61，有环保措施的公司比例下降 0.82%。另外，违规和处罚得分平均值由 86.10 升至 91.42，未受到处罚的公司比例由 79.45% 扩大到 86.87%。诉讼、仲裁得分平均值由 78.85 增至 80.21，涉及重大诉讼的公司比例由 33.88% 降至 30.34%，其中仅为原告身份的公司占比 27.12%。

第二节 主板上市公司分行业利益相关者治理评价

一、2023 年主板上市公司利益相关者治理分行业总体描述

从行业分布状况可以看出，利益相关者治理指数平均值最高的行业分别为住宿和餐饮业，交通运输、仓储和邮政业以及采矿业，平均值分别为 71.50、70.69 和 70.03，A 股和主板的住宿和餐饮业以及交通运输、仓储和邮政业均有优异表现；平均值最低的三个行业分别是卫生和社会工作，综合以及租赁和商务服务业，平均值分别为 62.83、65.22 和 66.39，A 股和主板的综合以及租赁和商务服务业均表现不佳。见表 16.3。

表 16.3 主板上市公司利益相关者治理指数分行业描述性统计

行业	数目	比例（%）	平均值	中位数	标准差	极差	最小值	最大值
农、林、牧、渔业	37	1.22	67.54	70.31	8.49	30.35	50.70	81.05
采矿业	73	2.40	70.03	71.33	7.81	32.99	54.18	87.17
制造业	1956	64.36	69.88	70.90	7.53	47.95	39.67	87.62
电力、热力、燃气及水生产和供应业	127	4.18	69.03	70.67	7.48	37.67	43.83	81.50
建筑业	95	3.13	66.84	67.75	8.55	41.65	43.05	84.70
批发和零售业	162	5.33	68.11	69.43	8.19	39.90	46.15	86.05
交通运输、仓储和邮政业	107	3.52	70.69	73.52	7.65	33.30	50.00	83.30
住宿和餐饮业	7	0.23	71.50	72.62	3.73	11.24	64.58	75.82
信息传输、软件和信息技术服务业	156	5.13	68.08	69.51	8.07	36.70	45.75	82.45
房地产业	111	3.65	67.92	68.80	7.56	36.52	48.63	85.15
租赁和商务服务业	48	1.58	66.39	67.12	8.38	44.80	39.67	84.47

行业	数目	比例（%）	平均值	中位数	标准差	极差	最小值	最大值
科学研究和技术服务业	32	1.05	67.22	68.62	9.26	43.79	34.28	78.07
水利、环境和公共设施管理业	49	1.61	67.70	67.97	7.59	39.75	43.55	83.30
教育	10	0.33	68.26	68.68	5.74	19.54	60.38	79.92
卫生和社会工作	9	0.30	62.83	61.60	7.09	19.83	51.10	70.93
文化、体育和娱乐业	47	1.55	67.76	68.12	7.11	27.14	51.83	78.97
综合	13	0.43	65.22	67.97	8.49	24.61	50.26	74.87
合　计	3039	100.00	69.30	70.37	7.73	53.35	34.28	87.62

资料来源：南开大学公司治理数据库。

从利益相关者指数的两个分指数来看，参与程度分指数平均值最高的行业是教育，住宿和餐饮业以及信息传输、软件和信息技术服务业，平均值分别为 69.50、68.29 和 67.20，参与程度分指数平均值最低的行业是科学研究和技术服务业，综合以及电力、热力、燃气及水生产和供应业，平均值分别为 61.42、61.54 和 63.38。协调程度分指数平均值最高的行业是交通运输、仓储和邮政业，电力、热力、燃气及水生产和供应业以及制造业，平均值分别为 77.14、75.95 和 75.77，协调程度分指数平均值最低的行业是卫生和社会工作，教育以及租赁和商务服务业，平均值分别为 61.39、66.75 和 68.20。此外，有些行业在两个分指数的排名方面较为分化，利益相关者指数平均值排名第五位的电力、热力、燃气及水生产和供应业，其协调程度分指数平均值排名第二位，而参与程度只排名第十五位；利益相关者指数平均值排名第六位的教育，其参与程度分指数平均值排名第一位，而协调程度却排名第十六位。见表 16.4。

表 16.4　主板上市公司利益相关者治理分指数分行业描述性统计

行业	数目	比例（%）	利益相关者治理指数	参与程度	协调程度
农、林、牧、渔业	37	1.22	67.54	64.91	70.76
采矿业	73	2.40	70.03	65.71	75.32
制造业	1956	64.36	69.88	65.06	75.77
电力、热力、燃气及水生产和供应业	127	4.18	69.03	63.38	75.95
建筑业	95	3.13	66.84	65.10	68.97
批发和零售业	162	5.33	68.11	65.17	71.70
交通运输、仓储和邮政业	107	3.52	70.69	65.41	77.14
住宿和餐饮业	7	0.23	71.50	68.29	75.43
信息传输、软件和信息技术服务业	156	5.13	68.08	67.20	69.14

行业	数目	比例（%）	利益相关者治理指数	参与程度	协调程度
房地产业	111	3.65	67.92	66.33	69.87
租赁和商务服务业	48	1.58	66.39	64.91	68.20
科学研究和技术服务业	32	1.05	67.22	61.42	74.31
水利、环境和公共设施管理业	49	1.61	67.70	63.64	72.65
教育	10	0.33	68.26	69.50	66.75
卫生和社会工作	9	0.30	62.83	64.00	61.39
文化、体育和娱乐业	47	1.55	67.76	65.74	70.22
综合	13	0.43	65.22	61.54	69.73
合　计	3039	100.00	69.30	65.13	74.40

资料来源：南开大学公司治理数据库。

二、2018－2023年分行业的主板上市公司利益相关者治理比较

如表16.5所示，2023年利益相关者指数平均值同比上升的行业有12个，同比下降的行业有5个。其中增长最大的行业为住宿和餐饮业以及采矿业，电力、热力、燃气及水生产和供应业，分别增长4.94、2.47和2.39；下降最大的行业为卫生和社会工作，租赁和商务服务业以及综合，分别下降3.87、0.59和0.46。住宿和餐饮业继2022年大幅增长后2023年再次实现大幅增长，租赁和商务服务业以及综合则在2022年大幅增长后出现下降。

2023年较2018年，所有行业的利益相关者指数平均值均实现上升。其中增长最大的行业为住宿和餐饮业，房地产业以及批发和零售业，分别增长15.30、10.26和10.24；增长最小的行业为科学研究和技术服务业，教育以及租赁和商务服务业，分别增长4.43、4.50和5.05。

六年来利益相关者治理指数平均值最高的行业为交通运输、仓储和邮政业，教育以及制造业，利益相关者治理平均值为66.13、65.32和65.29，这三个行业在A股中排名第二至四位，仅次于金融业，体现了A股与主板中行业表现的一致性。六年来利益相关者治理指数平均值最低的行业为综合，住宿和餐饮业以及房地产业，利益相关者治理指数平均值为60.19、61.42和62.22，与A股后三名名单一致。

表16.5　主板上市公司利益相关者治理指数分行业描述性统计六年比较

行业	2018年	2019年	2020年	2021年	2022年	2023年
农、林、牧、渔业	58.09	59.85	58.92	63.41	66.25	67.54
采矿业	61.24	58.06	58.24	64.26	67.56	70.03
制造业	62.65	62.74	62.44	65.53	68.51	69.88

行业	2018 年	2019 年	2020 年	2021 年	2022 年	2023 年
电力、热力、燃气及水生产和供应业	59.55	60.95	60.10	65.31	66.64	69.03
建筑业	61.50	59.75	58.88	62.81	66.30	66.84
批发和零售业	57.87	60.29	58.97	62.14	66.31	68.11
交通运输、仓储和邮政业	63.73	62.54	63.57	66.89	69.34	70.69
住宿和餐饮业	56.20	56.72	56.76	60.79	66.56	71.50
信息传输、软件和信息技术服务业	60.02	60.23	58.95	62.22	66.78	68.08
房地产业	57.66	59.26	59.64	62.57	66.28	67.92
租赁和商务服务业	61.34	60.45	57.74	61.48	66.97	66.39
科学研究和技术服务业	62.79	62.35	62.75	65.27	64.91	67.22
水利、环境和公共设施管理业	61.80	63.96	63.65	63.22	67.93	67.70
教育	62.50	64.92	62.97	64.87	68.40	68.26
卫生和社会工作	58.33	62.96	58.90	64.19	66.70	62.83
文化、体育和娱乐业	60.51	61.36	60.24	64.01	65.97	67.76
综合	58.17	58.23	54.07	59.74	65.68	65.22
合　计	61.46	61.74	61.32	64.71	67.91	69.30

资料来源：南开大学公司治理数据库。

第三节　主板上市公司分控股股东性质利益相关者治理评价

一、2023 年主板上市公司利益相关者治理分控股股东性质总体描述

利益相关者治理指数平均值由高到低分别为集体控股、社会团体控股、国有控股、无实际控制人、民营控股、外资控股和其他类型上市公司，平均值分别为 72.92、71.01、70.22、69.12、68.79、68.49 和 65.64，次序与 A 股差异较小。国有控股的利益相关者治理平均水平好于无实际控制人、民营控股和外资控股上市公司。见表16.6。

表 16.6　主板上市公司利益相关者治理指数分控股股东性质描述性统计

控股股东性质	数目	比例（%）	平均值	中位数	标准差	极差	最小值	最大值
国有控股	1083	35.64	70.22	71.57	7.29	44.12	43.05	87.17
集体控股	18	0.59	72.92	72.06	6.26	22.42	63.18	85.60
民营控股	1629	53.60	68.79	69.77	7.88	52.22	34.28	86.50
社会团体控股	6	0.20	71.01	68.80	8.34	21.40	60.10	81.50

续表

控股股东性质	数目	比例（%）	平均值	中位数	标准差	极差	最小值	最大值
外资控股	107	3.52	68.49	69.35	6.78	35.35	47.95	83.30
无实际控制人	162	5.33	69.12	70.86	9.07	47.95	39.67	87.62
其他类型	34	1.12	65.64	63.67	7.30	28.62	51.75	80.37
合　计	3039	100.00	69.30	70.37	7.73	53.35	34.28	87.62

资料来源：南开大学公司治理数据库。

从利益相关者治理指数的两个分指数来看，参与程度分指数平均值由高到低分别为社会团体控股、集体控股、无实际控制人、国有控股、民营控股、外资控股和其他类型上市公司；协调程度分指数平均值由高到低分别为集体控股、其他类型、国有控股、外资控股、民营控股、社会团体控股和其他类型上市公司。国有控股上市公司在两个分指数上的表现均优于民营控股和外资控股上市公司。见表 16.7。

表 16.7　主板上市公司利益相关者治理分指数分控股股东性质描述性统计

控股股东性质	数目	比例（%）	利益相关者治理指数	参与程度	协调程度
国有控股	1083	35.64	70.22	65.49	76.00
集体控股	18	0.59	72.92	67.94	79.00
民营控股	1629	53.60	68.79	64.97	73.46
社会团体控股	6	0.20	71.01	69.25	73.17
外资控股	107	3.52	68.49	63.21	74.96
无实际控制人	162	5.33	69.12	66.88	71.86
其他类型	34	1.12	65.64	56.91	76.31
合　计	3039	100.00	69.30	65.13	74.40

资料来源：南开大学公司治理数据库。

二、2018－2023 年分控股股东性质主板上市公司利益相关者治理比较

表 16.8 列出了 2018－2023 年国有控股和民营控股上市公司的利益相关者治理指数平均值。总体上看，2018－2023 年，国有控股上市公司的利益相关者治理指数平均值上升 8.94，民营控股上升 7.21，国有控股上市公司自 2021 年超过民营控股上市公司后持续扩大领先。从利益相关者治理指数的两个分指数来看，国有控股上市公司参与程度分指数平均值上升 15.79，民营控股上升 15.55，国有控股上市公司协调程度分指数平均值上升 0.56，民营控股下降 2.99，国有控股上市公司在两个分指数上均扩大了对民营控股上市公司的优势。

表 16.8 主板上市公司国有和民营控股公司利益相关者治理指数描述性统计六年比较

年份	控股股东性质	利益相关者治理指数	参与程度	协调程度
2018	国有	61.28	49.7	75.44
	民营	61.58	49.42	76.45
2019	国有	61.37	52.9	71.72
	民营	62.15	52.91	73.44
2020	国有	61.09	59.44	63.1
	民营	61.56	58.55	65.24
2021	国有	64.93	57.04	74.58
	民营	64.76	56.82	74.47
2022	国有	68.66	63.65	74.78
	民营	67.67	63.52	72.76
2023	国有	70.22	65.49	76.00
	民营	68.79	64.97	73.46

资料来源：南开大学公司治理数据库。

第四节　主板上市公司利益相关者治理分地区评价

一、2023 年主板上市公司利益相关者治理分地区总体描述

上市公司利益相关者治理指数平均值排在前三名的是香港（75.69）、河南省（72.40）和天津市（71.33），河南省比较稳定，在 A 股和主板都占据前三名。利益相关者治理指数平均值排在后三位的是海南省（65.35）、辽宁省（65.80）和黑龙江省（66.77）。从我国地理分区上看，华北（70.42）、华中（69.91）、华东（69.68）地区表现较好，东北（66.72）、华南（67.07）表现较差，西南（69.00）、西北（68.88）地区表现适中。见表 16.9。

表 16.9 主板上市公司分地区利益相关者治理指数描述性统计

地区	数目	比例（%）	平均值	中位数	标准差	极差	最小值	最大值
北京市	225	7.40	70.01	70.67	7.07	35.56	50.26	85.82
天津市	47	1.55	71.33	72.17	6.23	32.92	50.88	83.80
河北省	49	1.61	70.33	71.62	5.88	26.36	55.31	81.67
山西省	33	1.09	69.27	70.90	7.73	29.22	49.98	79.20
内蒙古	21	0.69	71.14	71.80	8.20	40.30	47.32	87.62
辽宁省	59	1.94	65.80	65.43	9.59	36.88	46.42	83.30

地区	数目	比例（%）	平均值	中位数	标准差	极差	最小值	最大值
吉林省	37	1.22	67.60	70.22	9.26	39.29	43.83	83.12
黑龙江省	30	0.99	66.77	65.55	8.08	30.80	51.15	81.95
上海市	240	7.90	68.98	69.77	6.98	36.97	49.30	86.27
江苏省	320	10.53	68.48	69.41	8.00	45.25	39.67	84.92
浙江省	433	14.25	69.44	70.45	7.70	43.00	43.50	86.50
安徽省	99	3.26	70.42	71.27	6.67	30.20	53.55	83.75
福建省	113	3.72	70.67	72.40	7.41	35.60	45.90	81.50
江西省	50	1.65	68.68	69.61	9.22	39.00	46.15	85.15
山东省	190	6.25	71.12	71.95	6.67	33.67	51.93	85.60
河南省	63	2.07	72.40	73.52	7.33	37.87	46.60	84.47
湖北省	80	2.63	68.81	69.70	9.38	37.20	48.85	86.05
湖南省	82	2.70	68.52	69.58	7.83	34.67	47.95	82.62
广东省	437	14.38	68.91	70.25	8.14	50.87	34.28	85.15
广　西	35	1.15	66.93	67.22	6.30	25.22	53.80	79.02
海南省	23	0.76	65.35	62.17	8.37	27.45	51.30	78.75
重庆市	54	1.78	69.12	69.21	7.92	33.62	51.75	85.37
四川省	97	3.19	69.77	70.90	7.27	39.45	46.60	86.05
贵州省	29	0.95	68.95	70.22	8.28	39.70	39.67	79.37
云南省	32	1.05	69.80	70.74	8.12	34.94	52.23	87.17
西　藏	15	0.49	67.37	65.72	8.02	24.49	53.13	77.62
陕西省	42	1.38	69.50	71.22	7.03	30.52	51.03	81.55
甘肃省	30	0.99	69.38	68.69	6.83	26.55	55.85	82.40
青海省	11	0.36	68.16	70.60	6.46	17.51	57.69	75.20
宁　夏	13	0.43	69.77	70.67	7.80	23.27	56.10	79.37
新　疆	48	1.58	67.58	69.80	8.68	30.30	48.90	79.20
香　港	2	0.07	75.69	75.69	4.24	6.00	72.69	78.69
合　计	3039	100.00	69.30	70.37	7.73	53.35	34.28	87.62

资料来源：南开大学公司治理数据库。

二、2018－2023 年主板上市公司利益相关者治理分地区比较

由表 16.10 可以看出，与 2022 年相比，28 个地区的利益相关者治理指数平均值实现同比上升，增幅较大的地区为内蒙古、甘肃省和天津市，分别提升 3.70、3.52 和 3.33；出现下跌的 3 个地区为西藏、江西省和安徽省，分别下降 0.50、0.48 和 0.20。与 2018 年相比，增幅较大的地区为宁夏、重庆市和西藏，分别提升 14.99、11.92 和

11.13，宁夏通过六年的发展，排名从第 31 位提升至第 11 位；增幅较小的地区为江苏省、江西省和青海省，分别提升 5.43、5.51 和 5.78，增幅较小的地区的增幅大于 A 股。河南省、安徽省和福建省六年以来利益相关者治理状况较好，平均值分别为 66.42、66.42 和 66.32；而黑龙江省、海南省和宁夏六年利益相关者治理平均状况较差，平均值分别为 60.13、60.50 和 61.20，前后排名前三的省份名单与 A 股一致，仅次序不同。

表 16.10　主板上市公司分地区利益相关者治理指数描述性统计六年比较

地区	2018 年	2019 年	2020 年	2021 年	2022 年	2023 年
北京市	60.89	61.17	61.97	65.88	68.17	70.01
天津市	63.29	64.50	61.70	65.09	68.00	71.33
河北省	61.64	61.00	63.65	65.60	69.35	70.33
山西省	58.88	58.37	60.29	62.38	67.33	69.27
内蒙古	60.03	60.16	58.73	63.86	67.45	71.14
辽宁省	59.85	60.13	59.27	61.73	64.78	65.80
吉林省	60.18	61.59	60.19	65.59	67.52	67.60
黑龙江省	59.43	57.64	53.60	59.59	63.74	66.77
上海市	61.20	61.57	60.78	65.42	67.21	68.98
江苏省	63.05	63.23	61.88	64.27	67.05	68.48
浙江省	61.84	62.65	62.38	65.87	67.74	69.44
安徽省	64.04	62.83	64.29	66.29	70.62	70.42
福建省	63.63	64.15	62.90	67.21	69.36	70.67
江西省	63.17	61.57	62.87	66.45	69.16	68.68
山东省	62.69	62.52	62.98	65.91	69.34	71.12
河南省	63.41	64.11	60.92	67.64	70.07	72.40
湖北省	62.45	60.68	62.35	64.51	67.69	68.81
湖南省	62.09	61.32	60.89	63.56	68.15	68.52
广东省	61.48	62.54	61.32	64.74	68.10	68.91
广　西	61.02	59.58	57.59	60.48	64.85	66.93
海南省	59.18	57.64	57.67	58.16	65.02	65.35
重庆市	57.20	58.36	59.82	63.20	67.24	69.12
四川省	59.36	61.96	60.85	64.29	68.36	69.77
贵州省	61.43	61.56	60.99	63.94	68.47	68.95
云南省	62.60	61.51	59.20	62.34	68.98	69.80
西　藏	56.24	60.07	60.86	58.23	67.87	67.37
陕西省	62.03	62.34	61.75	64.00	68.78	69.50
甘肃省	61.19	58.80	59.26	61.06	65.85	69.38

地区	2018 年	2019 年	2020 年	2021 年	2022 年	2023 年
青海省	62.38	60.16	56.80	63.34	65.82	68.16
宁　夏	54.78	55.74	57.91	61.88	67.09	69.77
新　疆	56.46	59.72	60.15	62.80	67.18	67.58
香　港	—	—	—	—	—	75.69
合　计	60.78	59.95	61.46	61.74	61.32	64.71

资料来源：南开大学公司治理数据库。

第五节　主板上市公司利益相关者治理 100 佳评价

一、主板上市公司利益相关者治理 100 佳比较分析

如表 16.11 所示，利益相关者治理 100 佳上市公司利益相关者治理指数平均值为 83.14，参与程度分指数和协调程度分指数的平均值分别为 79.19 和 87.99；100 佳上市公司的利益相关者治理协调程度高于参与程度，与主板上市公司总体一致。

表 16.11　主板上市公司利益相关者治理 100 佳描述性统计

项目	样本	平均值	中位数	标准差	极差	最小值	最大值
利益相关者治理指数	100 佳	83.14	82.90	1.52	6.2972	81.33	87.62
	样本总体	69.30	70.37	7.73	53.35	34.28	87.62
参与程度	100 佳	79.19	79.50	3.06	10.50	71.50	82.00
	样本总体	65.13	67.00	9.08	43.00	39.00	82.00
协调程度	100 佳	87.99	88.00	3.61	14.00	80.50	94.50
	样本总体	74.40	78.50	12.67	68.50	28.50	97.00

资料来源：南开大学公司治理数据库。

二、主板上市公司利益相关者治理 100 佳公司行业分布

表 16.12 上市公司利益相关者治理 100 佳行业分布表明，从绝对数量角度看，进入利益相关者治理 100 佳上市公司最多的行业是制造业，有 81 家，100 佳入选率 4.14%，较 A 股的入选率高 1.78%，较 2022 年入选率高 2.11%，提升幅度很大，挤占了其他行业入选的空间；批发和零售业以及信息传输、软件和信息技术服务业各有 4 家公司入选，分列第二位、第三位；农、林、牧、渔业，住宿和餐饮业，科学研究和技术服务业，教育，卫生和社会工作，文化、体育和娱乐业以及综合没有公

司进入 100 佳。从入选 100 佳公司占行业比重角度看，制造业，采矿业以及信息传输、软件和信息技术服务业上市公司占比较高，入选率分别为 4.14%、2.74% 和 2.56%。

表 16.12 主板上市公司利益相关者治理 100 佳公司行业分布

行业	样本总体		100 佳		
	数目	比例（%）	数目	比例（%）	占本行业比例（%）
农、林、牧、渔业	37	1.22	0	0.00	0.00
采矿业	73	2.40	2	2.00	2.74
制造业	1956	64.36	81	81.00	4.14
电力、热力、燃气及水生产和供应业	127	4.18	1	1.00	0.79
建筑业	95	3.13	2	2.00	2.11
批发和零售业	162	5.33	4	4.00	2.47
交通运输、仓储和邮政业	107	3.52	2	2.00	1.87
住宿和餐饮业	7	0.23	0	0.00	0.00
信息传输、软件和信息技术服务业	156	5.13	4	4.00	2.56
房地产业	111	3.65	2	2.00	1.80
租赁和商务服务业	48	1.58	1	1.00	2.08
科学研究和技术服务业	32	1.05	0	0.00	0.00
水利、环境和公共设施管理业	49	1.61	1	1.00	2.04
教育	10	0.33	0	0.00	0.00
卫生和社会工作	9	0.30	0	0.00	0.00
文化、体育和娱乐业	47	1.55	0	0.00	0.00
综合	13	0.43	0	0.00	0.00
合　计	3039	100.00	100	100.00	3.29

资料来源：南开大学公司治理数据库。

三、主板上市公司利益相关者治理 100 佳公司控股股东性质分布

表 16.13 显示，利益相关者治理 100 佳中，控股股东性质为国有控股、民营控股、外资控股和无实际控制人的上市公司所占比例分别为 35.64%、53.60%、3.52% 和 5.33%，分别占国有控股上市公司的 2.77%、民营控股上市公司的 3.31%、外资控股上市公司的 1.87% 和无实际控制人上市公司的 6.79%。主板无实际控制人上市公司 100 佳入选率远高于 A 股。

表 16.13 主板上市公司利益相关者治理 100 佳公司控股股东分布

控股股东性质	样本总体		100 佳		
	数目	比例（%）	数目	比例（%）	占本组比例（%）
国有控股	1083	35.64	30	30.00	2.77

续表

控股股东性质	样本总体		100 佳		
	数目	比例（%）	数目	比例（%）	占本组比例（%）
集体控股	18	0.59	2	2.00	11.11
民营控股	1629	53.60	54	54.00	3.31
社会团体控股	6	0.20	1	1.00	16.67
外资控股	107	3.52	2	2.00	1.87
职工持股会控股	162	5.33	11	11.00	6.79
其他类型	34	1.12	0	0.00	0.00
合　计	3039	100.00	100	100.00	3.29

资料来源：南开大学公司治理数据库。

四、主板上市公司利益相关者治理 100 佳公司地区分布

在入选利益相关者治理 100 佳上市公司中，从数量上看，浙江省、广东省和江苏省进入 100 佳上市公司较多，分别为 16 家、15 家和 14 家，与 A 股的分布非常接近；从比例来看，占本地区比例较高的是内蒙古、湖北省和云南省，分别为 9.52%、8.75% 和 6.25%。山西省、广西、海南省、贵州省、西藏、青海省、宁夏、新疆和香港没有公司进入利益相关者治理 100 佳。见表 16.14。

表 16.14　主板上市公司利益相关者治理 100 佳公司地区分布

地区	样本总体		100 佳		
	数目	比例（%）	数目	比例（%）	占本地区比例（%）
北京市	225	7.40	7	7.00	3.11
天津市	47	1.55	2	2.00	4.26
河北省	49	1.61	2	2.00	4.08
山西省	33	1.09	0	0.00	0.00
内蒙古	21	0.69	2	2.00	9.52
辽宁省	59	1.94	1	1.00	1.69
吉林省	37	1.22	1	1.00	2.70
黑龙江省	30	0.99	1	1.00	3.33
上海市	240	7.90	3	3.00	1.25
江苏省	320	10.53	14	14.00	4.38
浙江省	433	14.25	16	16.00	3.70
安徽省	99	3.26	4	4.00	4.04
福建省	113	3.72	1	1.00	0.88
江西省	50	1.65	2	2.00	4.00

地区	样本总体		100 佳		
	数目	比例（%）	数目	比例（%）	占本地区比例（%）
山东省	190	6.25	6	6.00	3.16
河南省	63	2.07	2	2.00	3.17
湖北省	80	2.63	7	7.00	8.75
湖南省	82	2.70	4	4.00	4.88
广东省	437	14.38	15	15.00	3.43
广　西	35	1.15	0	0.00	0.00
海南省	23	0.76	0	0.00	0.00
重庆市	54	1.78	2	2.00	3.70
四川省	97	3.19	4	4.00	4.12
贵州省	29	0.95	0	0.00	0.00
云南省	32	1.05	2	2.00	6.25
西　藏	15	0.49	0	0.00	0.00
陕西省	42	1.38	1	1.00	2.38
甘肃省	30	0.99	1	1.00	3.33
青海省	11	0.36	0	0.00	0.00
宁　夏	13	0.43	0	0.00	0.00
新　疆	48	1.58	0	0.00	0.00
香　港	2	0.07	0	0.00	0.00
合　计	3039	100.00	100	100.00	3.29

资料来源：南开大学公司治理数据库。

主要结论

第一，2023 年主板非金融类上市公司样本 3039 家，较 2022 年增加 31 家。主板上市公司利益相关者治理指数的平均值为 69.30，低于 A 股平均值 0.10，近年来总体呈上升趋势。与 2022 年对比，参与程度方面，员工参与程度得分平均值实现提高。其中，实施员工持股计划的公司比例有所上升，职工监事超过 1/3 的公司的比例也有所上升。另外，投资者参与程度得分平均值上升。其中，网站更新得分有所上升，网站更新及时率有所提升，网址停更率有所下降。已制定投资者关系管理制度的公司比例提升。协调程度方面，社会责任履行得分平均值有所降低。其中，供应商和客户权益保护方面有些许退步，有供应商和客户权益保护定性定量描述的公司比例都有下降，有环保措施的公司比例也有所下降。另外，未受到处罚的公司比例扩大，违规和处罚得分平均值得以提升。涉及重大诉讼的公司比例下降，诉讼、仲裁得分平均值增加。

第二，从行业分布来看，2023 年利益相关者治理指数平均值最高的行业分别为住宿和餐饮业，交通运输、仓储和邮政业以及采矿业；平均值最低的三个行业分别是卫生和社会工作，综合以及租赁和商务服务业。多数行业利益相关者治理水平较 2022 年有所提升，增长最大的行业为住宿和餐饮业，采矿业以及电力、热力、燃气及水生产和供应业，下降最大的行业为卫生和社会工作，租赁和商务服务业以及综合。与 2018 年相比，所有行业的利益相关者指数平均值均实现上升，增长最大的行业为住宿和餐饮业，房地产业以及批发和零售业，增长最小的行业为科学研究和技术服务业，教育以及租赁和商务服务业。从近六年指数整体情况来看，六年来利益相关者治理平均值较高的行业为交通运输、仓储和邮政业，教育以及制造业，平均值较低的行业为综合，住宿和餐饮业以及房地产业。

第三，从控股股东性质来看，国有控股上市公司利益相关者治理状况好于民营控股，自 2021 年超过民营控股上市公司后持续扩大领先，在两个分指数上均扩大了对民营控股上市公司的优势。无实际控制人上市公司在无实际控制人、国有控股、民营控股、外资控股四大控股类型中表现最好。

第四，从地区分布来看，利益相关者治理指数平均值排在前三名的是香港、河南省和天津市。利益相关者治理指数平均值排名后三位的是海南省、辽宁省和黑龙江省。与 2022 年相比，28 个地区的利益相关者治理指数平均值实现同比上升，增幅较大的地区为内蒙古、甘肃省和天津市，出现下跌的 3 个地区为西藏、江西省和安徽省。与 2018 年相比，增幅较大的地区为宁夏、重庆市和西藏，宁夏通过六年的发展，排名从第 31 位提升至第 11 位；增幅较小的地区为江苏省、江西省和青海省。河南省、安徽省和福建省六年以来利益相关者治理状况较好，而黑龙江省、海南省和宁夏的六年利益相关者治理平均状况较差，前后排名前三的省份名单与 A 股一致，仅次序不同。

第五，从利益相关者治理 100 佳公司的行业分布看，制造业，批发和零售业，信息传输、软件和信息技术服务业上市公司入选 100 佳公司比例较高，农、林、牧、渔业，住宿和餐饮业，科学研究和技术服务业，教育，卫生和社会工作，文化、体育和娱乐业以及综合没有公司进入 100 佳。100 佳中民营控股上市公司入选率高于国有控股，主板无实际控制人上市公司 100 佳入选率远高于 A 股。从地区分布来看，浙江省、广东省和江苏省入选数量最多，与 A 股的分布非常接近；内蒙古、湖北省和云南省入选率最高；山西省、广西、海南省、贵州省、西藏、青海省、宁夏、新疆和香港没有公司进入利益相关者治理 100 佳。

第十七章　创业板上市公司治理评价

第一节　创业板上市公司治理评价总体分析

一、创业板上市公司治理总体描述

自 2011 年起，南开大学中国公司治理研究院持续关注创业板上市公司治理状况，2023 年继续对创业板上市公司治理评价进行专门研究。2023 年度共有 1228 家创业板上市公司样本，与 2022 年相比增加了 143 家，公司治理指数的平均值为 65.03，中位数为 65.44，最小值为 51.59，最大值为 74.35，标准差为 3.49。见表 17.1。

从创业板中国上市公司治理的六个分指数来看，股东治理指数、董事会治理指数、监事会治理指数、经理层治理指数、信息披露指数和利益相关者治理指数的平均值分别为 70.87、65.11、57.94、60.33、67.18 和 69.01。其中股东治理指数最高，为 70.87；而监事会治理指数偏低，尚不足 60，成为创业板上市公司治理水平提升的短板。

表 17.1　创业板上市公司治理指数描述性统计

项目	平均值	中位数	标准差	极差	最小值	最大值
中国上市公司治理指数	65.03	65.44	3.49	22.75	51.59	74.35
股东治理指数	70.87	71.91	6.80	38.27	49.21	87.48
董事会治理指数	65.11	65.33	2.32	22.63	49.34	71.97
监事会治理指数	57.94	57.42	3.69	31.35	42.00	73.35
经理层治理指数	60.33	59.94	5.82	39.15	39.18	78.34
信息披露指数	67.18	68.08	11.54	55.93	32.34	88.27
利益相关者治理指数	69.01	70.15	6.82	47.72	38.55	86.27

资料来源：南开大学公司治理数据库。

二、2019－2023 年创业板上市公司治理比较

表 17.2 显示的是创业板上市公司 2019－2023 年中国上市公司治理指数、股东治理指数、董事会治理指数、监事会治理指数、经理层治理指数、信息披露指数以及利益相关者治理指数五年的变化趋势。从表中可以看出，创业板上市公司公司治理指数总体上处于上升趋势，其中股东治理指数在 70 左右徘徊，与上年相比下降

0.01；与 2022 年相比，除利益相关者治理指数有所上升、公司治理指数与上年持平之外，其他治理指数都略有下降。

表 17.2　创业板上市公司治理指数描述性统计五年比较

项目	2019 年	2020 年	2021 年	2022 年	2023 年
中国上市公司治理指数	63.96	64.15	64.89	65.03	65.03
股东治理指数	69.67	70.40	71.43	70.88	70.87
董事会治理指数	64.83	65.13	65.10	65.13	65.11
监事会治理指数	57.47	58.09	57.91	57.98	57.94
经理层治理指数	59.58	60.73	60.34	60.35	60.33
信息披露指数	66.68	64.61	66.93	67.81	67.18
利益相关者治理指数	64.52	65.75	67.54	67.76	69.01

资料来源：南开大学公司治理数据库。

三、股东治理状况总体描述

股东治理评价三个主要影响因素独立性、中小股东权益保护和关联交易的平均值分别为 71.42、73.74 和 67.72。其中独立性和中小股东权益保护相对较高，而关联交易指数最低，因此创业板上市公司在提升股东治理水平时应当首先注重切实强化抑制关联交易的机制。各样本公司之间独立性和中小股东权益保护两项分指标差距较大，样本公司独立性最大值为 94.00，而最小值仅 21.95；中小股东权益保护最大值为 96.59，最小值仅为 33.50；两项分指标极差非常大。股东治理指数三项分指标的描述性统计情况如表 17.3 所示。

表 17.3　创业板上市公司股东治理指数描述性统计

项目	平均值	中位数	标准差	极差	最小值	最大值
股东治理指数	70.87	71.91	6.80	38.27	49.21	87.48
独立性	71.42	74.00	10.74	72.05	21.95	94.00
中小股东权益保护	73.74	75.60	10.75	63.59	33.00	96.59
关联交易	67.72	69.26	10.64	54.00	34.00	88.00

资料来源：南开大学公司治理数据库。

四、董事会治理状况总体描述

创业板上市公司董事会治理的五个主要影响因素中最高的是董事会组织结构，平均值为 68.29，反映出我国大多数创业板上市公司已经建立了相对比较完善的董事会组织结构，并能够发挥一定作用。同时董事会运作效率也较高，平均值为 66.54，相比于 2022 年 66.65 平均值，创业板上市公司中董事会运作效率略有下降。最低的是独立董事制度,为 60.99,可见在提升董事会治理水平时需要在静态的结构之外注重加强独立董事制度的作用。具体指标的描述性统计情况如表 17.4 所示。

表 17.4　创业板上市公司董事会治理指数描述性统计

项目	平均值	中位数	标准差	极差	最小值	最大值
董事会治理指数	65.11	65.33	2.32	22.63	49.34	71.97
董事权利与义务	64.16	64.00	4.84	29.00	46.50	75.50
董事会运作效率	66.54	66.41	4.28	26.45	48.01	74.46
董事会组织结构	68.29	70.00	7.35	70.50	17.50	88.00
董事薪酬	65.77	64.50	6.08	26.50	50.00	76.50
独立董事制度	60.99	61.75	4.23	35.25	37.25	72.50

资料来源:南开大学公司治理数据库。

五、监事会治理状况总体描述

监事会治理状况具体指标如表 17.5 所示,监事会治理分指数一直以来是各分指数中的短板,并且三项分指标差距较大。其中监事会运行状况指数最高,达到 76.91。各公司规模结构指数普遍偏低,平均值仅为 42.58,说明创业板公司监事会的结构有待加强和完善。

表 17.5　创业板上市公司监事会治理指数描述性统计表

项目	平均值	中位数	标准差	极差	最小值	最大值
监事会治理指数	57.94	57.42	3.69	31.35	42.00	73.35
运行状况	76.91	80.00	4.67	20.00	60.00	80.00
规模结构	42.58	40.00	7.83	40.00	40.00	80.00
胜任能力	57.03	56.80	5.12	53.20	20.00	73.20

资料来源:南开大学公司治理数据库。

六、经理层治理状况总体描述

经理层治理的各个影响因素差别较小,其中最高的是任免制度,为 63.20;最低的是激励约束,为 57.47,有待于进一步完善。三个指标各公司间差距都较大,这表明不同公司之间经理层治理水平有较大差距。见表 17.6。

表 17.6　创业板上市公司经理层治理指数描述性统计表

项目	平均值	中位数	标准差	极差	最小值	最大值
经理层治理指数	60.33	59.94	5.82	39.15	39.18	78.34
任免制度	63.20	59.82	9.04	39.88	44.87	84.75

项目	平均值	中位数	标准差	极差	最小值	最大值
执行保障	60.59	57.42	13.02	61.84	26.50	88.34
激励约束	57.47	60.31	9.76	46.12	21.28	67.40

资料来源：南开大学公司治理数据库。

七、信息披露状况总体描述

样本公司信息披露指数及其三个影响因素普遍较高，都在 66 以上，并且各指标标准差很小，说明目前各公司都非常重视信息披露，能够及时向社会公开相关信息。但是可靠性指标的极差较高，可见样本在公司信息披露的可靠性方面差别很大。相比较其他指标，信息披露的可靠性最低，创业板上市公司需要注意提高披露信息的可靠性。见表 17.7。

表 17.7　创业板上市公司信息披露指数描述性统计表

项目	平均值	中位数	标准差	极差	最小值	最大值
信息披露指数	67.18	68.08	11.54	55.93	32.34	88.27
可靠性	66.59	66.72	16.87	64.90	28.85	93.75
相关性	67.22	66.94	5.51	59.74	28.02	87.75
及时性	68.62	67.85	14.53	61.69	32.28	93.97

资料来源：南开大学公司治理数据库。

八、利益相关者治理状况总体描述

从利益相关者治理的两个主要因素来看，创业板上市公司的参与程度和协调程度平均值分别为 64.60 和 74.40。参与程度和协调程度标准差和极差都较大，说明创业板上市公司利益相关者的参与程度和协调水平差别较大，有些公司应在该指标方面进一步提升。见表 17.8。

表 17.8　创业板上市公司利益相关者治理指数描述性统计表

项目	平均值	中位数	标准差	极差	最小值	最大值
利益相关者治理指数	69.01	70.15	6.82	47.72	38.55	86.27
参与程度	64.60	67.00	8.27	43.00	39.00	82.00
协调程度	74.40	77.50	11.36	66.50	30.50	97.00

资料来源：南开大学公司治理数据库。

第二节 创业板上市公司治理评价分组比较

在对我国创业板上市公司的治理状况作总体描述之后，为了进一步深入考察不同类型公司治理状况的差异，本报告分别对控股股东性质、地区等不同类别进行了对比分析。

一、创业板上市公司治理分控股股东性质比较

2023 年度 1228 家创业板上市公司样本中，民营控股比重最大，共 975 家，占比 79.40 %，其公司治理总指数均值为 65.12；其次是国有控股公司 132 家，占比 10.75%，公司治理总指数均值为 64.95；无实际控制人 63 家，占比 5.13%，公司治理总指数均值为 63.97；外资控股 32 家，占比 2.61%，公司治理总指数均值为 65.25；其他类型 24 家，占比 1.95%，公司治理总指数均值为 64.62；集体控股 2 家，占比 0.16%，公司治理总指数均值为 64.14。民营控股公司数量最大，外资控股公司治理指数均值最高，无实际控制人治理指数最低。具体情况见表 17.9。

表 17.9 创业板上市公司按控股股东性质的总指数分类统计

控股股东性质	数目	比例（%）	平均值	中位数	标准差	极差	最小值	最大值
国有控股	132	10.75	64.95	65.14	3.21	15.42	56.27	71.69
民营控股	975	79.40	65.12	65.50	3.46	22.75	51.59	74.35
外资控股	32	2.61	65.25	65.66	3.00	12.89	57.44	70.33
集体控股	2	0.16	64.14	64.14	0.92	1.30	63.49	64.79
无实际控制人	63	5.13	63.97	64.75	4.72	20.37	53.25	73.62
其他类型	24	1.95	64.62	65.16	3.08	12.01	57.67	69.68
合　计	1228	100.00	65.03	65.44	3.49	22.75	51.59	74.35

资料来源：南开大学公司治理数据库。

按照控股股东进行分类，创业板上市公司 2023 年度公司治理分指数状况如表 17.10 所示。股东治理方面，集体控股公司最低，其他类型、民营控股和外资控股公司表现较好。董事会治理方面，不同控股股东性质的公司大致相当，水平相对平均。监事会治理方面，集体控股公司最好，监事会治理指数显著高于其他公司。经理层治理方面，国有控股公司表现最好，无实际控制人和民营控股公司表现较好，集体控股公司表现最差。信息披露方面，集体控股公司最高，显著高于其他类型的公司。利益相关者治理方面，集体控股公司最好，外资控股、民营控股和其他控股公司较好，无实际控制人表现一般。

表 17.10　创业板上市公司按控股股东性质的各分指数统计

控股股东性质	股东治理指数	董事会治理指数	监事会治理指数	经理层治理指数	信息披露指数	利益相关者治理指数
国有控股	66.25	64.43	60.95	61.81	67.90	68.56
民营控股	71.45	65.22	57.47	60.23	67.40	69.11
外资控股	71.08	65.15	57.28	58.30	69.57	70.30
其他类型	71.29	64.91	58.15	58.13	66.67	69.30
集体控股	56.66	64.13	65.01	55.19	72.50	72.11
无实际控制人	71.65	64.96	58.95	60.96	61.15	67.44
合　计	70.87	65.11	57.94	60.33	67.18	69.01

资料来源：南开大学公司治理数据库。

二、创业板上市公司分地区比较

从地区分布来看，2023 年度 1085 家创业板上市公司样本中，广东省、江苏省和浙江省数量最多，分别为 282 家、175 家和 155 家。青海省没有一家公司进入样本。从治理指数平均值水平来看，内蒙古最高，达到 68.62，而新疆最低，为 60.60，各省都突破 60 大关。具体分布见表 17.11。

表 17.11　创业板上市公司分地区的总指数描述性统计表

地区	数目	公司治理指数	股东治理指数	董事会治理指数	监事会治理指数	经理层治理指数	信息披露指数	利益相关者治理指数
北京市	127	65.29	69.74	65.67	59.34	61.25	66.69	69.47
天津市	13	65.92	72.26	65.46	57.43	58.78	71.57	69.53
河北省	18	65.70	72.29	65.52	58.67	62.52	66.60	68.93
山西省	4	62.48	68.26	63.27	61.15	59.88	55.37	71.19
内蒙古	3	68.62	76.03	63.56	61.35	59.78	73.87	80.84
辽宁省	15	64.16	71.43	64.05	59.06	60.39	63.69	67.39
吉林省	7	64.22	65.33	64.34	61.51	59.27	66.56	69.17
黑龙江省	4	64.68	68.60	65.68	60.03	62.97	61.65	70.97
上海市	75	64.33	70.46	64.91	58.02	60.16	64.73	68.35
江苏省	175	65.59	71.78	65.15	57.67	60.08	69.17	69.79
浙江省	155	64.64	70.54	65.22	57.06	59.46	67.06	68.44
安徽省	33	65.24	69.16	64.46	59.07	60.69	69.46	68.43
福建省	43	64.11	69.98	65.08	56.93	59.35	63.93	70.62
江西省	20	65.39	70.60	64.54	56.05	60.72	70.36	69.55
山东省	59	65.69	70.27	64.82	57.60	61.87	69.66	69.65

地区	数目	公司治理指数	股东治理指数	董事会治理指数	监事会治理指数	经理层治理指数	信息披露指数	利益相关者治理指数
河南省	27	66.78	73.02	64.58	58.61	59.30	73.78	71.43
湖北省	36	64.80	69.33	63.97	58.51	60.21	69.02	67.42
湖南省	34	64.72	69.98	65.86	58.37	60.86	65.39	67.92
广东省	282	65.04	71.94	65.32	57.67	60.27	66.66	68.64
广　西	3	61.92	64.17	64.32	58.44	60.05	60.48	64.05
海南省	3	65.64	69.72	63.88	57.02	60.94	69.41	74.12
重庆市	7	66.27	74.37	63.98	57.37	62.77	68.40	71.80
四川省	43	64.77	71.07	65.11	57.60	61.62	64.90	68.84
贵州省	2	63.01	72.08	65.42	63.27	50.78	58.33	73.15
云南省	6	66.31	73.45	65.85	59.75	63.33	64.74	72.69
西　藏	6	64.26	68.20	64.48	57.68	54.74	71.16	69.06
陕西省	15	63.84	68.11	64.45	56.60	60.57	66.00	66.93
甘肃省	4	65.01	68.25	64.65	61.01	63.41	65.56	67.60
青海省	0	—	—	—	—	—	—	—
宁　夏	1	64.75	67.77	63.49	57.70	59.12	71.55	68.19
新　疆	8	60.60	65.99	63.35	59.23	56.44	58.23	60.63
合　计	1085	65.03	70.87	65.11	57.94	60.33	67.18	69.01

资料来源：南开大学公司治理数据库。

主要结论

2023 年创业板上市公司治理评价结果表明,创业板上市公司治理具有以下特征:

第一,2023 年度共有 1228 家创业板上市公司样本,与 2022 年相比增加了 143 家,公司治理指数的平均值为 65.03,中位数为 65.44,最小值为 51.59,最大值为 74.35,标准差为 3.49。从创业板上市公司治理的六个分指数来看,股东治理指数最高为 70.87;而监事会治理指数偏低,尚不足 60,成为创业板上市公司治理水平提升的短板。

第二,股东治理评价三个主要影响因素中,独立性和中小股东权益保护相对较高,而关联交易指数最低,因此创业板上市公司在提升股东治理水平时应当首先注重切实强化抑制关联交易的机制。

第三,创业板上市公司董事会治理的五个主要影响因素中最高的是董事会组织结构,反映出我国大多数创业板上市公司已经建立了相对比较完善的董事会组织结构,并能够发挥一定作用。最低的是独立董事制度,在提升董事会治理水平时需要在静态的结构之外注重加强独立董事制度的作用。

第四，监事会治理的影响因素中，监事会运行状况指数最高，达到 76.91。各公司规模结构指数普遍偏低，平均值仅为 42.58，说明创业板公司监事会的结构有待加强和完善。

第五，经理层治理的各个影响因素差别较小，其中最高的是任免制度，最低的是激励约束，且三个指标各公司间差距都较大，这表明不同公司之间经理层治理水平有较大差距，有待于进一步完善。

第六，样本公司信息披露指数及其三个影响因素普遍较高，都在 67 以上，并且各指标标准差很小，说明目前各公司都非常重视信息披露，能够及时向社会公开相关信息。但是可靠性指标的极差较高，可见样本在公司信息披露的可靠性方面差别很大。相比较其他指标，信息披露的可靠性最低，创业板上市公司需要注意提高披露信息的可靠性。

第七，从利益相关者治理的两个主要因素来看，创业板上市公司的参与程度和协调程度平均值分别为 64.60 和 74.40。参与程度和协调程度标准差和极差都较大，说明创业板上市公司利益相关者的参与程度和协调水平差别较大，有些公司应在该指标方面进一步提升。

第八，民营控股公司数量最大，外资控股公司治理指数均值最高，无实际控制人指数最低，说明外资控股公司治理状况优于其余性质的公司。

第九，从地区分布来看，2023 年度 1085 家创业板上市公司样本中，广东省、江苏省和浙江省数量最多，分别为 282 家、175 家和 155 家。青海省没有一家公司进入样本。从治理指数平均值水平来看，内蒙古最高，达到 68.62，而新疆最低，为 60.60，各省都突破 60 大关。

第十八章　科创板上市公司治理评价

第一节　科创板上市公司治理评价总体分析

一、科创板上市公司治理总体描述

科创板，英文是 Sci-Tech innovation board（STAR Market），是由习近平主席于 2018 年 11 月 5 日在首届中国国际进口博览会开幕式上宣布设立，是独立于现有主板市场的新设板块，该板块公司在上海证券交易所上市，与在深圳上市的创业板交相呼应。2019 年 6 月 13 日科创板正式开板，7 月 22 日首批公司上市，8 月 8 日第二批科创板公司挂牌上市。设立科创板并试点注册制是提升服务科技创新企业能力、增强市场包容性、强化市场功能的一项资本市场重大改革举措。在科创板设立之初就确定了其试行注册制的股票发行方式，对其高起点、严要求充分说明了国家层面和社会层面对科创板的关注和重视程度，对公司治理的发展也具有一定的导向作用。因此，南开大学中国公司治理研究院在 2020－2022 年对科创板上市公司的治理状况进行重点关注的基础上，在 2023 年对科创板公司治理状况继续进行评价，以其为公司治理的发展实践和相关的学术研究做出理论方面的贡献。

与 2022 年的 377 家公司相比，2023 年科创板上市公司共有 499 家，增加了 122 家。中国上市公司治理指数的平均值为 66.05，中位数为 66.38，最小值为 56.61，最大值为 74.47，标准差为 2.95。表明科创板上市公司治理水平较为平均，差距不是太大。见表 18.1。

从科创板上市公司治理的六个分指数来看，2023 年股东治理指数、董事会治理指数、监事会治理指数、经理层治理指数、信息披露指数和利益相关者治理指数的平均值分别为 70.43、65.20、57.36、63.01、69.04 和 70.58。其中利益相关者治理指数最高为 70.58；而监事会治理指数偏低，尚不足 60，是科创板上市公司治理水平的短板。见表 18.2。

表 18.1　科创板上市公司治理指数描述性统计

项目	平均值	中位数	标准差	极差	最小值	最大值
中国上市公司治理指数	66.05	66.38	2.95	17.86	56.61	74.47
股东治理指数	70.43	70.99	6.60	38.01	49.03	87.04

项目	平均值	中位数	标准差	极差	最小值	最大值
董事会治理指数	65.20	65.34	1.98	19.55	50.34	69.89
监事会治理指数	57.36	57.74	8.00	75.82	0.00	75.82
经理层治理指数	63.01	62.66	5.48	29.75	48.50	78.25
信息披露指数	69.04	68.81	10.37	50.45	37.67	88.12
利益相关者治理指数	70.58	71.80	5.43	31.20	49.35	80.55

资料来源：南开大学公司治理数据库。

二、2020－2023 年科创板上市公司治理比较

表 18.2 显示的是科创板上市公司 2020－2023 年中国上市公司治理指数、股东治理指数、董事会治理指数、监事会治理指数、经理层治理指数、信息披露指数以及利益相关者治理指数四年的变化趋势。从表中可以看出，创业板上市公司治理指数总体上呈上升趋势，其中经理层治理指数和利益相关者指数稳步上升，董事会治理指数、监事会治理指数和信息披露指数总体上呈上升趋势，经理层治理指数与 2022 年相比上升幅度较大，但董事会治理指数和信息披露指数与 2022 年相比略有下降；股东治理指数前三年处于下降趋势，但 2023 年略有提高。

表 18.2　科创板上市公司治理指数描述性统计四年比较

项目	2020 年	2021 年	2022 年	2023 年
中国上市公司治理指数	64.24	64.49	65.48	66.05
股东治理指数	74.59	72.37	69.67	70.43
董事会治理指数	64.07	64.67	65.34	65.20
监事会治理指数	55.82	57.42	57.39	57.36
经理层治理指数	57.74	58.44	59.31	63.01
信息披露指数	67.21	66.97	70.62	69.04
利益相关者治理指数	65.67	67.09	70.22	70.58

资料来源：南开大学公司治理数据库。

三、股东治理状况总体描述

股东治理评价三个主要影响因素独立性、中小股东权益保护和关联交易的平均值分别为 74.18、70.51 和 68.48。其中独立性最高，而关联交易指数最低，因此科创板上市公司在提升股东治理水平时应当首先注重切实强化抑制关联交易的机制。另外，中小股东权益保护指数极差最大，为 60.24，这表明不同的上市公司之间中小股东权益保护水平存在较大的差异。股东治理指数三项分指标的描述性统计情况如表 18.3 所示。

表 18.3　科创板上市公司股东治理指数描述性统计

项目	平均值	中位数	标准差	极差	最小值	最大值
股东治理指数	70.43	70.99	6.60	38.01	49.03	87.04
独立性	74.18	74.95	9.19	55.52	38.48	94.00
中小股东权益保护	70.51	72.60	11.85	60.24	31.50	91.74
关联交易	68.48	68.62	10.22	54.00	34.00	88.00

资料来源：南开大学公司治理数据库。

四、董事会治理状况总体描述

科创板上市公司董事会治理的五个主要影响因素中最高的是董事会组织结构，平均值为 69.64，反映出我国大多数科创板上市公司已经建立了相对比较完善的董事会组织结构，并能够发挥一定作用。同时董事薪酬也较高，平均值为 67.21。最低的是独立董事制度，为 60.01，可见在提升董事会治理水平时需要在静态的结构之外注重加强独立董事制度的作用。具体指标的描述性统计情况如表 18.4 所示。

表 18.4　科创板上市公司董事会治理指数描述性统计

项目	平均值	中位数	标准差	极差	最小值	最大值
董事会治理指数	65.20	65.34	1.98	19.55	50.34	69.89
董事权利与义务	62.15	61.75	4.26	25.50	50.00	75.50
董事会运作效率	66.47	66.13	4.17	20.70	53.76	74.46
董事会组织结构	69.64	70.00	5.09	79.00	0.00	79.00
董事薪酬	67.21	67.50	5.95	26.50	50.00	76.50
独立董事制度	60.01	60.75	3.73	16.25	51.75	68.00

资料来源：南开大学公司治理数据库。

五、监事会治理状况总体描述

据中国公司治理研究院的数据统计，监事会治理分指数一直以来是各分指数中的短板，对于科创板也是如此。监事会治理状况具体指标如 18.5 表所示，三项分指标差距较大。其中监事会运行状况指数最高，达到 74.19。各公司规模结构指数普遍偏低，平均值仅为 42.67，说明科创板公司监事会的结构有待加强和完善。

表 18.5　科创板上市公司监事会治理指数描述性统计表

项目	平均值	中位数	标准差	极差	最小值	最大值
监事会治理指数	57.36	57.74	8.00	75.82	0.00	75.82
运行状况	74.19	80.00	13.75	80.00	0.00	80.00
规模结构	42.67	40.00	9.95	80.00	0.00	80.00
胜任能力	57.62	58.10	8.03	73.00	0.00	73.00

资料来源：南开大学公司治理数据库。

六、经理层治理状况总体描述

经理层治理的各个影响因素差别较小，其中最高的是执行保障，为 69.37；最低的是激励约束，为 58.64，有待于进一步完善。具体结果见表 18.6。

表 18.6 科创板上市公司经理层治理指数描述性统计表

项目	平均值	中位数	标准差	极差	最小值	最大值
经理层治理指数	63.01	62.66	5.48	29.75	48.50	78.25
任免制度	61.86	54.84	8.62	44.87	39.88	84.75
执行保障	69.37	70.68	12.00	53.01	35.34	88.34
激励约束	58.64	60.31	9.89	46.12	21.28	67.40

资料来源：南开大学公司治理数据库。

七、信息披露状况总体描述

样本公司信息披露指数及其三个影响因素普遍较高，都在 68 以上，并且各指标标准差较小，说明目前各公司都比较重视信息披露，能够按照制度的要求向社会公开相关信息。在三个分指标中，相关性平均值最高，为 69.25，说明信息披露的相关性较好；及时性指标平均值最低，为 68.90，表明科创板上市公司需要提高信息披露的相关性。见表 18.7。

表 18.7 科创板上市公司信息披露指数描述性统计表

项目	平均值	中位数	标准差	极差	最小值	最大值
信息披露指数	69.04	68.81	10.37	50.45	37.67	88.12
可靠性	68.98	66.72	15.38	64.03	28.85	92.88
相关性	69.25	68.96	5.23	65.15	23.31	88.46
及时性	68.90	67.85	12.90	60.27	33.70	93.97

资料来源：南开大学公司治理数据库。

八、利益相关者治理状况总体描述

从利益相关者治理的两个主要因素来看，科创板上市公司的参与程度和协调程度平均值分别为 62.51 和 80.45，两者差别较大，参与程度平均值仅有 62.51，表明科创板需要提升利益相关者的参与程度。见表 18.8。

表 18.8 科创板上市公司利益相关者治理指数描述性统计表

项目	平均值	中位数	标准差	极差	最小值	最大值
利益相关者治理指数	70.58	71.80	5.43	31.20	49.35	80.55

项目	平均值	中位数	标准差	极差	最小值	最大值
参与程度	62.51	67.00	7.00	33.00	39.00	72.00
协调程度	80.45	83.00	8.00	39.50	53.50	93.00

资料来源：南开大学公司治理数据库。

第二节　科创板上市公司治理评价分组比较

在对我国科创板上市公司的治理状况作总体描述之后，为了进一步深入考察不同类型公司治理状况的差异，本报告分别对控股股东性质、地区等不同类别进行了对比分析。

一、科创板上市公司治理分控股股东性质比较

2023 年度 499 家科创板上市公司样本中，民营控股比重最大，共 367 家，占比 73.55%，其公司治理总指数均值为 66.01；其次是国有控股 42 家，占比 8.42%，公司治理总指数均值为 66.37；外资控股 34 家，占比 6.81%，公司治理总指数均值为 65.39；无实际控制人 34 家，占比 6.81%，公司治理总指数均值为 66.38；其他类型公司 21 家，占比 4.21%，公司治理总指数均值为 66.45；集体控股 1 家，占比 0.20%，公司治理总指数均值为 71.55。民营控股公司数量最大，集体控股公司治理指数均值最高，外资控股公司治理指数最低。具体情况见表 18.9。

表 18.9　科创板上市公司按控股股东性质的总指数分类统计

控股股东性质	数目	比例（%）	平均值	中位数	标准差	极差	最小值	最大值
国有控股	42	8.42	66.37	66.78	2.92	17.47	57.00	74.47
民营控股	367	73.55	66.01	66.34	2.99	15.52	56.61	72.13
外资控股	34	6.81	65.39	65.91	3.15	14.35	56.76	71.11
集体控股	1	0.20	71.55	71.55	—	0.00	71.55	71.55
无实际控制人	34	6.81	66.38	66.86	2.68	11.16	60.08	71.25
其他类型	21	4.21	66.45	66.07	2.26	7.73	63.14	70.87
合　计	499	100.00	66.05	66.38	2.95	17.86	56.61	74.47

资料来源：南开大学公司治理数据库。

按照控股股东进行分类，科创板上市公司本年度公司治理分指数状况如表 18.10 所示。股东治理方面，国有控股公司最低，民营控股表现较好，其他不同类型公司之间差异较小，表现较为平均。董事会治理方面，民营控股公司和集体控股公司表

现较好。监事会治理方面，其他类型公司表现较好。经理层治理方面，集体控股公司表现较好，外资控股、国有控股和无实际控制人稍低。信息披露方面，集体控股公司最高，显著高于其他类型的公司。利益相关者治理方面，集体控股公司最好，其次是国有控股公司、无实际控制人和民营控股公司较好，外资控股和其他控股公司表现一般。

表 18.10　科创板上市公司按控股股东性质的各分指数统计

控股股东性质	股东治理指数	董事会治理指数	监事会治理指数	经理层治理指数	信息披露指数	利益相关者治理指数
国有控股	65.34	63.92	60.15	62.29	72.93	72.48
民营控股	71.29	65.39	57.24	63.10	68.44	70.29
外资控股	69.09	64.70	58.15	62.06	68.71	69.59
集体控股	69.91	67.73	61.10	68.09	85.50	74.04
无实际控制人	68.95	65.07	53.79	62.47	70.51	72.45
其他类型	66.45	70.23	65.45	58.12	65.08	69.26
合　计	70.43	65.20	57.36	63.01	69.04	70.58

资料来源：南开大学公司治理数据库。

二、科创板上市公司分地区比较

从地区分布来看，2023 年度 499 家科创板上市公司样本中，分布在 22 个省份和地区，其中江苏省、广东省、上海市和北京市数量最多，分别为 95 家、76 家、76 家和 65 家。从治理指数平均值水平来看，吉林省最高，达到 68.95，而黑龙江省、江西省、重庆市和开曼群岛公司治理指数低于 65，分别为 63.88、64.62、62.73 和 64.47，此外其他各省都突破 65 大关。具体分布见表 18.11。

表 18.11　科创板上市公司分地区的总指数描述性统计表

地区	数目	公司治理指数	股东治理指数	董事会治理指数	监事会治理指数	经理层治理指数	信息披露指数	利益相关者治理指数
北京市	65	65.95	69.38	65.34	58.45	63.20	69.90	68.70
天津市	7	65.50	64.81	65.00	58.78	62.15	71.72	69.57
河北省	0	—	—	—	—	—	—	—
山西省	0	—	—	—	—	—	—	—
内蒙古	0	—	—	—	—	—	—	—
辽宁省	8	66.61	70.19	64.58	59.06	65.31	68.57	72.93
吉林省	2	68.95	69.40	67.42	64.78	66.72	75.61	67.98
黑龙江省	2	63.88	63.98	64.64	61.29	57.02	70.12	65.17

续表

地区	数目	公司治理指数	股东治理指数	董事会治理指数	监事会治理指数	经理层治理指数	信息披露指数	利益相关者治理指数
上海市	76	66.38	69.62	65.32	58.70	62.98	70.52	71.10
江苏省	95	65.97	71.80	65.18	57.37	63.05	68.30	70.20
浙江省	43	65.05	71.42	64.39	56.66	63.03	65.12	70.62
安徽省	19	66.65	71.53	65.18	58.65	63.21	70.87	70.20
福建省	8	68.04	71.43	65.46	57.84	61.66	77.57	73.45
江西省	5	64.62	69.56	65.50	59.61	66.00	57.23	73.01
山东省	21	66.96	69.47	65.81	58.70	64.37	70.39	73.43
河南省	5	67.25	72.10	65.02	59.94	64.06	71.09	71.66
湖北省	12	65.28	69.56	65.79	57.90	61.46	66.45	71.18
湖南省	14	66.47	68.02	65.39	60.50	63.58	69.55	72.39
广东省	76	65.94	72.25	65.32	57.54	62.06	68.45	70.18
广　西	0	—	—	—	—	—	—	—
海南省	1	67.11	77.78	64.69	58.41	61.55	65.59	78.69
重庆市	1	62.73	72.13	65.77	35.07	64.39	67.91	65.92
四川省	17	66.51	70.24	65.59	57.13	64.27	70.17	71.34
贵州省	3	66.72	65.30	65.41	58.31	64.27	72.71	74.15
云南省	0	—	—	—	—	—	—	—
西　藏	0	—	—	—	—	—	—	—
陕西省	12	66.07	68.34	64.21	59.57	62.84	70.01	72.13
甘肃省	0	—	—	—	—	—	—	—
青海省	0	—	—	—	—	—	—	—
宁　夏	0	—	—	—	—	—	—	—
新　疆	1	65.83	67.73	66.05	60.54	60.27	66.07	77.12
开曼群岛	6	64.47	61.38	63.96	0.00	62.77	68.02	66.50
合　计	499	66.05	70.43	65.20	57.36	63.01	69.04	70.58

资料来源：南开大学公司治理数据库。

主要结论

2023 年科创板上市公司治理评价结果表明，科创板上市公司治理具有以下特征：

第一，2023 年科创板上市公司共有 499 家，公司治理指数的平均值为 66.05，中位数为 66.38，最小值为 56.61，最大值为 74.47，标准差为 2.95，表明科创板上市公司治理水平较为平均，差距不是太大。从科创板上市公司治理的六个分指数来看，利益相关者治理指数最高为 70.58；而监事会治理指数偏低，尚不足 60，是科创板上市公司治理水平的短板。

第二，股东治理评价三个主要影响因素中，独立性最高，而关联交易指数最低，因此科创板上市公司在提升股东治理水平时应当首先注重切实强化抑制关联交易的机制。

第三，科创板上市公司董事会治理的五个主要影响因素中最高的是董事会组织结构，反映出我国大多数科创板上市公司已经建立了相对比较完善的董事会组织结构，并能够发挥一定作用。最低的是独立董事制度，在提升董事会治理水平时需要在静态的结构之外注重加强独立董事制度的作用。

第四，监事会治理的影响因素中，监事会运行状况指数最高，达到 74.19。各公司规模结构指数普遍偏低，平均值仅为 42.67，监事会治理分指数一直以来是各分指数中的短板，对于科创板也是如此，监事会治理有待加强和完善。

第五，经理层治理的各个影响因素差别较大，其中最高的是执行保障，为 69.37；最低的是激励约束，为 58.64，有待于进一步完善。

第六，样本公司信息披露指数及其三个影响因素普遍较高，都在 68 以上，并且各指标标准差较小，说明目前各公司都比较重视信息披露，能够按照制度的要求向社会公开相关信息。在三个分指标中，相关性最高为 69.25，说明信息披露的相关性较好；及时性指标的最低为 68.90，表明科创板上市公司需要提高信息披露的及时性。

第七，从利益相关者治理的两个主要因素来看，科创板上市公司的参与程度和协调程度平均值分别为 62.51 和 80.45，两者差别较大，参与程度平均值仅有 62.51，表明科创板需要提升利益相关者的参与程度。

第八，民营控股公司数量最大，集体控股公司治理指数均值最高，外资控股公司治理指数最低，表明不同类型的公司之间治理水平有较大的差异。

第九，从地区分布来看，2023 年度 499 家科创板上市公司样本中，分布在 22 个省份和地区，其中江苏省、广东省、上海市和北京市数量最多，分别为 95 家、76 家、76 家和 65 家。从治理指数平均值水平来看，吉林省最高，达到 68.95，而黑龙江省、江西省、重庆市和开曼群岛公司治理指数低于 65，分别为 63.88、64.62、62.73 和 64.47，此外其他各省都突破 65 大关。

第十九章 北交所上市公司治理评价

第一节 北交所上市公司治理评价总体分析

一、北交所上市公司治理总体描述

2023 年度公司治理样本中共有 162 家北交所上市公司，其治理评价指数描述性统计见表 19.1。其中，中国上市公司治理指数的平均值为 63.61，中位数为 63.55，最小值为 53.05，最大值为 71.39，标准差为 3.27。

从公司治理评价的六个分指数来看，北交所上市公司的股东治理指数、董事会治理指数、监事会治理指数、经理层治理指数、信息披露指数和利益相关者治理指数的平均值分别为 72.41、58.70、56.91、63.39、63.43 和 69.33。其中，北交所上市公司股东治理指数最高，利益相关者治理指数、信息披露指数、经理层治理指数较高，而监事会和董事会治理指数较低。董事会治理成为中小上市公司治理水平提升的短板。信息披露指数、董事会治理指数、利益相关者治理指数在北交所上市公司中的差异较大，标准差为分别为 8.79、7.00 和 4.14。

表 19.1 北交所上市公司治理指数描述性统计

项目	平均值	中位数	标准差	极差	最小值	最大值
中国上市公司治理指数	63.61	63.55	3.27	18.33	53.05	71.39
股东治理指数	72.41	73.54	6.15	32.38	50.97	83.35
董事会治理指数	58.70	56.86	7.00	22.44	47.98	70.42
监事会治理指数	56.91	56.52	2.91	18.50	51.91	70.41
经理层治理指数	63.39	64.10	4.27	21.73	50.19	71.92
信息披露指数	63.43	62.31	8.79	43.43	36.11	79.54
利益相关者治理指数	69.33	69.47	4.14	25.63	53.17	78.80

资料来源：南开大学公司治理数据库。

二、北交所上市公司股东治理状况总体描述

北交所上市公司股东治理指数是 72.41，中位数是 73.54，标准差是 6.15。从股东治理评价的三个主要因素来看，样本公司独立性、中小股东权益保护、关联交易

的平均值分别为 80.65、73.81 和 66.88，中位数分别是 80.86、75.07 和 68.60，标准差分别是 6.55、11.33 和 9.76。股东治理指数三项分指标的描述性统计情况如下表 19.2 所示。

表 19.2　北交所上市公司股东治理指数描述性统计

项目	平均值	中位数	标准差	极差	最小值	最大值
股东治理指数	72.41	73.54	6.15	32.38	50.97	83.35
独立性	80.65	80.86	6.55	41.14	56.86	98.00
中小股东权益保护	73.81	75.07	11.33	55.04	37.00	92.04
关联交易	66.88	68.60	9.76	54.00	34.00	88.00

资料来源：南开大学公司治理数据库。

三、北交所上市公司董事会治理状况总体描述

北交所上市公司董事会治理指数是 58.70，中位数是 56.86，标准差是 7.00。从分指数指标来看，董事权利与义务指数最高，是 70.42；董事会运作效率、董事薪酬、独立董事制度分别是 66.66、64.37 和 61.66，董事会组织结构最低，是 33.54。从标准差来看，董事会组织结构标准差最大，是 33.36；董事权利与义务和独立董事制度的标准差较小。北交所上市公司董事会治理指数的短板主要在于董事会组织结构的不完善。见表 19.3。

表 19.3　北交所上市公司董事会治理指数描述性统计

项目	平均值	中位数	标准差	极差	最小值	最大值
董事会治理指数	58.70	56.86	7.00	22.44	47.98	70.42
董事权利与义务	70.42	69.50	2.82	15.00	60.50	75.50
董事会运作效率	66.66	66.41	4.04	19.55	54.91	74.46
董事会组织结构	33.54	17.50	33.36	79.00	0.00	79.00
董事薪酬	64.37	64.50	4.92	22.50	52.50	75.00
独立董事制度	61.66	61.00	3.63	16.75	51.25	68.00

资料来源：南开大学公司治理数据库。

四、北交所上市公司监事会治理状况总体描述

2023 年北交所上市公司监事会治理指数是 56.91，中位数是 56.52，标准差是 2.91。从监事会指数的三个主要因素来看，样本公司的监事会运行状况指数表现最好，平均值为 77.16；监事会的胜任能力指数水平的平均值为 55.17；而监事会规模结构指数水平最低，平均值只有 41.30。监事会的规模结构及胜任能力是今后监事会治理的重点。见表 19.4。

表 19.4 北交所上市公司监事会治理指数描述性统计表

项目	平均值	中位数	标准差	极差	最小值	最大值
监事会治理指数	56.91	56.52	2.91	18.50	51.91	70.41
规模结构	41.30	40.00	5.48	30.00	40.00	70.00
运行状况	77.16	80.00	4.52	10.00	70.00	80.00
胜任能力	55.17	54.75	4.23	25.40	47.20	72.60

资料来源：南开大学公司治理数据库。

五、北交所上市公司经理层治理状况总体描述

2023 年北交所上市公司经理层治理指数是 63.39，中位数是 64.10，标准差是 4.27。从经理层的三个主要评价维度来看，各个维度表现仍然较为不平衡，最高的是执行保障指数，平均值为 72.18，标准差为 7.66。北交所上市公司的经理层任免制度指数为 62.96，标准差为 8.59。激励约束指数表现相对薄弱，平均值为 56.28，标准差是 7.80。见表 19.5。

表 19.5 北交所上市公司经理层治理指数描述性统计表

项目	平均值	中位数	标准差	极差	最小值	最大值
经理层治理指数	63.39	64.10	4.27	21.73	50.19	71.92
任免制度	62.96	59.82	8.59	34.89	49.85	84.74
执行保障	72.18	70.68	7.66	44.17	44.17	88.34
激励约束	56.28	56.76	7.80	39.02	28.38	67.40

资料来源：南开大学公司治理数据库。

六、北交所上市公司信息披露治理状况总体描述

2023 年北交所上市公司信息披露指数是 63.43，中位数是 62.31，标准差是 8.79。从信息披露的三个主要因素来看，北交所上市公司信息披露的可靠性、相关性和及时性的平均值依次为 65.32、58.88 和 65.54，从标准差来看，信息披露最好和最差的公司在可靠性和及时性方面存在非常大的差距，标准差是 13.67 和 13.68，相关性的标准差是 5.33。见表 19.6。

表 19.6 北交所上市公司信息披露治理指数描述性统计表

项目	平均值	中位数	标准差	极差	最小值	最大值
信息披露治理指数	63.43	62.31	8.79	43.43	36.11	79.54
可靠性	65.32	61.79	13.67	53.95	28.85	82.80
相关性	58.88	60.07	5.33	29.14	42.36	71.50
及时性	65.54	67.85	13.68	58.84	35.13	93.97

资料来源：南开大学公司治理数据库。

七、北交所上市公司利益相关者治理状况总体描述

2023 年北交所上市公司利益相关者指数是 69.33，中位数是 69.47，标准差是 4.14。从分指标指数来看，参与程度是 64.86，标准差是 6.26；协调程度是 74.80，标准差是 5.78。如表 19.7 所示。

表 19.7　北交所上市公司利益相关者治理指数描述性统计表

项目	平均值	中位数	标准差	极差	最小值	最大值
利益相关者治理指数	69.33	69.47	4.14	25.63	53.17	78.80
参与程度	64.86	67.00	6.26	38.00	39.00	77.00
协调程度	74.80	75.50	5.78	36.50	49.50	86.00

资料来源：南开大学公司治理数据库。

第二节　北交所上市公司治理评价分组比较

在对我国北交所上市公司的治理状况作总体描述之后，为了更进一步深入考察不同类型公司治理状况的差异，本报告分别对控股股东性质、地区等不同类别进行了对比分析。

一、北交所上市公司治理分控股股东性质比较

从控股股东来看，162 家北交所上市公司中，国有控股为 15 家，治理指数平均值为 63.74；民营控股为 139 家，治理指数平均值为 63.54；外资控股 2 家，治理指数平均值为 60.02；集体控股 1 家，治理指数平均值为 61.28；无实际控制人 4 家，治理指数平均值为 66.80；其他类型 1 家，治理指数平均值为 68.00。民营控股公司所占比重最高，其次是国有控股。从治理指数标准差来看，外资控股较高。见表 19.8。

表 19.8　北交所上市公司按控股股东性质的总指数分类统计

控股股东性质	数目	比例（%）	平均值	中位数	标准差	极差	最小值	最大值
国有控股	15	9.26	63.74	64.87	3.84	14.74	53.05	67.80
民营控股	139	85.80	63.54	63.39	3.17	16.16	55.23	71.39
外资控股	2	1.23	60.02	60.02	5.89	8.34	55.85	64.19
集体控股	1	0.62	61.28	61.28	—	0.00	61.28	61.28
无实际控制人	4	2.47	66.80	66.59	0.89	1.93	66.04	67.98
其他类型	1	0.62	68.00	68.00	—	0.00	68.00	68.00
合　计	162	100.00	63.61	63.55	3.27	18.33	53.05	71.39

资料来源：南开大学公司治理数据库。

不同控股股东各分指数统计特征见表 19.9。从六个公司治理分指数看，在股东治理方面，其他类型、无实际控制人、民营控股公司表现较好，其次是国有控股、外资控股和集体控股。在董事会治理方面，民营控股、外资控股和国有控股表现落后。在监事会治理和经理层治理方面，国有控股和无实际控制人类型较高，民营控股和外资控股公司相对较低。在信息披露方面，外资控股公司最低，国有控股较好。在利益相关者治理方面，集体控股、其他类型和国有控股较高，民营控股和外资控股上市公司较低。

表 19.9 北交所上市公司按控股股东性质的各分指数统计

控股股东性质	公司治理指数	股东治理指数	董事会治理指数	监事会治理指数	经理层治理指数	信息披露治理指数	利益相关者治理指数
国有控股	63.74	67.45	57.94	59.16	64.38	65.77	70.11
民营控股	63.54	72.94	58.72	56.64	63.31	63.01	69.17
外资控股	60.02	67.30	58.45	55.73	57.15	56.79	68.20
集体控股	61.28	58.43	63.28	57.49	52.74	62.03	77.45
无实际控制人	66.80	75.82	59.38	58.59	68.61	69.93	69.70
其他类型	68.00	83.21	61.15	55.20	61.68	75.18	72.62
合 计	63.61	72.41	58.70	56.91	63.39	63.43	69.33

资料来源：南开大学公司治理数据库。

二、北交所上市公司治理分地区比较

从地区分布来看，162 家北交所上市公司中，江苏省、广东省和北京市最多，分别有 27、23 和 15 家。内蒙古、江西省、广西和宁夏各仅有 1 家。从公司治理指数水平来看，福建省、江西省和宁夏的北交所上市公司治理水平较高，分别为 66.56、65.81、65.81；北京市、广西和吉林省的公司治理水平的均值较低，分别为 62.04、60.81 和 57.66。见表 19.10。

表 19.10 北交所上市公司治理指数分地区描述性统计表

地区	数目	比例（%）	公司治理指数	股东治理指数	董事会治理指数	监事会治理指数	经理层治理指数	信息披露治理指数	利益相关者治理指数
北京市	15	9.26	62.04	69.30	55.73	58.70	63.53	59.68	69.41
天津市	2	1.23	64.61	77.14	58.77	56.59	66.59	62.07	69.40
河北省	5	3.09	63.72	69.36	60.80	54.36	62.78	64.44	72.62
山西省	2	1.23	62.13	66.72	59.17	61.64	61.61	58.95	68.19

续表

地区	数目	比例（%）	公司治理指数	股东治理指数	董事会治理指数	监事会治理指数	经理层治理指数	信息披露治理指数	利益相关者治理指数
内蒙古	1	0.62	64.16	71.60	68.53	57.15	64.39	57.48	65.95
辽宁省	3	1.85	62.21	75.40	56.44	55.97	65.80	56.35	67.12
吉林省	2	1.23	57.66	64.84	51.66	55.50	51.03	59.82	67.86
上海市	7	4.32	64.34	74.74	58.34	57.29	65.75	63.07	69.74
江苏省	27	16.67	63.67	73.24	58.22	56.24	62.78	65.07	68.46
浙江省	14	8.64	62.55	70.56	57.58	55.77	62.80	62.91	67.86
安徽省	7	4.32	63.56	68.46	60.42	56.96	64.03	63.79	69.30
福建省	2	1.23	66.56	72.35	64.75	56.30	65.44	69.41	70.97
江西省	1	0.62	65.81	72.97	66.92	54.77	66.65	60.33	75.43
山东省	14	8.64	63.33	71.70	58.07	56.66	61.37	64.56	70.42
河南省	9	5.56	62.80	73.04	57.22	56.98	62.51	61.94	68.12
湖北省	5	3.09	63.30	69.88	63.69	56.57	64.62	58.61	67.87
湖南省	4	2.47	62.83	75.25	56.13	55.57	61.72	62.70	68.93
广东省	23	14.20	65.13	76.40	60.49	56.77	64.00	65.61	69.33
广　西	1	0.62	60.81	63.23	54.44	55.16	65.37	58.34	72.85
重庆市	4	2.47	63.66	71.72	53.84	57.19	62.69	67.24	73.47
四川省	8	4.94	65.53	73.91	60.77	58.47	64.82	66.16	71.32
云南省	2	1.23	63.78	68.94	63.99	59.02	66.94	59.12	65.38
陕西省	3	1.85	65.63	71.79	58.01	61.94	67.98	65.68	71.80
宁　夏	1	0.62	65.81	79.60	67.24	55.99	65.37	59.27	68.57
合　计	162	100.00	63.61	72.41	58.70	56.91	63.39	63.43	69.33

资料来源：南开大学公司治理数据库。

主要结论

2023年北交所上市公司治理评价结果表明，北交所上市公司治理具有以下特征：

第一，2023年度公司治理样本中共有162家北交所上市公司，公司治理指数的平均值为63.61，中位数为63.55，最小值为53.05，最大值为71.39，标准差为3.27。其中，北交所上市公司股东治理指数最高，利益相关者治理指数、信息披露指数、经理层治理指数较高，而监事会和董事会治理指数较低。董事会治理成为中小上市公司治理水平提升的短板。

第二，在股东治理方面，独立性指数最高，关联指数最低；在董事会治理方面，北交所上市公司董事会组织结构表现较差，是董事会指数偏低的主要原因；在监事会治理方面，北交所上市公司的监事会运行状况指数表现最好，监事会规模结构水平最低，监事会的规模结构及胜任能力仍是今后监事会治理的重点；在经理层治理方面，最高的是执行保障指数，激励约束指数表现相对薄弱；在信息披露治理方面，其中信息披露的及时性表现最好，相关性较差；在利益相关者治理方面，北交所上市公司的利益相关者参与程度较低，协调程度指标较高。

第三，不同控股股东性质公司治理指数表明，民营控股公司所占比重最高，其次是国有控股。在股东治理方面，其他类型、无实际控制人、民营控股公司表现较好，其次是国有控股、外资控股和集体控股。在董事会治理方面，民营控股、外资控股和国有控股表现落后。在监事会治理和经理层治理方面，国有控股和无实际控制人较高，民营控股和外资控股公司相对较低。在信息披露方面，外资控股公司最低，国有控股较好。在利益相关者治理方面，集体控股、其他类型和国有控股较高，民营控股和外资控股上市公司较低。

第四，从地区分布来看，162 家北交所上市公司中，江苏省、广东省和北京市最多，分别有 27、23 和 15 家。内蒙古、江西省、广西和宁夏各仅有 1 家。从公司治理指数水平来看，福建省、江西省和宁夏的北交所上市公司治理水平较高，北京市、广西和吉林省的公司治理水平的均值较低。

第二十章　上市金融机构治理评价

金融机构在国民经济发展中占据重要地位，其经营性质、经营内容与经营风险具有特殊性，因而面临着与一般企业不同的代理关系和监管环境。提升金融机构治理水平对防范金融风险、提升社会资本配置效率和经济发展水平具有重要意义。因此，本章聚焦于金融机构样本，单独讨论其公司治理的特性和变化趋势。

第一节　上市金融机构治理评价总体分析

一、上市金融机构治理总体描述

2023 年，在国内上市的金融类上市公司共有 127 家，与 2022 年持平。上市金融机构中，123 家在主板上市，其余 4 家在创业板上市。127 家样本中超过一半集中在北京、上海、广东、江苏和浙江五个省市，其中北京 23 家，上海 17 家，江苏 15 家，广东 11 家，浙江 11 家。控股股东性质方面，127 家金融机构样本中，有 58 家为国有控股，18 家为民营控股，集体控股 1 家，社会团体控股 1 家，另有 48 家为无实际控制人。此外，127 家样本中，银行类上市公司占 43 家，证券类占 58 家，保险类 6 家，其他金融类 20 家。

表 20.1 给出了金融业公司治理指数及各分指数的描述性统计指标，可以看出，2023 年度金融行业的中国上市公司治理指数平均值为 67.18，中位数为 65.18，标准差为 3.62，最小值为 56.38，最大值为 75.33。

表 20.1　上市金融机构公司治理指数总体描述性统计

项目	平均值	中位数	标准差	极差	最小值	最大值
中国上市公司治理指数	67.18	67.18	3.62	18.95	56.38	75.33
股东治理指数	69.15	69.89	8.60	40.90	44.94	85.84
董事会治理指数	67.12	66.88	2.82	12.71	60.80	73.52
监事会治理指数	67.74	69.04	6.57	24.26	54.18	78.44
经理层治理指数	60.73	60.64	6.66	27.50	46.84	74.34
信息披露指数	68.75	68.73	8.40	48.39	34.13	82.52
利益相关者治理指数	71.19	72.90	7.10	38.28	47.10	85.37

资料来源：南开大学公司治理数据库。

表 20.2 给出了金融业和非金融上市公司治理指数和各分指数的描述性统计对比，从对比中可以看出，从均值意义上讲，金融机构的公司治理状况继续高于非金融行业。在各项分指数中，除股东治理指数外，金融机构的其他分指数均高于非金融业。特别是监事会治理指数方面，金融机构相对于非金融样本的优势较为明显。

表20.2　非金融与金融行业治理指数描述性统计比较

项目	样本	平均值	中位数	标准差	极差	最小值	最大值
中国上市公司治理指数	4928	64.70	65.11	3.61	23.56	50.91	74.47
	127	67.18	67.18	3.62	18.95	56.38	75.33
股东治理指数	4928	69.32	70.47	8.04	50.37	39.31	89.68
	127	69.15	69.89	8.60	40.90	44.94	85.84
董事会治理指数	4928	64.76	65.08	2.77	25.03	47.98	73.00
	127	67.12	66.88	2.82	12.71	60.80	73.52
监事会治理指数	4928	59.13	57.86	5.09	45.48	33.57	79.04
	127	67.74	69.04	6.57	24.26	54.18	78.44
经理层治理指数	4928	60.25	60.25	6.13	44.88	34.73	79.61
	127	60.73	60.64	6.66	27.50	46.84	74.34
信息披露指数	4928	66.11	67.25	11.90	60.07	28.31	88.37
	127	68.75	68.73	8.40	48.39	34.13	82.52
利益相关者治理指数	4928	69.36	70.37	7.22	53.35	34.28	87.62
	127	71.19	72.90	7.10	38.28	47.10	85.37

资料来源：南开大学公司治理数据库。

二、上市金融机构股东治理状况总体描述

表 20.3 给出了 2023 年金融行业 127 家样本股东治理评价方面的各指标的描述性统计，从表中可以看出，独立性和中小股东权益保护指数均值较高，分别达到了 73.34 和 73.42。关联交易指数均值较低，为 62.77，它是制约上市金融机构股东治理水平的主要因素。股东治理指数的平均值为 69.15，标准差为 8.60。

表20.3　上市金融机构股东治理指数描述性统计

项目	平均值	中位数	标准差	极差	最小值	最大值
股东治理指数	69.15	69.89	8.60	40.90	44.94	85.84
独立性	73.34	75.65	13.77	79.90	15.71	95.62
中小股东权益保护	73.42	75.41	9.61	48.78	42.80	91.58
关联交易	62.77	62.24	16.16	54.00	34.00	88.00

资料来源：南开大学公司治理数据库。

三、上市金融机构董事会治理状况总体描述

表 20.4 给出了 2023 年金融业 127 家样本董事会治理方面的描述性统计，从表中可以看出，从均值意义上讲，董事会组织结构最高，平均值达到了 81.44，但不同金融机构间差异较大，标准差达到了 10.11。董事会运作效率指数次之，平均值为68.94。董事权利与义务、董事薪酬和独立董事制度指数相对较低，平均值分别为62.31、60.53 和 61.04。董事会治理指数的平均值为 67.12，标准差为 2.82，表明不同金融机构董事会治理水平的差异较小。

表 20.4　上市金融机构董事会治理指数描述性统计

项目	平均值	中位数	标准差	极差	最小值	最大值
董事会治理指数	67.12	66.88	2.82	12.71	60.80	73.52
董事权利与义务	62.31	61.50	4.51	24.75	49.75	74.50
董事会运作效率	68.94	68.71	3.33	13.51	60.95	74.46
董事会组织结构	81.44	79.00	10.11	44.50	52.50	97.00
董事薪酬	60.53	60.00	4.54	25.50	51.00	76.50
独立董事制度	61.04	61.75	4.16	23.75	44.25	68.00

资料来源：南开大学公司治理数据库。

四、上市金融机构监事会治理状况总体描述

表 20.5 给出了 2023 年 127 家样本监事会治理方面的描述性统计，从表中可以看出，监事会的运行状况指数最高，平均值为 76.30。监事会的胜任能力指数次之，平均值为 65.26。规模结构指数均值较低，为 62.87。同时，不同金融类公司的监事会规模结构差异较大，样本的标准差为 14.85。监事会治理指数的平均值为 67.74，标准差为 6.57。

表 20.5　上市金融机构监事会治理指数描述性统计

项目	平均值	中位数	标准差	极差	最小值	最大值
监事会治理指数	67.74	69.04	6.57	24.26	54.18	78.44
运行状况	76.30	80.00	4.85	10.00	70.00	80.00
规模结构	62.87	70.00	14.85	40.00	40.00	80.00
胜任能力	65.26	66.45	6.85	47.23	28.30	75.53

资料来源：南开大学公司治理数据库。

五、上市金融机构经理层治理状况总体描述

表 20.6 给出了 2023 年 127 家样本经理层治理方面的描述性统计，在经理层治

理的各分指数中,激励约束指数的均值较低,为 49.89。任免制度和执行保障较高,均值分别为 67.43 和 66.15。各分指数的标准差相对较大,表明上市金融机构在经理层治理的各方面存在较大差异。经理层治理指数的均值为 60.73,标准差为 6.66。

表 20.6 上市金融机构经理层治理指数描述性统计

项目	平均值	中位数	标准差	极差	最小值	最大值
经理层治理指数	60.73	60.64	6.66	27.50	46.84	74.34
任免制度	67.43	69.79	9.10	39.88	44.87	84.75
执行保障	66.15	61.84	14.69	48.59	39.76	88.34
激励约束	49.89	42.57	10.47	39.02	28.38	67.40

资料来源:南开大学公司治理数据库。

六、上市金融机构信息披露状况总体描述

表 20.7 给出了 2023 年 127 家样本经理层治理方面的描述性统计,从表中可以看出,从平均值意义上讲,金融机构信息披露的可靠性和及时性较好,指数均值分别为 71.30 和 71.52。相关性指数均值较低,为 62.67。信息披露指数的平均值为 68.75,标准差为 8.40。

表 20.7 上市金融机构信息披露评价指数描述性统计

项目	平均值	中位数	标准差	极差	最小值	最大值
信息披露指数	68.75	68.73	8.40	48.39	34.13	82.52
可靠性	71.30	72.83	11.96	60.90	28.85	89.75
相关性	62.67	63.58	3.88	32.05	41.84	73.89
及时性	71.52	74.10	11.92	61.43	32.28	93.71

资料来源:南开大学公司治理数据库。

七、上市金融机构利益相关者治理状况总体描述

表 20.8 给出了 2023 年 127 家样本公司利益相关者治理方面的描述性统计,从表中可以看出,参与程度的平均值为 67.24,而协调程度的平均值达到了 76.02,同时协调程度指数的标准差较大,达到了 12.22。利益相关者治理指数的平均值为 71.19,标准差为 7.10。

表 20.8 上市金融机构利益相关者治理指数描述性统计

项目	平均值	中位数	标准差	极差	最小值	最大值
利益相关者治理指数	71.19	72.90	7.10	38.28	47.10	85.37

项目	平均值	中位数	标准差	极差	最小值	最大值
参与程度	67.24	67.00	7.13	38.50	43.50	82.00
协调程度	76.02	78.50	12.22	61.00	30.50	91.50

资料来源：南开大学公司治理数据库。

第二节　上市金融机构治理评价分组比较

这一节本报告按照控股性质、地区分布和主营业务三个方面对 127 家金融机构进行分组，然后比较各组的公司治理状况。

一、上市金融机构治理分控股股东性质比较

按照控股性质分组，虽然上市金融机构的控股性质可以分为六种：国有控股、民营控股、集体控股、社会团体控股、其他类型和无实际控制人。但集体控股、社会团体控股和其他类型只包含 1 个样本，故而不将其纳入统计分析之中。表 20.9 给出了按最终控制人性质分组的金融机构治理指数统计指标对比，从表中可以看出，在平均值意义上讲，无实际控制人的金融机构公司治理指数最高，其次为国有控股。民营控股金融机构的治理水平相对较低。

表 20.9　上市金融机构公司治理分控股股东性质比较

控股股东性质	样本数	平均值	中位数	标准差	极差	最小值	最大值
国有控股	58	66.24	66.50	2.49	11.48	60.38	71.86
民营控股	18	64.29	65.15	3.89	13.39	56.38	69.77
无实际控制人	48	69.51	69.91	3.30	16.13	59.20	75.33
金融机构总体	127	67.18	67.18	3.62	18.95	56.38	75.33

资料来源：南开大学公司治理数据库。

二、上市金融机构治理分地区比较

按照金融机构所属地区分组，大部分的上市金融机构集中于北京市、上海市、广东省、江苏省、浙江省等经济发达地区，所以本报告仅比较这五个省份和直辖市金融机构的治理状况，如表 20.10 所示。从均值意义上讲，江苏省上市金融机构公司治理水平最高，为 69.31，高于金融机构总体均值。北京市、上海市、广东省和浙江省的均值接近，分别为 67.45、67.39、67.95 和 67.22。

表 20.10　上市金融机构治理指数分地区描述性统计

地区	样本数	平均值	中位数	标准差	极差	最小值	最大值
北京市	23	67.45	67.86	2.96	11.62	60.78	72.39
上海市	17	67.39	67.29	3.16	13.48	59.20	72.68
广东省	11	67.95	68.29	3.77	14.54	60.79	75.33
江苏省	15	69.31	69.93	3.68	13.08	60.70	73.78
浙江省	11	67.22	67.83	4.60	17.79	56.38	74.17

资料来源：南开大学公司治理数据库。

三、上市金融机构治理分行业比较

按照金融机构不同业务性质分组，金融机构可以分为证券公司、银行、保险公司以及包括信托和投资公司在内的其他金融机构等。表 20.11 给出了这四类金融机构公司治理指数的描述性统计，从均值意义上讲，银行类金融机构的公司治理水平较高，平均值达到了 70.27；保险类金融机构次之，均值为 69.37；证券类、其他类金融机构相对较低，均值分别为 65.84 和 63.78。

表 20.11　上市金融机构分银行与非银行公司治理比较

行业	样本数	平均值	中位数	标准差	极差	最小值	最大值
银行	43	70.27	70.13	2.29	8.46	65.71	74.17
证券	58	65.84	66.07	2.31	9.36	60.70	70.05
保险	6	69.37	68.12	3.34	8.77	66.55	75.33
其他	20	63.78	64.34	3.96	12.58	56.38	68.96
合　计	127	67.18	67.18	3.62	18.95	56.38	75.33

资料来源：南开大学公司治理数据库。

第三节　上市金融机构治理年度比较

一、上市金融机构治理总体状况分年度比较

从整体趋势上讲，上市金融机构公司治理指数的平均值在近六年表现出稳中有升的趋势。在 2020 年后，金融机构治理指数均值连续两年小幅下降，在 2023 年又出现了明显提升。

在六个分指数中，2023 年信息披露指数出现了显著提升，其均值由 2022 年的 59.52 提升至 68.75，是导致公司治理指数提升的主要因素。监事会治理指数、经理

层治理指数和利益相关者治理指数有所提升。股东治理指数略有下滑，并已经连续两年下降。董事会治理指数略有下降，但依旧保持在近年来的平均水平。见表 20.12 和图 20.1。

表 20.12　上市金融机构公司治理指数年度比较

项目	2018 年	2019 年	2020 年	2021 年	2022 年	2023 年
中国上市公司治理指数	62.46	65.03	65.64	65.42	65.05	67.18
股东治理指数	66.82	68.12	71.59	71.79	69.98	69.15
董事会治理指数	66.35	66.66	67.43	66.82	67.23	67.12
监事会治理指数	64.37	65.63	66.78	66.90	67.15	67.74
经理层治理指数	54.44	62.29	60.07	60.11	60.19	60.73
信息披露指数	60.89	63.31	64.16	62.45	59.52	68.75
利益相关者治理指数	62.53	64.50	64.39	66.05	69.09	71.19

资料来源：南开大学公司治理数据库。

图 20.1　上市金融机构治理指数平均值六年折线图比较

资料来源：南开大学公司治理数据库。

二、上市金融机构股东治理状况分年度比较

表 20.13 给出了 2018—2023 年六年间股东治理指数的平均值与标准差的对比，从平均值意义上讲，股东治理指数在 2018 年到 2021 年间连续上升，并在 2021 年达

到了近年最高值，但 2022 年以来连续两年下滑。各分指数中，独立性指数和中小股东权益保护指数在 2023 年略有上升。但关联交易指数下降幅度较大，是 2023 年股东治理指数下滑的主要动因。

表 20.13   上市金融机构股东治理指数分年度比较

年份与指标		股东治理指数	独立性	中小股东权益保护	关联交易
2018	平均值	66.82	71.18	67.63	63.84
	标准差	6.97	14.95	10.49	11.37
2019	平均值	68.12	73.25	68.17	65.50
	标准差	6.91	15.27	10.04	12.06
2020	平均值	71.59	72.93	70.40	72.12
	标准差	7.31	15.35	10.76	12.30
2021	平均值	71.79	73.14	70.86	72.04
	标准差	7.2	15.04	10.16	12.13
2022	平均值	69.98	72.33	71.26	67.52
	标准差	6.7	14.89	9.37	10.27
2023	平均值	69.15	73.34	73.42	62.77
	标准差	8.60	13.77	9.61	16.16

资料来源：南开大学公司治理数据库。

三、上市金融机构董事会治理状况分年度比较

表 20.14 给出了 2018－2023 年董事会治理方面各指标平均值与标准差的对比。在此期间，董事会治理指数保持小幅波动的状态，2023 年略有下降，但仍处于近年来的波动区间内。五个维度中，2023 年董事权利与义务、董事薪酬和独立董事制度三个维度均略有下降，董事会运作效率、董事会组织结构有所提升。各维度指数相较 2022 年变化幅度较小。

表 20.14   上市金融机构董事会治理指数分年度比较

年份与指标		董事会治理指数	董事权利与义务	董事会运作效率	董事会组织结构	董事薪酬	独立董事制度
2018	平均值	66.35	63.66	68.33	79.50	59.54	60.36
	标准差	2.55	4.50	3.71	8.51	3.46	4.89
2019	平均值	66.66	62.45	69.63	79.07	59.27	61.35
	标准差	3.05	3.84	3.31	10.78	3.61	4.15
2020	平均值	67.43	63.78	69.19	81.13	59.85	62.25
	标准差	3.23	4.37	3.86	11.50	4.05	4.16

续表

年份与指标		董事会治理指数	董事权利与义务	董事会运作效率	董事会组织结构	董事薪酬	独立董事制度
2021	平均值	66.82	63.21	68.47	79.65	60.61	61.33
	标准差	3.49	3.98	3.59	13.43	4.27	4.09
2022	平均值	67.23	62.96	68.91	81.02	60.64	61.50
	标准差	2.75	3.71	3.37	10.32	4.54	3.84
2023	平均值	67.12	62.31	68.94	81.44	60.53	61.04
	标准差	2.82	4.51	3.33	10.11	4.54	4.16

资料来源：南开大学公司治理数据库。

四、上市金融机构监事会治理状况分年度比较

表 20.15 给出了 2018－2023 六年间监事会治理方面各指标的平均值与标准差对比，可以看出，监事会治理指数在 2019 年后处于稳步提升的状态，并在 2023 年达到近年来的最高值。各维度中，运行状况和规模结构指数在 2023 年有所上升，而胜任能力维度出现了小幅下降。

表 20.15　上市金融机构监事会治理指数分年度比较

年份与指标		监事会治理指数	运行状况	规模结构	胜任能力
2018	平均值	64.37	71.15	59.29	63.63
	标准差	7.18	12.27	14.79	5.76
2019	平均值	65.63	74.09	60	64.01
	标准差	6.15	4.94	14.34	5.59
2020	平均值	66.78	75.93	62.87	62.85
	标准差	6.92	5.30	14.90	8.16
2021	平均值	66.90	76.23	60.45	65.35
	标准差	6.80	4.87	14.95	6.34
2022	平均值	67.15	75.20	61.89	65.53
	标准差	6.85	8.34	14.83	7.31
2023	平均值	67.74	76.30	62.87	65.26
	标准差	6.57	4.85	14.85	6.85

资料来源：南开大学公司治理数据库。

五、上市金融机构经理层治理状况分年度比较

表 20.16 给出了 2018－2023 六年间上市金融机构经理层治理指数的描述性统计

对比，从表中可以看出，2019 年经理层指数出现了显著上升，但在 2020 有所下降，并在此后保持稳中有升的状态。各分指数在 2023 均有所提升，其中任免制度指数上升较为明显。

表 20.16 上市金融机构经理层治理指数分年度比较

年份与指标		经理层治理指数	任免制度	执行保障	激励约束
2018	平均值	54.44	53.52	60.86	49.81
	标准差	9.27	14.81	18.63	11.62
2019	平均值	62.29	66.81	58.76	61.14
	标准差	8.28	14.84	18.62	13.96
2020	平均值	60.07	64.16	67.40	50.03
	标准差	9.64	18.78	15.32	12.11
2021	平均值	60.11	64.27	65.86	51.35
	标准差	7.88	12.02	15	11.75
2022	平均值	60.19	66.41	65.74	49.69
	标准差	6.96	9.69	14.2	10.68
2023	平均值	60.73	67.43	66.15	49.89
	标准差	6.66	9.10	14.69	10.47

资料来源：南开大学公司治理数据库。

六、上市金融机构信息披露状况分年度比较

表 20.17 给出了 2018－2023 年上市金融机构信息披露指标的描述性统计结果，从表中可以看出，信息披露指数的均值近年来波动明显。在经历了 2021 年和 2022 年的下降后，2023 年信息披露指数显著提升。各维度均提升显著，其中相关性指数提升幅度最大，其均值由 2022 年的 49.33 提升至 62.67。

表 20.17 上市金融机构信息披露指数分年度比较

年份与指标		信息披露指数	可靠性	相关性	及时性
2018	平均值	60.89	62.75	54.60	69.31
	标准差	6.09	9.51	7.31	10.88
2019	平均值	63.31	60.62	64.59	69.27
	标准差	4.10	4.94	7.15	9.58
2020	平均值	64.16	67.36	54.51	70.64
	标准差	5.92	9.75	10.28	8.45
2021	平均值	62.45	61.43	61.16	66.94
	标准差	8.12	12.68	6.4	11.41

年份与指标		信息披露指数	可靠性	相关性	及时性
2022	平均值	59.52	61.97	49.33	68.70
	标准差	7.92	13.24	10.02	13.67
2023	平均值	68.75	71.30	62.67	71.52
	标准差	8.40	11.96	3.88	11.92

资料来源：南开大学公司治理数据库。

七、上市金融机构利益相关者治理状况分年度比较

表 20.18 给出了 2018－2022 六年间上市金融机构利益相关者治理指数的平均值和标准差，从表中可以看出，利益相关者治理指数在 2018 年后表现出持续上升态势，并在 2023 年提升明显。2023 年利益相关者参与程度显著上升，是导致利益相关者指数上升的主要原因。但协调程度指数略有下降。

表 20.18　上市金融机构利益相关者治理指数分年度比较

年份与指标		利益相关者治理指数	参与程度	协调程度
2018	平均值	62.53	51.52	76.00
	标准差	8.40	10.72	12.60
2019	平均值	64.50	55.59	75.40
	标准差	7.01	8.47	12.19
2020	平均值	64.39	61.63	67.77
	标准差	9.39	10.48	14.92
2021	平均值	66.05	60.61	72.69
	标准差	9.16	11.22	14.27
2022	平均值	69.09	63.26	76.22
	标准差	8.11	9.57	12.82
2023	平均值	71.19	67.24	76.02
	标准差	7.10	7.13	12.22

资料来源：南开大学公司治理数据库。

八、上市金融机构治理分控股股东性质的年度比较

2023 年国有控股和民营控股金融机构公司治理水平均有所上升，民营控股金融机构上升更为明显，两者的差距有所缩小。国有控股金融机构的公司治理水平在 2019 年后稳中有升。而民营控股金融机构的公司治理指数在经历了 2020 年到 2022 年的连续下降后，在 2023 年显著提升，并达到近年来最高值。见表 20.19。

表 20.19　上市金融机构治理指数分控股股东性质的年度描述统计性比较

控股股东性质	年份	平均值	标准差
国有控股	2019	65.44	2.43
	2020	65.70	2.57
	2021	65.71	3.09
	2022	65.56	2.81
	2023	66.24	2.49
民营控股	2019	63.24	2.87
	2020	61.45	4.29
	2021	61.31	3.76
	2022	60.31	4.13
	2023	64.29	3.89

资料来源：南开大学公司治理数据库。

九、上市银行与非银行上市金融机构治理比较

表 20.20 给出了银行与非银行上市金融机构治理指数在 2018－2023 年六年间的平均值与标准差对比，从表中可以看出，银行类上市金融机构在这六年间的公司治理指数均值一直高于非银行金融机构。银行和非银行上市金融机构在 2023 年公司治理指数均有所提升，两者的差距略有缩小。

表 20.20　上市金融机构分银行和非银行的年度描述性统计比较

性质	年份	样本数	平均值	标准差
银行	2018	25	63.35	3.01
	2019	29	65.90	2.20
	2020	37	67.83	2.20
	2021	39	67.48	3.35
	2022	43	68.26	3.36
	2023	43	70.27	2.29
非银行	2018	53	62.04	2.87
	2019	59	64.60	3.13
	2020	71	64.49	3.48
	2021	83	64.45	3.59
	2022	84	63.39	3.31
	2023	84	65.60	3.13

资料来源：南开大学公司治理数据库。

主要结论

第一，从平均值意义上讲，上市金融机构公司治理指数在 2023 年有所提升，其均值由 2022 年的 65.05 上升至 67.18。各分指数中，2023 年信息披露指数出现了显著提升，其均值由 2022 年的 59.52 提升至 68.75。监事会治理指数、经理层治理指数和利益相关者治理指数有所提升。股东治理指数略有下滑，并已经连续两年下降。董事会治理指数略有下降，但依旧保持在近年来的平均水平。信息披露指数中的可靠性和相关性分指数提升最为明显，是导致公司治理指数提升的主要因素。

第二，2023 年金融机构的公司治理状况继续高于非金融行业。在各项分指数中，除股东治理指数外，金融机构的其他分指数均高于非金融样本。特别是监事会治理指数方面，金融机构相对于非金融样本的优势较为明显。

第三，2023 年，国有控股金融机构和民营控股金融机构公司治理指数均值均有所上升。民营控股金融机构的提升更为明显，相较于国有金融机构的差距有所缩小。各主要省市中，江苏省金融机构的治理指数高于其他省市，并显著高于总体均值。银行类金融机构和非银行类金融机构公司治理指数均值均有所提升，两者的差距略有缩小。

总体结论与建议

一、总体结论

第一，中国上市公司治理水平逐年提高，但增幅持续放缓。上市公司治理水平总体呈现上升趋势，治理指数从 2003 年的 49.62 提升到 2023 年的 64.76。但是治理指数近三年增速持续放缓，2023 年较上年提高的幅度仅为 0.36，治理提升的"天花板"短期内难以突破。

第二，董事会治理水平下降，独董辞职增多等是主因。发生独立董事辞职事项的公司占比为 13.99%，明显高于前两年；16.54% 的独立董事在三家以上 A 股上市公司任职独董。同时，董事会规模降低 0.06，非独立董事兼任本公司高管的比例有所提高。

第三，无实际控制人上市公司治理水平相对较高，董事会治理表现突出。从控股股东类型来看，无实际控制人上市公司治理指数高于国有控股和民营控股上市公司。这主要源自无实际控制人上市公司在董事会组织结构与运作效率、独立董事制度等方面的突出表现。

第四，民营控股上市公司治理指数再次领先国有控股上市公司。2023 年民营控股上市公司持续第三年领先，在股东独立性和关联交易、董事薪酬、经理层激励约束方面领先幅度较大。

第五，金融业上市公司治理水平高，行业间公司治理水平差异仍较大。房地产业，综合，文化、体育和娱乐业等行业治理指数较低。房地产业的低治理水平与其爆雷事件频发密切相关。

第六，监事会治理指数持续下降。我国上市公司监事会治理在公司治理的六大维度中仍处于较低水平，且近两年持续下降。监事会规模结构呈现持续下降趋势，监事会规模超过 3 人的公司比例仅为 16.62%，相比 2022 年的 18.52% 进一步降低。

第七，信息披露质量恢复增长，真实性、相关性和及时性得到提升。提高上市公司质量三年行动方案的实施，带来信息披露质量提升效应明显，驱动上市公司信息披露三个分指数提升。在绿色治理（ESG）理念的指导下，上市公司增加了社会责任相关的信息披露，相关性提升。

第八，利益相关者治理水平持续提升，参与程度与协调程度齐头并进。2023 年中国上市公司利益相关者治理指数平均值为 69.40，提升了 1.27，《上市公司投资者关系管理工作指引》实施后，大量公司新制定或修订投资者关系管理制度，以及"零容忍"执法力度强化，违规事项减少是主因。

二、总体建议

第一，继续深化公司治理改革，夯实中国式现代化基础。中国式治理现代化是中国式现代化的基础，而公司治理是中国式治理的先行者。因此，需要尽快建立对标世界一流企业的公司治理标准，打造中国式公司治理模式，助力中国式现代化的实现。

第二，强化对实际控制人的约束机制，突破公司治理有效性的无形障碍。无实际控制人上市公司的治理水平相对领先，主要是缓解了董事会等治理结构和机制的形同虚设问题。因此要提高公司治理的有效性，当前首先要建立或强化对实际控制人的约束机制。

第三，以独董制度改革为抓手，破解董事会治理的瓶颈。加快落实新独董管理办法关于独董兼职公司数等规定，进一步将上市公司独立董事占比提升至半数以上，设立首席独立董事，限制控股股东和实际控制人的独立董事提名权等，从根本上解决董事会的独立性问题。

第四，强化金融机构关联交易监控，防范金融机构治理风险。近年金融机构关联交易等显著增加，要以新一轮金融监管机构改革为契机，以防范金融机构治理风险为抓手，强化关联交易等监控机制，建立有针对性的金融风险预警机制，从而达到防范或化解系统性金融风险。

第五，制定数字治理规则，防范人工智能私利。数字治理不仅要关注技术层面，更要关注利益关系层面。要加强数字治理相关规则的制定与实施，防范数字私利、算法私利、人工智能私利。在董事会设立数字治理或人工智能治理委员会等治理结构或机制；构建政府监管、数据市场、行业自律、社会监督四位一体的外部协同治理体系。

第六，推进绿色治理（ESG）理念到规则落地，以绿色治理全面升级公司治理。积极借鉴国际可持续准则理事会（ISSB）等制定的可持续披露框架和标准，推进我国上市公司从社会责任到绿色治理（ESG）披露的升级，建立具有中国特色的绿色治理（ESG）体系。

参考文献

[1] 陈德球，胡晴. 数字经济时代下的公司治理研究：范式创新与实践前沿[J]. 管理世界，2022（06）：213-240.

[2] 陈德球，张雯宇. 企业数字化转型与管理层激励[J]. 经济管理，2023（05）：132-150.

[3] 成思危. 中国股市回顾与展望：2002－2013[M]. 北京：科学出版社，2015.

[4] 程新生，杜舒康，程昱. 行业信息助推下的长效激励决策与创新绩效跃升研究[J]. 管理世界，2023（08）：172-195.

[5] 程新生，武琼，修浩鑫，柳扬. 企业研发投入波动与信息披露：投资者创新包容视角[J]. 经济研究，2022（06）：191-208.

[6] 程新生，谭有超，刘建梅. 非财务信息、外部融资与投资效率——基于外部制度约束的研究[J]. 管理世界，2012（07）：137-150.

[7] 方红星，金玉娜. 公司治理、内部控制与非效率投资：理论分析与经验证据[J]. 会计研究，2013（07）：63-69.

[8] 傅传锐. 公司治理、产权性质与智力资本价值创造效率——来自我国 A 股上市公司的经验证据[J]. 山西财经大学学报，2016（08）：65-76.

[9] 高明华，苏然，方芳. 中国上市公司董事会治理评价及有效性检验[J]. 经济学动态，2014（02）：24-35.

[10] 高明华，谭玥宁. 董事会治理、产权性质与代理成本——基于中国上市公司的实证研究[J]. 经济与管理研究，2014（02）：5-13.

[11] 韩少真，潘颖，张晓明. 公司治理水平与经营业绩——来自中国 A 股上市公司的经验证据[J]. 中国经济问题，2015（01）：50-62.

[12] 韩少真，潘颖. 公司治理水平、产权性质对债务合约的影响——基于中国 A 股上市公司的经验证据[J]. 西北大学学报（哲学社会科学版)，2016（01）：114-119.

[13] 郝臣，崔光耀，李浩波，王励翔. 中国上市金融机构公司治理的有效性——基于2008－2015 年 CCGI[NK] 的实证分析[J]. 金融论坛，2016（03）：64-71.

[14] 郝臣. 金融机构治理手册[M]. 北京：清华大学出版社，2023.

[15] 郝臣. 现代企业学[M]. 北京：清华大学出版社，2021.

[16] 郝臣. 中国上市公司治理案例[M]. 北京：中国发展出版社，2009.

[17] 李璟雯. EVA 理论在业绩评价体系中的应用研究[J]. 南京财经大学学报，2008（01）：69-71.

[18] 李维安，程新生. 公司治理评价及其数据库建设[J]. 中国会计评论，2005（02）：387-400.

[19] 李维安，郝臣. 公司治理手册[M]. 北京：清华大学出版社，2015.

[20] 李维安，张国萍. 公司治理评价指数：解析中国公司治理现状与走势[J]. 经济理论与经济管理，2005（09）：19-26.

[21] 李维安，张国萍. 经理层治理评价指数与相关绩效的实证研究——基于中国上市公司治理评价的研究[J]. 经济研究，2005（11）：87-98.

[22] 李维安，张立党，张苏. 公司治理、投资者异质信念与股票投资风险——基于中国上市公司的实证研究[J]. 南开管理评论，2012（06）：135-146.

[23] 李维安，张耀伟，郑敏娜，李晓琳，崔光耀，李惠. 中国上市公司绿色治理及其评价研究[J]. 管理世界，2019（05）：126-133.

[24] 李维安. 公司治理评价与指数研究[M]. 北京：高等教育出版社，2005.

[25] 李维安. 中国公司治理与发展报告2012[M]. 北京：北京大学出版社，2012.

[26] 李维安. 中国公司治理与发展报告2013[M]. 北京：北京大学出版社，2014.

[27] 李维安. 中国公司治理与发展报告2014[M]. 北京：北京大学出版社，2016.

[28] 李维安. 中国公司治理与发展报告2015[M]. 北京：北京大学出版社，2020.

[29] 李维安. 中国公司治理与发展报告2018[M]. 北京：北京大学出版社，2022.

[30] 李维安. 中国公司治理与发展报告2019[M]. 北京：北京大学出版社，2022.

[31] 鲁桐，吴国鼎. 中小板、创业板上市公司治理评价[J]. 学术研究，2015（05）：79-86.

[32] 鲁桐，仲继银，叶扬，于换军，吴国鼎，党印. 中国中小上市公司治理研究[J]. 学术研究，2014（06）：95-104+178.

[33] 南开大学中国公司治理研究院公司治理评价课题组. 中国上市公司治理状况评价研究——来自2008年1127家上市公司的数据[J]. 管理世界，2010（01）：142-151.

[34] 南开大学中国公司治理研究院公司治理评价课题组. 中国上市公司治理评价与指数研究——基于中国1149家上市公司的研究（2004年）[J]. 南开管理评论，2006（01）：4-10.

[35] 南开大学中国公司治理研究院公司治理评价课题组. 中国上市公司治理指数与治理绩效的实证研究[J]. 管理世界，2004（03）：21-22.

[36] 南开大学中国公司治理研究院公司治理评价课题组. 2003 中国上市公司治理评价研究报告[M]. 北京：商务印书馆，2007.

[37] 南开大学中国公司治理研究院公司治理评价课题组. 2004 中国上市公司治理评价研究报告[M]. 北京：商务印书馆，2007.

[38] 南开大学中国公司治理研究院公司治理评价课题组. 2005 中国上市公司治理评

价研究报告[M]. 北京：商务印书馆，2012.

[39] 南开大学中国公司治理研究院公司治理评价课题组. 2006 中国上市公司治理评价研究报告[M]. 北京：商务印书馆，2012.

[40] 南开大学中国公司治理研究院公司治理评价课题组. 2007 中国上市公司治理评价研究报告[M]. 北京：商务印书馆，2014.

[41] 南开大学中国公司治理研究院公司治理评价课题组. 2008 中国上市公司治理评价研究报告[M]. 北京：商务印书馆，2011.

[42] 南开大学中国公司治理研究院公司治理评价课题组. 2009 中国上市公司治理评价研究报告[M]. 北京：商务印书馆，2019.

[43] 南开大学中国公司治理研究院公司治理评价课题组. 2010 中国上市公司治理评价研究报告[M]. 北京：商务印书馆，2019.

[44] 南开大学中国公司治理研究院公司治理评价课题组. 2011 中国上市公司治理评价研究报告[M]. 北京：商务印书馆，2019.

[45] 南开大学中国公司治理研究院公司治理评价课题组. 2012 中国上市公司治理评价研究报告[M]. 北京：商务印书馆，2018.

[46] 南开大学中国公司治理研究院公司治理评价课题组. 2013 中国上市公司治理评价研究报告[M]. 北京：商务印书馆，2018.

[47] 南开大学中国公司治理研究院公司治理评价课题组. 2014 中国上市公司治理评价研究报告[M]. 北京：商务印书馆，2017.

[48] 南开大学中国公司治理研究院公司治理评价课题组. 2015 中国上市公司治理评价研究报告[M]. 北京：商务印书馆，2016.

[49] 南开大学中国公司治理研究院公司治理评价课题组. 2016 中国上市公司治理评价研究报告[M]. 北京：商务印书馆，2021.

[50] 南开大学中国公司治理研究院公司治理评价课题组. 2017 中国上市公司治理评价研究报告[M]. 北京：商务印书馆，2021.

[51] 南开大学中国公司治理研究院公司治理评价课题组. 2018 中国上市公司治理评价研究报告[M]. 北京：商务印书馆，2021.

[52] 南开大学中国公司治理研究院公司治理评价课题组. 2019 中国上市公司治理评价研究报告[M]. 北京：商务印书馆，2022.

[53] 南开大学中国公司治理研究院公司治理评价课题组. 2020 中国上市公司治理评价研究报告[M]. 北京：商务印书馆，2022.

[54] 南开大学中国公司治理研究院公司治理评价课题组. 2021 中国上市公司治理评价研究报告[M]. 北京：商务印书馆，2022.

[55] 南开大学中国公司治理研究院公司治理评价课题组. 2022 中国上市公司治理评价研究报告[M]. 北京：商务印书馆，2023.

[56] 南开大学中国公司治理研究院公司治理评价课题组. 中国上市公司治理评价系统研究[J]. 南开管理评论，2003（03）：4-12.

[57] 南开大学中国公司治理研究院公司治理评价课题组. 中国上市公司治理评价与指数报告——基于 2007 年 1162 家上市公司[J]. 管理世界，2008（01）：145-151.

[58] 南开大学中国公司治理研究院公司治理评价课题组. 中国上市公司治理评价与指数分析——基于 2006 年 1249 家公司[J]. 管理世界，2007（05）：104-114.

[59] 南开大学中国公司治理研究院公司治理评价课题组. 中国上市公司治理指数与公司绩效的实证分析——基于中国 1149 家上市公司的研究[J]. 管理世界，2006（03）：104-113.

[60] 南开大学中国公司治理研究院公司治理评价课题组. 中国上市公司治理指数与治理绩效的实证分析[J]. 管理世界，2004（02）：63-74.

[61] 南开大学中国公司治理研究院公司治理评价课题组. 中国上市公司治理状况评价研究——来自 2008 年 1127 家上市公司的数据[J]. 管理世界，2010（01）：142-151.

[62] 王化成，刘俊勇，孙薇. 企业业绩评价[M]. 中国人民大学出版社，2004.

[63] 王鹏程，李建标. 利益相关者治理能缓解企业融资约束吗[J]. 山西财经大学学报，2014（12）：96-106.

[64] 武立东. 中国民营上市公司治理及其评价研究[M]. 天津：南开大学出版社，2007.

[65] 徐国祥，檀向球. 上市公司经营业绩综合评价及其实证研究[J]. 统计研究，2000（09）：44-51.

[66] 薛有志，西贝天雨. 公司治理视角下企业社会责任行为的制度化探索[J]. 南开学报（哲学社会科学版），2022（02）：183-192.

[67] 杨典. 公司治理与企业绩效——基于中国经验的社会学分析[J]. 中国社会科学，2013（01）：72-94.

[68] 杨国彬，李春芳. 企业绩效评价指标——EVA[J]. 经济管理，2001（09）：21-24.

[69] 叶银华，李存修，柯承恩. 公司治理与评等系统[M]. 台湾：商智文化出版社，2002.

[70] 俞肖云. 1995－1998 年中国大中型工业企业经营业绩总评[J]. 统计研究，2000（11）：39-43.

[71] 张国萍，徐碧琳. 公司治理评价中经理层评价指标体系设置研究[J]. 南开管理评论，2003（03）：21-22.

[72] 张宁，才国伟. 国有资本投资运营公司双向治理路径研究——基于沪深两地治理实践的探索性扎根理论分析[J]. 管理世界，2021，37（01）：108-127.

[73] 祝继高，李天时，YANG Tianxia. 董事会中的不同声音：非控股股东董事的监督

动机与监督效果[J]. 经济研究，2021，56（05）：180-198.

[74] Alev Dilek Aydin, Ahmet Ozcan. Corporate Governance and Firm Performance: Recent Evidence from Borsa Istanbul (BIST) Corporate Governance Index (XKURY)[J]. Research Journal of Finance and Accounting, 2015, 14(06): 198-204.

[75] Black S Black, Antonio Gledson De Carvalho, Joelson O. Sampaio. The Evolution of Corporate Governance in Brazil[J]. Emerging Markets Review, 2014(20): 176-195.

[76] Christian Strenger. The Corporate Governance Scorecard: A Tool for the Implementation of Corporate Governance[J]. Corporate Governance: An International Review, 2004, 12(01): 11-15.

[77] Esen Kara, Duygu Acar Erdur. Analyzing the Effects of Corporate Social Responsibility Level on the Financial Performance of Companies: An Application on BIST Corporate Governance Index Included Companies[J]. Journal of Management Economics and Business, 2014, 10(23): 227-227.

[78] Guluzar Gumus Kurt, Bener Gungor, Yusuf Gumus. The Relationship between Corporate Governance and Stock Returns[J]. Dumlupinar University Journal of Social Science, 2014(7): 124-143.

[79] Houcine A, Zitouni M, Srairi S. The Impact of Corporate Governance and IFRS on the Relationship between Financial Reporting Quality and Investment Efficiency in a Continental Accounting System[J]. EuroMed Journal of Business, 2021, 17(02): 246-269.

[80] Husam-Aldin N Al-Malkawi, Rekha Pillai, Muhammad Bhatti. Corporate Governance Practices in Emerging Markets: The Case of GCC Countries[J]. Economic Modelling, 2014(38): 133-141.

[81] Jean C Behard, KarlaM. Johnstone. Earnings Manipulation Risk, Corporate Governance Risk, and Auditors' Planning and Pricing Decisions[J]. The Accounting Review, 2004, 29(02): 277-304.

[82] Jean J Chen, Xinsheng Cheng, Stephen X Gong, Youchao Tan. Do Higher Value Firms Voluntarily Disclose More Information? Evidence from China[J]. The British Accounting Review, 2014, 46(01): 6-32.

[83] Jeremy Bertomeu, Robert P Magee. Mandatory Disclosure and Asymmetry in Financial Reporting[J]. Journal of Accounting and Economics, 2016(59): 284-299.

[84] Jie Li, Jian Yang, Zhuangxiong Yu. Does Corporate Governance Matter in Competitive Industries? Evidence from China[J]. Pacific-Basin Finance Journal, 2017, 43(06): 238-255.

[85] Kenneth Lehn. Corporate Governance and Corporate Agility[J]. Journal of Corporate Finance, 2021, 66(01): 101929.

[86] Mark L Defond, Mingyi Hung. Investor Protection and Corporate Governance: Evidence from Worldwide CEO Turnover[J]. Journal of Accounting Research, 2004, 42(02): 269-312.

[87] Melsa Ararat, Bernard S Black and B Burcin Yurtoglu. The Effect of Corporate Governance on Firm Value and Profitability: Timc-Scrics Evidence from Turkey[J]. Emerging Markets Review, 2016, 30(03): 113-132.

[88] Michael S Gibson. Is Corporate Governance Ineffective in Emerging Markets? [J]. Journal of Financial and Quantitative Analysis, 2003, 38(01): 231-252.

[89] Mihail B A, Dumitrescu D. Corporate Governance from a Cross-Country Perspective and a Comparison with Romania[J]. Journal of Risk and Financial Management, 2021, 14(12): 600.

[90] Murphy, K J. Corporate Performance and Managerial Remuneration: An Empirical Analysis[J]. Journal of Accounting and Economics,1985(07): 11-42.

[91] Naz M A, Ali R, Rehman R U, et al. Corporate Governance, Working Capital Management, and Firm Performance: Some New Insights from Agency Theory[J]. Managerial and Decision Economics, 2022, 43(05): 1448-1461.

[92] Nikos Vafeas. Board Meeting Frequency and Firm Performance[J]. Journal of Financial Economics, 1999, 53 (06): 113-142.

[93] Nsour M F, AL-RJOUB S A M. Building a Corporate Governance Index (JCGI) for An Emerging Market: Case of Jordan[J]. International Journal of Disclosure and Governance, 2022, 19(02): 232-248.

[94] Ruth V. Aguilera, Gregory Jackson. The Cross-national Diversity of Corporate Governance: Dimensions and Determinants[J]. Academy of Management Review, 2003, 28(03): 447-465.

[95] Saseela Balagobei. Corporate Governance and Non -Performing Loans: Evidence from Listed Banks in Sri Lanka[J]. Journal of Business Finance & Accounting, 2020, 5(01): 72-85.

[96] Sivathaasan Nadarajah, Searat Ali, Benjamin Liu, Allen Haung. Stock Liquidity, Corporate Governance and Leverage: New Panel Evidence[J]. Pacific-Basin Finance Journal, 2017, Forthcoming.

[97] Standards and Poors' Company. Standard & Poors' Corporate Governance Scores: Criteria, Methodology and Definitions[S]. Standardization, 2002 (2004 revised).

[98] Stephen P Baginski, Sarah Clinton and Sean T Mcguire. Forward-Looking Voluntary Disclosure in Proxy Contests[J]. Contemporary Accounting Research, 2014, 31(04): 1008-1046.

[99] Steve Z Fan, Linda Q Yu. Identifying Missing Information of the Conventional Corporate Governance Index[R]. Working Paper, 2012.

[100] Subhash Chandra Das. Corporate Governance in India: An Evaluation[M]. PHI Learning Pvt. Ltd., 2012.

[101] Tsai-Ling Liao, Wen-Chun Lin. Corporate Governance, Product Market Competition, and the Wealth Effect of R&D Spending Changes[J]. Financial Management, 2016(11): 112-147.

[102] Weian Li, Jian Xu, Minna Zheng. Green Governance: New Perspective from Open Innovation[J]. Sustainability, 2018, 10(11): 1-19.

[103] Weian Li, Yuejun Tang. An Evaluation of Corporate Governance Evaluation, Governance Index (CCGI[NK]) and Performance: Evidence from Chinese Listed Companies in 2003[J]. Frontiers of Business Research in China, 2007, 1(01): 1-18.

[104] Weian Li. Corporate Governance Evaluation of Chinese Listed Companies[J]. Nankai Business Review International, 2018, 9(04): 437-456.

[105] Weian Li. Corporate Governance in China: Research and Evaluation[M]. John Wiley & Sons Pte Ltd, 2008.